1 MONTH OF
FREE
READING

at
www.ForgottenBooks.com

By purchasing this book you are eligible for one month membership to ForgottenBooks.com, giving you unlimited access to our entire collection of over 1,000,000 titles via our web site and mobile apps.

To claim your free month visit:

www.forgottenbooks.com/free587463

ISBN 978-0-656-72437-6
PIBN 10587463

Goethes Werke

Herausgegeben

im

Auftrage der Großherzogin Sophie von Sachsen

49. Band

Zweite Abtheilung

Inhalt.

(Was in keiner Ausgabe von Goethes Werken bisher Aufnahme gefunden hat,
ist mit * bezeichnet.)

Schriften zur Kunst 1816—1832.
Zweite Abtheilung.

Paralipomena

Vorarbeiten und Bruchstücke 203—278

Schriften zur Kunst.

1816—1832.

Zweite Abtheilung.

Bildhauerei.

Myrons Kuh.

___

Myron, ein griechischer Bildner, verfertigte un=
gefähr vierhundert Jahre vor unserer Zeitrechnung
eine Kuh von Erz, welche Cicero zu Athen, Procopius
im siebenten Jahrhundert zu Rom sah, also daß über
tausend Jahre dieses Kunstwerk die Aufmerksamkeit
der Menschen auf sich gezogen. Es sind uns von dem=
selben mancherlei Nachrichten übrig geblieben; allein
wir können uns doch daraus keine deutliche Vorstellung
des eigentlichen Gebildes machen; ja was noch sonder=
barer scheinen muß, Epigramme, sechsunddreißig an
der Zahl, haben uns bisher eben so wenig genützt,
sie sind nur merkwürdig geworden als Verirrungen
poetisirender Kunstbeschauer. Man findet sie eintönig,
sie stellen nicht dar, sie belehren uns nicht. Sie ver=
wirren vielmehr den Begriff, den man sich von der
verlornen Gestalt machen möchte, als daß sie ihn be=
stimmen.

Genannte und ungenannte Dichter scheinen in diesen
rhythmischen Scherzen mehr unter einander zu wett=
eifern, als mit dem Kunstwerke; sie wissen nichts
davon zu sagen, als daß sie sämmtlich die große

1*

Natürlichkeit desselben anzupreisen befliſſen ſind. Ein
ſolches Dilettantenlob iſt aber höchſt verdächtig.

Denn bis zur Verwechſelung mit der Natur Natürlichkeit darzuſtellen, war gewiß nicht Myrons Beſtreben, der, als unmittelbarer Nachfolger von Phidias 5
und Polyklet, in einem höhern Sinne verfuhr, be-
ſchäftigt war Athleten, ja ſogar den Hercules zn bilden,
und gewiß ſeinen Werken Stil zu geben, ſie von der
Natur abzuſondern wußte.

Man kann als ausgemacht annehmen, daß im 10
Alterthum kein Werk berühmt worden, das nicht von
vorzüglicher Erfindung geweſen wäre: denn dieſe iſt's
doch, die am Ende den Kenner wie die Menge entzückt. Wie mag denn aber Myron eine Kuh wichtig,
bedeutend und für die Aufmerkſamkeit der Menge 15
durch Jahrhunderte durch anziehend gemacht haben?

Die ſämmtlichen Epigramme preiſen durchaus an
ihr Wahrheit und Natürlichkeit, und wiſſen die mögliche Verwechſelung mit dem Wirklichen nicht genug
hervorzuheben. Ein Löwe will die Kuh zerreißen, ein 20
Stier ſie beſpringen, ein Kalb an ihr ſangen, die übrige
Heerde ſchließt ſich an ſie an, der Hirte wirft einen
Stein nach ihr, um ſie von der Stelle zu bewegen,
er ſchlägt nach ihr, er peitſcht ſie, er dutet ſie an;
der Ackersmann bringt Kummet und Pflug ſie ein- 25
zuſpannen, ein Dieb will ſie ſtehlen, eine Bremſe
ſetzt ſich auf ihr Fell, ja Myron ſelbſt verwechſelt ſie
mit den übrigen Kühen ſeiner Heerde.

Offenbar strebt hier ein Dichter den andern mit
leeren rednerischen Floskeln zu überbieten und die
eigentliche Gestalt, die Handlung der Kuh bleibt immer
im Dunkeln. Nun soll sie zuletzt gar noch brüllen;
5 dieses fehlte freilich noch zum Natürlichen. Aber eine
brüllende Kuh, in so fern sie plastisch vorzustellen
wäre, ist ein so gemeines und noch dazu unbestimmtes
Motiv, daß es der hochsinnige Grieche unmöglich
brauchen konnte.

10 Wie gemein es sei, fällt jedermann in die Augen,
aber unbestimmt und unbedeutend ist es dazu. Sie
kann brüllen nach der Weide, nach der Heerde, dem
Stier, dem Kalbe, nach dem Stalle, der Melkerin,
und wer weiß nach was allem. Auch sagen die Epi=
15 gramme keineswegs, daß sie gebrüllt habe, nur daß
sie brüllen würde, wenn sie Eingeweide hätte, so wie
sie sich fortbewegen würde, wenn sie nicht an das
Piedestal angegossen wäre.

Sollten wir aber nicht trotz aller dieser Hinder=
20 nisse doch zum Zwecke gelangen und uns das Kunst=
werk vergegenwärtigen, wenn wir alle die falschen
Umstände, welche in den Epigrammen enthalten sind,
ablösen und den wahren Umstand übrig zu behalten
suchen.

25 Niemand wird in der Nähe dieser Kuh, oder als
Gegen= und Mitbild einen Löwen, den Stier, den
Hirten, die übrige Heerde, den Ackersmann, den Dieb
oder die Bremse denken. Aber ein Lebendiges konnte

der Künstler ihr zugesellen, und zwar das einzige Mögliche und Schickliche, das Kalb. Es war eine säugende Kuh: denn nur in so fern sie sängt, ist es erst eine Kuh, die uns, als Heerdenbesitzern, bloß durch Fortpflanzung und Nahrung, durch Milch und 5 Kalb bedeutend wird.

Wirft man nun alle jene fremden Blumen hinweg, womit die Dichter, und vielleicht manche derselben ohne eigene Anschauung, das Kunstwerk zu schmücken glaubten, so sagen mehrere Epigramme ausdrücklich, 10 daß es eine Kuh mit dem Kalbe, daß es eine säugende Kuh gewesen.

Myron formte, Wandrer, die Kuh; das Kalb sie erblickend
Nahet lechzend sich ihr, glaubet die Mutter zu sehn.

Armes Kalb, was nahst du dich mir mit bittendem Blöcken! 15
Milch in's Euter hat mir nicht geschaffen die Kunst.

Wollte man jedoch gegen die Entschiedenheit dieser beiden Gedichte einigen Zweifel erregen und behaupten, es sei hier das Kalb wie die übrigen hinzugedichteten Wesen auch nur eine poetische Figur, so erhalten sie 20 doch durch Nachstehendes eine unwidersprechliche Bekräftigung

Vorbei, Hirt, bei der Kuh und deine Flöte schweige!
Daß ungestört ihr Kalb sie säuge.

Flöte heißt hier offenbar das Horn, worein der 25 Hirte stößt, um die Heerde in Bewegung zu setzen.

Er soll in ihrer Nähe nicht buten, damit sie sich nicht
rühre, das Kalb ist hier nicht supponirt, sondern wirk=
lich bei ihr, und wird für so lebendig angesprochen
als sie selbst.

5   Bleibt nun hierüber kein Zweifel übrig, finden wir
uns nunmehr auf der rechten Spur, haben wir das
wahre Attribut von den eingebildeten, das plastische
Beiwerk von den poetischen abzusondern gewußt, so
haben wir uns noch mehr zu freuen, daß zu Voll=
10 endung unserer Absicht, zum Lohne unseres Bemühens
uns eine Abbildung aus dem Alterthume überliefert
worden; sie ist auf den Münzen von Dyrrhachium
oft genug wiederholt, in der Hauptsache sich immer
gleich. Wir fügen einen Umriß davon hier bei und
15 sähen gern, durch geschickte Künstler, die flach erhabene
Arbeit wieder zur Statue verwandelt.

    Da nun dieß herrliche Werk, wenn auch nur in
entfernter Nachbildung, abermals vor den Augen der
Kenner steht, so darf ich die Vortrefflichkeit der Com=
20 position wohl nicht umständlich herausheben. Die
Mutter, stramm auf ihren Füßen wie auf Säulen,
bereitet durch ihren prächtigen Körper dem jungen
Säugling ein Obdach; wie in einer Nische, einer Zelle,
einem Heiligthum, ist das kleine nahrungsbedürftige
25 Geschöpf eingefaßt und füllt den organisch umgebenen
Raum mit der größten Zierlichkeit aus. Die halb=
kniende Stellung, gleich einem Bittenden, das auf=
gerichtete Haupt, gleich einem Flehenden und Em=

pfangenden, die gelinde Anstrengung, die zarte Heftig=
keit, alles ist in den besten dieser Copien angedeutet,
was dort im Original über allen Begriff muß voll=
endet gewesen sein. Und nun wendet die Mutter das
Haupt nach innen und die Gruppe schließt sich auf 5
die vollkommenste Weise selbst ab. Sie concentrirt
den Blick, die Betrachtung, die Theilnahme des Be
schauenden, und er mag, er kann sich nichts draußen,
nichts daneben, nichts anders denken, wie eigentlich
ein vortreffliches Kunstwerk alles Übrige ausschließen 10
und für den Augenblick vernichten soll.

Die technische Weisheit dieser Gruppe, das Gleich=
gewicht im Ungleichen, den Gegensatz des Ähnlichen,
die Harmonie des Unähnlichen und alles was mit
Worten kaum ausgesprochen werden kann, verehre der 15
bildende Künstler. Wir aber äußern hier ohne Be=
denken die Behauptung, daß die Naivetät der Concep=
tion und nicht die Natürlichkeit der Ausführung das
ganze Alterthum entzückt hat.

Das Säugen ist eine thierische Function und bei 20
vierfüßigen Thieren von großer Anmuth. Das starre
bewußtlose Staunen des säugenden Geschöpfes, die
bewegliche bewußte Thätigkeit des Gesäugten stehen
in dem herrlichsten Contrast. Das Fohlen, schon zu
ziemlicher Größe erwachsen, kniet nieder, um sich dem 25
Enter zu bequemen, aus dem es stoßweise die er=
wünschte Nahrung zieht. Die Mutter, halb verletzt,
halb erleichtert, schaut sich um, und durch diesen Act

entspringt das vertraulichste Bild. Wir andern Städte-
bewohner erblicken seltner die Kuh mit dem Kalbe,
die Stute mit dem Fohlen; aber bei jedem Frühlings-
spaziergang können wir diesen Act an Schafen und
Lämmern mit Ergötzung gewahr werden, und ich fordere
jeden Freund der Natur und Kunst auf, solchen über
Wies' und Feld zerstreuten Gruppen mehr Aufmerksamkeit als bisher zu schenken.

Wenden wir uns nun wieder zu dem Kunstwerk,
so werden wir zu der allgemeinen Bemerkung veranlaßt, daß thierische Gestalten, einzeln oder gesellt,
sich hauptsächlich zu Darstellungen qualificiren, die
nur von einer Seite gesehen werden, weil alles Interesse auf der Seite liegt, wohin der Kopf gewendet
ist; deßhalb eignen sie sich zu Nischen- und Wand-
bildern so wie zum Basrelief, und gerade dadurch
konnte uns Myrons Kuh, auch flach erhoben, so vollkommen überliefert werden.

Von den wie billig so sehr gepriesenen Thierbil-
dungen wenden wir uns zu der noch preiswürdigeren
Götterbildung. Unmöglich wäre es einem griechischen
plastischen Künstler gewesen eine Göttin säugend vorzustellen. Juno, die dem Hercules die Brust reicht,
wird dem Poeten verziehen, wegen der ungeheueren
Wirkung die er hervorbringt, indem er die Milchstraße
durch den verspritzten göttlichen Nahrungssaft entstehen
läßt. Der bildende Künstler verwirft dergleichen ganz
und gar. Einer Juno, einer Pallas in Marmor, Erz

oder Elfenbein, einen Sohn zuzugesellen, wäre für
diese Majestäten höchst erniedrigend gewesen. Venus,
durch ihren Gürtel eine ewige Jungfrau, hat im
höheren Alterthum keinen Sohn; Eros, Amor, Cupido
selbst, erscheinen als Ausgeburten der Urzeit, Aphroditen 5
wohl zugesellt, aber nicht so nahe verwandt.

Untergeordnete Wesen, Heroinen, Nymphen, Fau=
nen, welchen die Dienste der Ammen, der Erzieher zu=
getheilt sind, mögen allenfalls für einen Knaben Sorge
tragend erscheinen, da Jupiter selbst von einer Nymphe 10
wo nicht gar von einer Ziege genährt worden, andere
Götter und Heroen gleichfalls eine wilde Erziehung
im Verborgenen genossen. Wer gedenkt hier nicht der
Amalthea, des Chirons und so mancher andern.

Bildende Künstler jedoch haben ihren großen Sinn 15
und Geschmack am höchsten dadurch bethätigt, daß sie
sich der thierischen Handlung des Säugens an Halb=
menschen erfreut. Davon zeigt uns ein leuchtendes
Beispiel jene Centaurenfamilie des Zeuxis. Die Cen=
taurin, auf das Gras hingestreckt, gibt der jüngsten 20
Ausgeburt ihres Doppelwesens die Milch der Mutter=
brust, indessen ein anderes Thierkind sich an den Zitzen
der Stute erlabt, und der Vater einen erbeuteten
jungen Löwen hinten herein zeigt. So ist uns auch
ein schönes Familienbild von Wassergöttern auf 25
einem geschnittenen Stein übrig geblieben, wahrschein=
lich Nachbildung einer der berühmten Gruppen des
Skopas.

Ein Tritonen = Ehepaar zieht geruhig durch die
Fluthen, ein kleiner Fischknabe schwimmt munter
voraus, ein anderer, dem das salzige Element auf die
Milch der Mutter noch nicht schmecken mag, strebt an
5 ihr hinauf, sie hilft ihm nach, indessen sie ein jüngstes
an die Brust geschlossen trägt. Anmuthiger ist nicht
leicht etwas gedacht und ausgeführt.

Wie manches Aehnliche übergehen wir, wodurch
uns die großen Alten belehrt, wie höchst schätzbar die
10 Natur auf allen ihren Stufen sei, da wo sie mit dem
Haupte den göttlichen Himmel, und da wo sie mit den
Füßen die thierische Erde berührt.

Noch einer Darstellung jedoch können wir nicht
geschweigen, es ist die römische Wölfin. Man sehe
15 sie wo man will, auch in der geringsten Nachbildung,
so erregt sie immer ein hohes Vergnügen. Wenn an
dem zitzenreichen Leibe dieser wilden Bestie sich zwei
Heldenkinder einer würdigen Nahrung erfreuen und
sich das fürchterliche Scheusal des Waldes auch mütter=
20 lich nach diesen fremden Gastsäuglingen umsieht, der
Mensch mit dem wilden Thiere auf das zärtlichste in
Contact kommt, das zerreißende Monstrum sich als
Mutter, als Pflegerin darstellt, so kann man wohl
einem solchen Wunder auch eine wunderbolle Wirkung
25 für die Welt erwarten. Sollte die Sage nicht durch
den bildenden Künstler zuerst entsprungen sein, der
einen solchen Gedanken plastisch am besten zu schätzen
wußte?

könne

und

ten,

er

ift

nd

rzeihlich wär es, nur
, daß dem hohn Myron,
em Vorfahre des Praxi=
es Werks das eelenvolle,
gemangelt hab
laubt, ein par moderne
nd zwar das erste von
uf diese Kuh ifersüchtig
e zweite Jo orzubilden
eren ist also uerst bei=
um so viele olle Thier=
i so vielen Eheshändeln
gnet find, das usammen=
Menschen zu ermitteln.
en man bei Urtheilung
en hat.

ehernes, eifen Juno,
r, Inachus' Toter zu fehn.

rhythmische Alen ftehen,
arzustellen gegnet find.

metos Heerden in Schmuck
          wärst,
dern Entsprurene scheinst;
ich hin! zum Preise des
          Künstler —
h fühlest, es ziret mich an.

1812.

Wie schwach erscheint aber, mit so großen Conceptionen verglichen, eine Augusta Puerpera, — — —
— — — — — —

Der Sinn und das Bestreben der Griechen ist,
den Menschen zu vergöttern, nicht die Gottheit zu ver-
menschen. Hier ist ein Theomorphism, kein Anthropo-
morphism! Ferner soll nicht das Thierische am
Menschen geadelt werden, sondern das Menschliche des
Thiers werde hervorgehoben, damit wir uns in höherm
Kunstsinne daran ergötzen, wie wir es ja schon, nach
einem unwiderstehlichen Naturtrieb, an lebenden Thier-
geschöpfen thun, die wir uns so gern zu Gesellen und
Dienern erwählen.

Schauen wir nun nochmals auf Myrons Kuh
zurück, so bringen wir noch einige Vermuthungen nach,
die nämlich, daß er eine junge Kuh vorgestellt, welche
zum erstenmale gekalbt; ferner, daß sie vielleicht unter
Lebensgröße gewesen.

Wir wiederholen sodann das oben zuerst Gesagte,
daß ein Künstler wie Myron nicht das sogenannte
Natürliche zu gemeiner Täuschung gesucht haben könne,
sondern daß er den Sinn der Natur aufzufassen und
auszudrücken gewußt. Der Menge, dem Dilettanten,
dem Redner, dem Dichter ist zu verzeihen, wenn er
das was im Bilde die höchste absichtliche Kunst ist,
nämlich den harmonischen Effect, welcher Seele und
Geist des Beschauers auf Einen Punct concentrirt,
als rein natürlich empfindet, weil es sich als höchste

Natur mittheilt; aber unverzeihlich wäre es, nur
einen Augenblick zu behaupten, daß dem hohen Myron,
dem Nachfolger des Phidias, dem Vorfahren des Praxi=
teles, bei der Vollendung seines Werks das Seelenvolle,
5 die Anmuth des Ausdrucks gemangelt habe.

Zum Schlusse sei uns erlaubt, ein paar moderne
Epigramme beizubringen, und zwar das erste von
Menage, welcher Juno auf diese Kuh eifersüchtig
sein läßt, weil sie ihr eine zweite Io vorzubilden
10 scheint. Diesem braven Neueren ist also zuerst bei=
gegangen, daß es im Alterthum so viele ideelle Thier=
gestalten gibt, ja daß sie, bei so vielen Liebeshändeln
und Metamorphosen, sehr geeignet sind, das Zusammen=
treffen von Göttern und Menschen zu vermitteln.
15 Ein hoher Kunstbegriff, auf den man bei Beurtheilung
alter Arbeiten wohl zu merken hat.

Als sie das Kühlein ersah, dein ehernes, eiferte Juno,
Myron! Sie glaubte fürwahr, Inachus' Tochter zu sehn.

Zuletzt aber mögen einige rhythmische Zeilen stehen,
20 die unsere Ansicht gedrängt darzustellen geeignet sind.

Daß du die Herrlichste bist, Admetos Heerden ein Schmuck
wärst,
Selber des Sonnengotts Rindern Entsprungene scheinst;
Alles reißet zum Staunen mich hin! zum Preise des
Künstlers —
Doch daß du mütterlich auch fühlest, es ziehet mich an.

25 Jena, den 20. November 1812.

Anschließlich mag ich hier gern bemerken, daß
meine alte Vorliebe für die Abbildung des Säuglings
mit der Mutter, von Myrons Kuh ausgehend (Kunst
und Alterthum II, 1, 9), durch Herrn Zahns Gefällig=
keit abermals belohnt worden, indem er mir eine 5
Durchzeichnung des Kindes Telephus, der in Gegen=
wart seines Heldenvaters und aller schützenden Wald=
und Berggötter an der Hinde säugt, zum Abschied
verehrte. Von dieser Gruppe, die vielleicht alles über=
trifft, was in der Art je geleistet worden, kann man 10
sich Band 1. Seite 31 der Herculanischen Alterthümer
einen allgemeinen, obgleich nicht genügenden Begriff
machen, welcher nunmehr durch den gedachten Umriß
in der Größe des Originals vollkommen überliefert
wird. Die Verschränkung der Glieder eines zarten 15
säugenden Knaben mit dem leichtfüßigen Thiergebilde
einer zierlichen Hinde ist eine kunstreiche Composition,
die man nicht genug bewundern kann.

––––––

Undankbar aber wäre es, wenn ich hier, wo es
Gelegenheit gibt, nicht eines Ölbildes erwähnte, 20
welches ich täglich gern vor Augen sehe. In einem
still=engen, doch heiter=mannichfaltigen Thal, unter
einem alten Eichbaume, säugt ein weißes Reh einen
gleichfalls blendend weißen Abkömmling unter lieb=
kosender Theilnahme.
25
Auf diese Weise bildet sich denn um mich, angeregt
durch jene früheren Bemerkungen, ein heiterer Cyclus

dieses anmuthigen Zeugnisses ursprünglichster Ver=
wandtschaft und nothwendigster Neigung. Vielleicht
kommen wir auf diesem Wege am ersten zu dem hohen
philosophischen Ziel, das göttlich Belebende im Men=
5 schen mit dem thierisch Belebten auf das unschuldigste
verbunden gewahr zu werden.

Relief von Phigalia.

———

— „Das Lebendige, die Großheit des Stils, Anord=
nung, Behandlung des Reliefs, alles ist herrlich.
Hingegen kann man bei so viel Schönem die außer=
ordentliche Gedrungenheit der Figuren, die oft kaum 5
sechs Kopflängen haben, überhaupt die vernachläffigten
Proportionen der einzelnen Theile, wo oft Fuß oder
Hand die Länge des ganzen Beins oder Arms haben,
u. s. w. kaum begreifen. Und da soll man sagen, daß
man an den Coloß beinahe in allen Vorstellungen 10
erinnert wird! —"

Was werden Sie aber, theuere Freundin, zu dem
entschiedenen Verehrer der griechischen Kunst sagen,
wenn er bekennt: daß er das alles zugibt, es aber
keineswegs entschuldigt oder auf sich beruhen läßt, 15
sondern behauptet, daß alle diese Mängel mit Be=
wußtsein, vorsätzlich, geflissentlich, aus Grundsatz ver=
übt worden. Zuerst also ist die Plastik Dienerin der
Architektur; ein Fries an einem Tempel dorischer
Ordnung fordert Gestalten die sich zur Proportion 20
seines ganzen Profiles nähern: schon in diesem Sinn
mußte das Gedrängte Derbe schon hier vorzuziehen sein.

Aber warum gar innerhalb dieser Verhältnisse und wenn wir sie zugegeben haben, noch Disproportionen, inwiefern sollte denn dieß zu entschuldigen sein? Nicht zu entschuldigen, sondern zu rühmen, denn wenn der Künstler mit Vorsatz abweicht, so steht er höher als wir und wir müssen ihn nicht zur Rede ziehn, sondern verehren. Bei solchen Darstellungen kommt es darauf an, die Kraft der Gestalten gegen einander vortreten zu lassen; wie wollte hier die weibliche Brust der Amazonen=Königin gegen eine herculische Mannesbrust und einen kräftigen Pferdehals in ihrer Mitte sich halten, wenn die Brüste nicht auseinander= gezogen und der Rumpf dadurch viereckt und breit wäre. Das linke fliehende Bein kommt gar nicht in Betracht; es dient nur als Nebenwesen zu Eurhythmie des Ganzen. Was die Endglieder, Füße und Hände, betrifft, so ist nur die Frage, ob sie im Bilde ihren rechten Platz einnehmen und dann ist es einerlei, ob der Arm der sie bringt, das Bein das ihnen die rechte Stelle anweist, zu lang oder zu kurz ist. Von diesem großen Begriff sind wir ganz zurück gekommen; denn kein einzelner Meister darf sich anmaßen mit Vorsatz zu fehlen, aber wohl eine ganze Schule.

Und doch können wir jenen Fall auch anführen.

Leonard da Vinci, der für sich selbst eine ganze Kunstwelt war, mit dem wir uns viel und lange nicht genug beschäftigten, erfrecht sich eben der Kühn= heit, wie die Künstler von Phigalia. Wir haben das

Abendmahl mit Leidenschaft durchgedacht, und durch=
denkend verehrt; nun sei uns aber ein Scherz darüber
erlaubt. Dreizehn Personen sitzen an einem sehr langen
schmalen Tische; es gibt eine Erschütterung unter ihnen.
Wenige blieben sitzen, andere sind halb, andere ganz 5
aufgestanden. Sie entzücken uns durch ihr sittlich
leidenschaftliches Betragen, aber mögen sich die guten
Leute wohl in Acht nehmen, ja nicht etwa den Ver=
such machen sich wieder nieder zu setzen; zwei kommen
wenigstens einander auf den Schooß, wenn auch 10
Christus und Johannes noch so nahe zusammen rücken.

Aber eben daran erkennt man den Meister, daß
er zu höhern Zwecken mit Vorsatz einen Fehler be=
geht. Wahrscheinlichkeit ist die Bedingung der Kunst,
aber innerhalb des Reiches der Wahrscheinlichkeit muß 15
das Höchste geliefert werden was sonst nicht zur Er=
scheinung kömmt. Das Richtige ist nicht sechs Pfennige
werth, wenn es weiter nichts zu bringen hat.

Die Frage ist also nicht, ob in diesem Sinne irgend
ein bedeutend Glied in dieser Zusammensetzung zu groß 20
oder zu klein sei. Nach allen drei Copien des Abend=
mahls, die wir vor uns haben, können die Köpfe des
Judas und Thaddäus nicht zusammen an einem Tische
sitzen und doch, besonders wenn wir das Original vor
uns hätten, würden wir darüber nicht queruliren; der 25
unendliche Geschmack (daß wir dieses unbestimmte Wort
hier in entschiedenem Sinne brauchen), den Leonard
besaß, wüßte hier dem Zuschauer schon durch zu helfen.

Und beruht denn nicht die ganze theatralische Kunst
gerade auf solchen Maximen! Nur ist sie vorüber=
gehend, poetisch=rhetorisch bestechend, verleitend, und
man kann sie nicht so vor Gericht ziehen als wenn
5 sie gemahlt, in Marmor gehauen oder in Erz ge=
gossen wäre.

Analogie oder auch nur Gleichniß haben wir in
der Musik: das was dort gleichschwebende Temperatur
ist, wozu die Töne die sich nicht genau unter einander
10 verhalten wollen so lange gebogen und gezogen werden,
daß kaum einer seine vollkommene Natur behält, aber
sich alle doch zu des Tonkünstlers Willen schicken.
Dieser bedient sich ihrer als wenn alles ganz richtig
wäre; der hat gewonnen Spiel, das Ohr will nicht
15 richten, sondern genießen und Genuß mittheilen.
Das Auge hat einen anmaßlichen Verstand hinter sich,
der wunder meint wie hoch er stehe, wenn er beweist,
ein Sichtbares sei zu lang oder zu kurz.

Wenden wir uns nun zu der Frage, warum wir
20 den Colossen von Monte Cavallo immer wiederholt
sehen, so antwort' ich, weil er dort schon zweimal
steht. Das Vortrefflichste gilt nun einmal; wohl dem
der es wiederholen kann: diesen Sinn nährten die
Alten im höchsten Grad. Die Stellung des Colossen,
25 die mannichfaltige zarte Abänderung zuläßt, ist die
einzige die einem thätigen Helden ziemt; darüber hin=
aus kann man nicht, und zu seinem Zwecke variirend
es immer wiederbringen ist der höchste Verstand, die

höchste Originalität. Aber nicht allein diese Wieder=
holung findet sich auf den mir gegönnten Basreliefs,
sondern Hercules und die Amazonen=Königin stehen
in derselbigen Bewegung gegen einander wie Neptun
und Pallas im Fronton des Parthenons. Und so 5
muß es immer bleiben, weil man nicht weiter kann.
Laſſen wir die Pallas in der Mitte des Giebel=Feldes
von Ägina gelten, auch Niobe und ihre jüngſte
Tochter irgendwo, so sind das immer nur Vorahn=
dungen der Kunst; die Mitte darf nicht streng be= 10
zeichnet sein, und bei einer vollkommenen guten Com=
position, sie sei plaſtisch, mahleriſch oder architektonisch,
muß die Mitte leer sein oder unbedeutend, damit man
sich mit den Seiten beschäftige, ohne zu denken daß
ihre Wirkſamkeit irgend woher entspringe. 15

Da wir aber, was man nicht thun sollte, damit
angefangen, Einwürfe zu beseitigen, so wollen wir
nunmehr zu den Vorzügen des vor mir stehenden Bas=
reliefs ohne irgend eine andere Rückſicht uns wenden.

Elgin Marbles.

Ein Werk von großer Bedeutung. Der Katalog
dessen, was diese Sammlung enthält, ist wichtig und
erfreulich, und daß dabei die schon in England vorhandenen Sammlungen, die Kunstreste von Phigalia
und Ägina zur Sprache kommen, und von ihrem
sämmtlichen Kunstgehalt und allenfallsigen Geldeswerth die Rede ist, gibt sehr schöne Einsichten.

Die Verhöre nun über Kunst= und Geldeswerth
der Elginischen Sammlung besonders, wie auch über
die Art wie solche acquirirt worden, sind höchst merkwürdig. In der Überzeugung der höchsten Vortrefflichkeit dieser Werke stimmen die Herren alle
überein; doch sind die Motive ihres Urtheils, und
besonders die Vergleichungsweise mit andern berühmten
und trefflichen Kunstwerken höchst seltsam und unsicher.
Hätte jemand einen kurzen Abriß der Kunstgeschichte
und ihrer verschiedenen auf einander folgenden Epochen
gegeben, so war die Sache klar; alles und jedes stand
an seinem Platz und wurde da nach Würden geschätzt.
Freilich würde alsdann sogleich hervorgesprungen sein
die Albernheit der Frage, ob diese Kunstwerke so vor-

trefflich seien als der Apoll von Belvedere. Indessen
ist es höchst interessant zu lesen, was Flaxman und
West bei dieser Gelegenheit sagen. Henry Bankes,
Esq. in the Chair, versteht freilich gar nichts von der
Sache, er müßte sich denn sehr verstellt haben. Denn
wenn er mit Bewußtsein die ironischen Antworten
einiger Beauftragten ruhig einsteckte und immer fort=
fuhr ungehörige Fragen zu thun, so muß man ihn
als Meister der Verstellungskunst rühmen.

Elginische Marmore.

In dem englischen Werke, das unter diesem Titel
uns zugekommen, sind nur zwei Statuen der neu=
erworbenen abgebildet, ein sogenannter Hercules und
5 Jlissus, sodann noch ein Pferdekopf; dazu sind ge=
fügt früher schon herausgegebene Platten der Bas=
reliefs der inneren Zelle.

Nun höre ich von reisenden Engländern, daß, wie
freilich schon zu vermuthen war, man die Absicht
10 habe sämmtliche Marmore zeichnen und zunächst in
Kupfer stechen zu lassen. Ein solches Werk würde
freilich alle Kunstfreunde höchlich interessiren, da die
neusten Platten obgenannten Werkes uns einen all=
gemeinen Begriff geben von dem was 1683 noch vor=
15 handen war und nicht von dem einen bestimmten was
übrig geblieben ist. Es entstünde daher eine doppelte
Frage:

1. inwiefern die Abzeichnung der Marmore wirk=
lich im Gange ist, und wann man etwa hoffen könnte,
20 eine Herausgabe, und wäre es auch nur theilweise, zu
erleben.

2. Da solches wahrscheinlicherweise sich verziehen könnte, — ob und für welchen Preis man Zeichnungen erhalten könnte, von drei oder vier dieser Überreste, welche uns gegenwärtig zu artistischen und litterarischen Zwecken am meisten interessiren, und in welcher Zeit sie etwa zu erlangen wären. Man würde alsdann sogleich diejenigen Figuren bezeichnen, deren Abbildung man wünscht.

Homers Apotheose.

Ein antikes Basrelief, gefunden in der Hälfte des 17ten Jahrhunderts zu Marino auf den Gütern des Fürsten Colonna in den Ruinen der Villa des Kaisers Claudius, zu unserer Zeit in dem Palast Colonna noch vorhanden, stellt den alten Homer dar, wie ihm göttliche Ehre bewiesen wird. Wir sind auf's neue aufmerksam darauf geworden durch einige Figuren dieser Vorstellung, deren Abgüsse uns durch Freundes= hand zugekommen.

Um sich den Sinn dessen, was wir zu sagen gedenken, sicherer zu entwickeln, betrachte man eine Abbildung von dem Florentiner Galestruzzi, im Jahr 1656 ge= zeichnet und gestochen. Sie findet sich in Kirchers Latium bei der 80sten Seite und in Cupers Werke gleich zu Anfang; sie gibt uns einen hinreichenden Begriff von diesem wichtigen Alterthum; denn Gale= struzzi hatte für solche Nachbildungen genugsame Ge= schicklichkeit, welche dem Kunstliebhaber schon bekannt ist durch ähnliche nach Polydor radirte Blätter, z. B. den Untergang der Familie Niobe, nicht weniger durch die Kupfer zu Agostini „Gemme antiche figurate".

Da in einem problematischen Falle eines jeden
Meinung sich nach Belieben ergehen darf, so wollen
wir ohne weitläuftige Wiederholung dessen, was hier=
über bisher gedacht und gestritten worden, unsere Aus=
legung kürzlich vortragen. Und hiebei sondern wir, 5
was nach prüfender Betrachtung des Bildes, nach
Lesung der darüber vorhandenen Schriften völlig klar
geworden, und was zu erörtern allenfalls noch übrig
geblieben wäre.

Klar ist, mit beigefügten Worten bestimmt und 10
ausgelegt, die vor einem abgeschlossenen Vorhangs=
grunde als in einem Heiligthum abgebildete göttliche
Verehrung Homers, auf dem untern Theile des Bildes.
Er sitzt, wie wir sonst den Zeus abgebildet sehen, auf
einem Sessel, jedoch ohne Lehnen, die Füße auf einem 15
Schemel ruhend, den Scepter in der Linken, eine Rolle
in der Rechten. Die Ilias und Odyssee knieen fromm
an seiner Seite, hinter ihm Eumelia, die ihn bekränzt,
Kronos, zwei Rollen in Händen; unter dem Schemel
sind die Mäuslein nicht vergessen; Mythos als be= 20
kränzter Opferknabe mit Gießgefäß und Schale, ein
gebuckelter Stier im Hintergrunde; Historia streut
Weihrauch auf den Altar; Poesis hält ein Paar
Fackeln freudig in die Höhe; Tragödia, alt und
würdig, Komödia, jung und anmuthig, heben ihre 25
rechte Hand begrüßend auf, alle viere gleichsam im
Vorschreiten gebildet; hinter ihnen eine Turba stehend,
aufmerksam, deren einzelne Figuren mehr durch die

Inschriften als durch Gestalt und Beiwesen erklärt
werden; und wo man Buchstaben und Schrift sieht,
läßt man sich wohl das Übrige gefallen.

Aber von oben herunter darf man, auch ohne
5 Namen und Inschrift, die Vorstellung nicht weniger
für klar halten.

Auf der Höhe des Bergs Zeus sitzend, den Scepter
in der Hand, den Adler zu Füßen; Mnemosyne hat
eben von ihm die Erlaubnis zur Vergötterung ihres
10 Lieblings erhalten, er, mit rückwärts über die Schulter
ihr zugewandtem Gesicht, scheint mit göttlicher Gleich=
gültigkeit den Antrag bejaht zu haben; die Mutter
alles Dichtens aber, im Begriff sich zu entfernen,
schaut ihn mit auf die Hüfte gestütztem rechten Arm
15 gleichfalls über die Schulter an, als wenn sie ihm
nicht besonders daukte für das, was sich von selbst
verstehe.

Eine jüngere Muse, kindlich munter hinabspringend,
verkündet's freudig ihren sieben Schwestern, welche,
20 auf den beiden mittleren Planen sitzend und stehend,
mit dem, was oben vorging, beschäftigt scheinen. So=
dann erblickt man eine Höhle, da Apollo Musagetes
in herkömmlich langem Sängerkleide, welcher ruhig
aufmerksam dasteht, neben ihm Bogen und Pfeile
25 über ein glockenförmiges Gefäß gelehnt.

So weit nun können wir uns für aufgeklärt halten
und stimmen mit den bisherigen Auslegern meistentheils
hierin überein. Von oben herein wird nämlich das

göttliche Patent ertheilt und den beiden mittleren
Reihen publicirt; das unterste vierte, von uns schon
beschriebene Feld aber stellt die wirkliche, obgleich
poetisch-symbolische Verleihung der zugestandenen hohen
Ehre dar.   5

Problematisch bleiben uns jedoch noch zwei Figuren
in dem rechten Winkel der zweiten Reihe von unten.
Auf einem Piedestal steht eine Figur, gleichsam als
Statue eines mit gewöhnlichem Unterkleid und vier-
zipfligem Mantel angethanen Mannes von mittlerem   10
Alter; Füße und Hände sind nackt, in der Rechten
hält er eine Papier- oder Pergamentrolle, und über
seinem Haupte zeigt sich der obere Theil eines Drei-
fußes, dessen Gestell jedoch, ganz gegen die Eigen-
thümlichkeit einer solchen Maschine, bis zu den Füßen 15
des Mannes heruntergeht.

Die früheren Erklärungen dieser Figur können in
einigen diesem Gegenstand gewidmeten Schriften nach-
gelesen werden; wir aber behaupten, es sei die Abbildung eines Dichters, der sich einen Dreifuß durch 20
ein Werk, wahrscheinlich zu Ehren Homers, gewonnen
und zum Andenken dieser für ihn so wichtigen Begebenheit sich hier als den Widmenden vorstellen lasse.

Zwei antike weibliche Figuren,

welche in ihrem vollkommenen Zustand nicht gar einen
römischen Palm hoch mögen gewesen sein, gegenwärtig
des Kopfes und des untern Theils der Füße er=
5 mangelnd, von gebranntem Thon, in meinem Besitz.
Von diesen wurden Zeichnungen nach Rom an die
dortigen Alterthumsforscher gesendet mit nachstehendem
Aufsatz:

Die beiden Zeichnungen mit schwarzer Kreide sind
10 Nachbildungen von zwei, wie man sieht, sehr beschädig=
ten antiken Überbleibseln, aus gebranntem Thon, bei=
nahe völlig Relief, von gleicher Größe, aber ursprünglich
schon nur zur Hälfte gebildet, indem die Rückseite fehlt,
wie sie denn scheinen in die Wand eingemauert ge=
15 wesen zu sein. Sie stellen Frauen vor in anständiger
Kleidung, die Gewänder von gutem Stil. Die eine
hält ein Thierchen im Arm, welches man mit einiger
Aufmerksamkeit für ein Ferkelchen erkennt, und wenn
sie es als ein Lieblingshündchen behandelt, so hat die
20 andere ein gleiches Geschöpf bei den Hinterbeinen gefaßt
und läßt es vor sich herunterhängen, wodurch schon

eher die Vermuthung erregt wird, es seien diese Thiere
zu irgend einem Opferfest aufgefaßt.

Nun ist bekannt, daß bei den der Ceres geweihten
Festen auch Saugschweinchen vorkamen, und man
konnte, daß diese beide Figuren auf solche Umstände 5
und Gelegenheiten hindeuten, wohl den Gedanken fassen.

Herr Baron von Stackelberg hat sich hierüber
näher geäußert, indem er die Erfahrung mittheilte,
daß, wenn wirklich Ferkelchen der Göttin dargebracht
wurden, wohl auch solche von unvermögenderen Per= 10
sonen im Bilde möchten angenommen worden sein. Ja
er bezeugte, daß man in Griechenland Reste von solchen
Fabriken entdeckt habe, wo noch dergleichen fertige
Votivbilder mit ihren Formen seien gefunden worden.

Ich erinnere mich nicht im Alterthum einer ähn= 15
lichen Vorstellung, außer daß ich glaube, es sei auf
dem Braunschweigischen berühmten Onyxgefäße die
erste darbringende Figur gleichfalls mit einem Schwein=
chen, welches sie an den Hinterfüßen trägt, vorgestellt.

Die römischen verbundenen Alterthumskenner wer= 20
den sich bei ihrer weiten Umsicht wohl noch manchen
andern Falls erinnern, und uns darüber aufzuklären
wissen. Ich bitte nur um Verzeihung, wenn ich Käuze
nach Athen zu tragen mir dießmal sollte angemaßt
haben. 25

Ein drittes Blatt, welches ich beifüge, ist eine
Durchzeichnung nach einem Pompejanischen Gemählde.
Mir scheint es eine festliche Tragbahre zu sein, aus

irgend einem Feierzuge, wo die Handwerker nach ihren
Hauptabtheilungen aufgetreten. Hier sind die Holz=
arbeiter vorgestellt, wo sich sowohl der gewöhnliche
Tischer, der Brettspalter, als der Bildschnitzer hervor=
5 thun. Die auf dem Boden liegende Figur mag ich
mir als ein unvollendetes Schnitzwerk einer mensch=
lichen Gestalt vorstellen; der hinterwärts gestreckte
linke Arm möchte noch nicht eingerichtet sein, der über
dem Kopf hervorragende Stift ist vielleicht zu dessen
10 Befestigung bestimmt. Der über dem Körper stehende
nachdenkende Künstler hat irgend ein schneidendes In=
strument zu seinen Zwecken in der Hand. Es kommt
nun darauf an, ob erfahrne Kenner unter den vielen
festlichen Aufzügen des Alterthums eine solche Art
15 Handlung auffinden werden oder schon aufgefunden
haben.

In der neuern Zeit ergab sich etwas Ähnliches:
daß in einer nordamerikanischen Stadt, ich glaube
Boston, die Handwerker mit großem Festapparat vor
20 einigen Jahren einen solchen Umzug durchgeführt.

Reizmittel in der bildenden Kunst.

Wenn wir uns genau beobachten, so finden wir, daß Bildwerke uns vorzüglich nach Maßgabe der vorgestellten Bewegung interessiren. Einzelne ruhige Statuen können uns durch hohe Schönheit fesseln, in der Mahlerei leistet dasselbe Ausführung und Prunk; aber zuletzt schreitet doch der Bildhauer zur Bewegung vor wie im Laokoon und der Neapolitanischen Gruppe des Stiers, Canova bis zur Vernichtung des Lichas und der Erdrückung des Centauren. Diese folgereiche Betrachtung deuten wir nur an, um überzugehen zu Bemerkungen über die Schlange als Reizmittel in der bildenden Kunst.

Hiezu geben uns die Abgüsse der Stoschischen Sammlung Gelegenheit. Ohne weiteres zählen wir die Beispiele her:

1. Ein Adler; er steht auf dem rechten Fuße, um den sich eine Schlange gewickelt hat, deren oberer Theil drohend hinter dem linken Flügel hervorragt; der edle Vogel schaut nach derselben Seite und hat auch die linke Klaue aufgehoben im Vertheidigungs-

zustand. Ein köstlicher Gedanke und vollkommene Composition.

2. Eine geistreiche Darstellung, eine Art von Parodie auf die erste. Ein Hahn, so anmaßlich, als ihn die Alten darzustellen pflegen, tritt mit dem linken Fuße auf den Schwanz einer Schlange, die sich parallel mit ihm als Gegnerin drohend emporhebt. Er scheint nicht im mindesten von der Gefahr gerührt, sondern trotzt dem Gegner mit geschwollenem Kamm.

3. Ein Storch, der sich niederbückend eine kleinere Schlange zu fassen, zu verschlingen bereitet, wo also dieß Gewürm nur als Nahrungsmittel Appetit und Bewegung erregt.

4. Ein Stier im vollen Lauf, gleichsam fliehend; mitten von der Erde erhebt sich eine Schlange, seine Weichen bedrohend. Köstlich gedacht und allerliebst ausgeführt.

5. Ein uralt griechischer geschnittener Stein in meinem Besitz. Ein gehelmter Held, dessen Schild an der Seite steht, dessen rechter Fuß von einer Schlange umwunden ist, beugt sich, um sie zu fassen, sich von ihr zu befreien.

Alterthumsforscher wollten hierin den Hercules sehen, welcher wohl auch gerüstet vorgestellt würde, ehe er den Nemeischen Löwen erlegt und sich alsdann halbnackt als kunstgemäßer Gegenstand dem bildenden Künstler darbot.

Unter den mir bekannten Gemmen findet sich dieser oder ein ähnlicher Gegenstand nicht behandelt.

6. Das Höchste dieser Art möchte denn wohl der Laokoon sein, wo zwei Schlangen sich mit drei Menschengestalten herumkämpfen; jedoch wäre über ein so allgemein Bekanntes wohl nichts weiter hinzu= zufügen.

Das Igeler Monument.

Bei dem erfreulichen Anblicke des mir übersendeten
löblichen Kunstwerkes eilte ich zuvörderst mich jener
Zeit zu erinnern, in welcher mir es, und zwar unter
5 sehr bedenklichen Umständen, zuerst bekannt geworden.
Ich suchte die Stellen meines Tagebuchs der Campagne 1792 wieder auf und füge sie hier bei als
Einleitung zu demjenigen, was ich jetzt zu äußern
gedenke.

10   Den 23. August 1792.

„Auf dem Wege von Trier nach Luxemburg erfreute mich bald das Monument in der Nähe von
Igel. Da mir bekannt war, wie glücklich die Alten
ihre Gebäude und Denkmäler zu setzen wußten, warf ich
15 in Gedanken sogleich die sämmtlichen Dorfhütten weg,
und nun stand es an dem würdigsten Platze. Die
Mosel fließt unmittelbar vorbei, mit welcher sich
gegenüber ein ansehnliches Wasser, die Saar, verbindet; die Krümmung der Gewässer, das Auf- und
20 Absteigen des Erdreichs, eine üppige Vegetation geben
der Stelle Lieblichkeit und Würde.

Das Monument selbst könnte man einen archi=
tektonisch=plastisch verzierten Obelisk nennen. Er
steigt in verschiedenen, künstlerisch über einander ge=
stellten Stockwerken in die Höhe, bis er sich zuletzt
in einer Spitze endigt, die mit Schuppen ziegelartig 5
verziert ist und mit Kugel, Schlange und Adler in
der Luft sich abschloß.

Möge irgend ein Ingenieur, welchen die gegen=
wärtigen Kriegsläufte in diese Gegend führen und
vielleicht eine Zeit lang festhalten, sich die Mühe 10
nicht verdrießen lassen, das Denkmal auszumessen
und, insofern er Zeichner ist, auch die Figuren der
vier Seiten, wie sie noch kenntlich sind, uns überliefern und erhalten.

Wie viel traurige bildlose Obelisken sah ich nicht 15
zu meiner Zeit errichten, ohne daß irgend jemand an
jenes Monument gedacht hätte. Es ist freilich schon
aus einer spätern Zeit, aber man sieht immer noch
die Lust und Liebe, seine persönliche Gegenwart mit
aller Umgebung und den Zeugnissen von Thätigkeit 20
sinnlich auf die Nachwelt zu bringen. Hier stehen
Eltern und Kinder gegen einander, man schmaust im
Familienkreise; aber damit der Beschauer auch wisse,
woher die Wohlhäbigkeit komme, ziehen beladene
Saumrosse einher, Gewerb und Handel wird auf 25
mancherlei Weise vorgestellt. Denn eigentlich sind
es Kriegs=Commissarien, die sich und den Ihrigen dieß
Monument errichteten, zum Zeugniß, daß damals

wie jetzt an solcher Stelle genugsamer Wohlstand zu er=
ringen sei.

Man hatte diesen ganzen Spitzbau aus tüchtigen
Sandquadern roh über einander gethürmt und als=
dann wie aus einem Felsen die architektonisch=plasti=
schen Gebilde herausgehauen. Die so manchem Jahr=
hunderte widerstehende Dauer dieses Monuments mag
sich wohl aus einer so gründlichen Anlage herschreiben".

Den 22. October.

„Ein herrlicher Sonnenblick belebte so eben die Ge=
gend, als mir das Monument von Igel wie der Leucht=
thurm einem nächtlich Schiffenden entgegenglänzte.

Vielleicht war die Macht des Alterthums nie so
gefühlt worden als an diesem Contrast: ein Monu=
ment, zwar auch kriegerischer Zeiten, aber doch glück=
licher siegreicher Tage und eines dauernden Wohlbe=
findens rühriger Menschen in dieser Gegend.

Obgleich in später Zeit, unter den Antoninen,
erbaut, behält es immer von trefflicher Kunst noch
so viel Eigenschaften übrig, daß es uns im Ganzen
anmuthig ernst zuspricht und aus seinen, obgleich sehr
beschädigten Theilen das Gefühl eines fröhlich=thätigen
Daseins mittheilt. Es hielt mich lange fest; ich notirte
manches, ungern scheidend, da ich mich nur desto un=
behaglicher in meinem erbärmlichen Zustande fühlte."

Seit der Zeit versäumte ich nicht, jenen Eindruck,
und war es auch nur einigermaßen, vor der Seele

zu erneuern. Auch unvollständige und unzulängliche
Abbildungen waren mir willkommen; z. B. ein eng-
lischer Kupferstich, eine französische Lithographie nach
General de Howen, so wie auch die lithographirte
Skizze der Herzogin von Rutland. Jene ersten beiden 5
erinnerten wenigstens an die wunderbare Stelle dieses
Alterthums in nordischer ländlicher Umgebung. Viel
näher brachte schon den erwünschten Augenschein die
Bemühung des Herrn Quednow, so wie der Herren
Hawich und Neurohr. Letzterer hatte sich besonders 10
auch über die Literatur und Geschichte, insofern sie
dieses Denkmal behandelt, umständlich ausgebreitet,
da denn die verschiedenen Meinungen über dasselbe,
welche man hiebei erfuhr, ein öfteres Kopfschütteln
erregen mußten. Diese zwar dankenswerthen Vor- 15
stellungen ließen jedoch manches zu wünschen übrig;
denn obgleich auf die Abbildungen Fleiß und Sorgfalt verwendet war, so gab doch der Totaleindruck
die Ruhe nicht, welche das Monument selbst verleiht,
und im Einzelnen schien die Lithographie das Ver- 20
witterte roher und das Überbliebene stumpfer vorgestellt zu haben, dergestalt daß zwar Kenntniß und
Übersicht mitgetheilt, das eigentliche Gefühl aber und
eine wünschenswerthe Einsicht nicht gegeben ward.

Bei'm ersten Anblick Ihrer höchst schätzenswerthen 25
Arbeit jedoch trat mir gerade das Erwünschteste ent-
gegen. Dieses Facsimile in Miniatur bringt uns jene
Eigenthümlichkeiten so vollkommen vor die Seele, daß

ich geneigt war, Ihrem Werke unbedingtes enthu=
siastisches Lob zuzurufen. Weil ich aber auf meiner
langen Laufbahn gewarnt bin und oft gemerkt habe,
daß man Gegenständen der Kunst so wie auch Personen,
5 für die man ein günstiges Vorurtheil gefaßt hat, alles
nachsieht und in Gefahr kommt, ihre Vorzüge zu über=
schätzen, so verlangte ich eine Autorität für meine
Gefühle und eine Sicherheit für dieselben in dem Aus=
spruch eines unbestechbaren Kenners.

10   Glücklicherweise stand mir nun ein längst geprüfter
Freund zur Seite, dessen Kenntnisse ich seit vielen
Jahren immer vermehrt, sein Urtheil dem Gegenstande
immer angemessen gesehen. Es ist der Director unserer
freien Zeichenschule, Herr Heinrich Meyer, Hofrath
15 und Ritter des weißen Falkenordens, der, wie so oft,
mir auch dießmal die Freude machte, meine Neigung
zu billigen und meine Vorliebe zu rechtfertigen.
Mehrmalige Gespräche in Gegenwart des allerliebsten
Kunstwerkes, verschiedene daraus entsprungene Auf=
20 sätze verschafften nun die innigste Bekanntschaft mit
demselben. Nachstehendes möge als Resultat dieser
Theilnahme angesehen werden, ob wir es gleich auch
nur aufstellen als unsere Ansicht unter den vielen
möglichen, voraussehend, daß über dieses Werk, inso=
25 fern es problematisch ist, die Meinungen sich niemals
vereinigen, vielmehr, wo nicht im Gegensatz, doch im
Schwanken und Zweifeln nach menschlicher Art er=
halten werden.

A. Amtsgeschäfte.

1. Hauptbasrelief im Basement der Vorderseite: An zwei Tischen mehrere Versammelte, Wichtiges verhandelnd. Ein dirigirender Sitzender, Vortragende, Einleitende, Ankömmlinge.

2. Seitenbild in der Attike: Zwei Sitzende, zwei im Stehen Theilnehmende; kann als Rentkammer, Comptoir und dergleichen angesehen werden.

B. Fabrication.

3. Hauptbild in der Attika: eine Färberei darstellend. In der Mitte heben zwei Männer ein ausgebreitetes, wahrscheinlich schon gefärbtes Tuch in die Höhe; der Ofen, worin der Kessel eingefügt zu denken ist, sieht unten hervor. Auf unsrer linken Seite tritt ein Mann heran, ein Stück Tuch über der Schulter hängend, zum Färben bringend; zur Rechten ein anderer im Weggehen, ein fertiges davontragend.

4. Langes Basrelief im Fries: mag irgend eine chemische Behandlung vorstellen, vielleicht die Bereitung der Farben und sonst.

C. Transport

sieht man am vielfachsten und öftersten dargestellt, wie denn ja auch das Beischaffen aller Bedürfnisse das Hauptgeschäft der Kriegs-Commissarien ist und bleibt.

5. Wassertransport, sehr bedeutend in den Stufen des Sockels, die er, nach dem Überbliebenen zu schließen, sämmtlich scheint eingenommen zu haben. Häufige so-

genannte Meerwunder, hier wohl bloß im Allgemeinen
als Wasserwunder gedacht. Die Schiffe werden ge=
zogen, welches auf Flußtransport einzig deutet.

6. Seitenbild in der Base: Ein schwer beladener
Wagen, mit drei Maulthieren bespannt, aus einem
Stadtthor nach Bäumen hinlenkend.

7. Seitenbild in der Attike: Ein Jüngling lehrt
einen Knaben, der auf seinem Schooße sitzt, den Wagen
führen, beide nackt. Ein allerliebstes Bild, hindeutend,
daß diese Geschäfte erblich in der Familie gewesen,
und daß man die Jüngsten gleich in dem Metier
unterrichtet, welches für sie das wichtigste blieb.

8. Bergtransport, gar artige, halbsymbolische Wirk=
lichkeit. Rechts und links zwei Gebäude, zwischen
denselben ein Hügel. Von unserer Linken steigt ein
beladenes Maulthier mit seinem Führer die Höhe
hinan, während ein anderes Lastthier, ebenfalls von
einem Führer begleitet, rechts hinabsteigt. Oben auf
dem Gipfel in der Mitte ein ganz kleines Häuschen,
die Ferne und Höhe andeutend.

D. Familien= und häusliche Verhältnisse.

9. Großes Bild der Vorderseite, eigentlich das
Hauptbild des Ganzen: Drei männliche Figuren; die
eine rechts, leicht bekleidet, scheint wegzugehen und
von der in der Mitte stehenden kleinern, welche des
obern Theils ermangelt, durch Händedruck Abschied
zu nehmen; die größere männliche, links, hält in

beiden Händen einen Mantel, als wollte sie solchen
der scheidenden um die Schultern schlagen. Über diesen
Figuren sind drei Medaillons, aus Schildern oder
Tellern hervorschauende Büsten, angebracht, vielleicht
die Hauptpersonen der Familie. 5

10. Schmales und langes Bild im Fries: Ein
Angesehener, welcher unter einem Vorhang herantritt,
erhält von sechs Figuren Naturalabgaben, Wildbret,
Fische u. s. w.; andere Männer stehen mit Stäben
als bereite Boten gegenwärtig, alles wohl auf Frohnen 10
und Zinsen deutend. Ein hinterster bringt Getränke.

11. Langes Basrelief in der Vorderseite des Frieses:
An beiden Seiten eines Tisches auf Lehnsesseln sitzen
zwei Personen, etwas entfernt von der Tafel; zwei
dienende oder vielleicht unterhaltende Figuren beschäf= 15
tigt hinter dem Tische. In einer Abtheilung rechts
die Küche mit Herd und Schüsseln; ein Koch bereitet
Speisen, ein anderer scheint auftragen zu wollen.
Links, in einer Abtheilung, der Schenktisch mit Ge=
säßen; ein Mann ist beschäftigt einen Krug herab= 20
zuheben, ein anderer gießt Getränk in eine Schale.

E. Mythologische Gegenstände.

Sie sind gewiß sämmtlich auf die Familie und
ihre Zustände im Allgemeinen zu denken, wenn dieses
auch im Einzelnen durchzuführen nicht gelingen möchte. 25

12. Hauptbild der Rückseite: In der Mitte eines
Zodiaks Hercules auf einem Viergespann, seine Hand

einer aus der Höhe sich herunterneigenden Figur hin=
reichend. Außerhalb dieses Kreises in den Ecken des
Quadrats vier große Köpfe, herausschauend, Vollgesich=
ter, jedoch sehr flach gehalten, von verschiedenem Alter,
die vier Winde vorstellend. Man beschaue diese ganze
Abtheilung recht aufmerksam und frage sich: Könnte
man wohl eine thätige, durch glücklichen Erfolg be=
lohnte Lebensweise reicher und entschiedener ausdrücken?

13. Ist nun hiedurch der Jahr= und Witterungs=
lauf angedeutet, so erscheint im Giebel das Haupt der
Luna, um die Monden zu bezeichnen. Ein Reh springt
zur Seite hervor. Nur die Hälfte des Bildes ist
übrig geblieben.

14. Daneben, gleichfalls im Giebelfelde: Helios,
Beherrscher des Tages, mit frei= und frohem Antlitz.
Die hinter dem Haupt hervorspringenden Pferde sind
zu beiden Seiten erhalten. Darunter

15. Hauptbild in der Attike der Rückseite: Ein
Jüngling, zwei hochbeinige Greise am Zaume haltend,
eben als wenn er der Sonne Relais gelegt hätte.

16. Im Fronton der Hauptseite: Hylas von den
Nymphen geraubt.

17. Auf dem Gipfel des Ganzen eine Kugel, von
der sich ein Adler, den Ganymed entführend, erhob.
Dieses wie das vorige Bild wahrscheinlich auf früh
verstorbene Lieblinge der Familie deutend, ganz im
antiken klassischen Sinn, das Vorübergehende immer=
fort lebend und blühend zu denken.

genau kenne, dagegen aber Absicht und Verknüpfung
des Ganzen eher behaglich als genau sich in der Seele
wieder erschaffe.

Offenbar sind hier die realsten und ideellsten, die
gemeinsten und höchsten Vorstellungen auf eine künst-
lerische Weise vereinigt, und es ist uns kein Denkmal
bekannt, worin gewagt wäre, einen so widersprechenden
Reichthum mit solcher Kühnheit und Großheit der
betrachtenden Gegenwart und Zukunft vor die Augen
zu stellen. Ohne uns durch die Schwierigkeit einer
vielleicht geforderten Darstellung abschrecken zu lassen,
haben wir die einzelnen Bilder unter Rubriken zu
bringen gesucht, und wie überdem diese niedergeschriebe-
nen Worte ohne die Gegenwart des so höchst gelungenen
Modells auch nicht im mindesten befriedigen können,
so haben wir an manchen Stellen mehr angedeutet
als ausgeführt! Denn in diesem Falle besonders gilt:
Was man nicht gesehen hat, gehört uns nicht und
geht uns eigentlich nichts an. Hienach beurtheile man
die versuchte Darstellung der einzelnen Bilder unter
gewissen Rubriken.

Die Verbreitung eines so bedeutenden Kunstwerks
durch sorgfältige Abgüsse wünschend und hoffend
In beharrlicher Theilnahme

J. W. v. Goethe.

Weimar, den 1. Juni 1829.

18. Endlich möchte wohl im Giebelfelde Mars, zur schlafenden Rhea herantretend, auf den römischen Ursprung der Familie und ihren Zusammenhang mit dem großen Weltreiche zu deuten sein.

19. und 20. Zu Erklärung und Rangirung der 5
beiden sehr beschädigten hohen Nebenseiten der Haupt=
masse des Monuments werden umsichtige Kenner das
Beste beitragen, welche sich wohl ähnlicher Bilder des
Alterthums erinnern, woraus man mit einiger Sicher=
heit diese Lücken restauriren und ihren Sinn er= 10
forschen könnte. Es sind allerdings mythologische
Gegenstände, welche hier höchst wahrscheinlich in Be=
ziehung auf die Schicksale und Verhältnisse der Familie
abgebildet sind. Denn daß nicht alle hier vorhandenen
Bilder, besonders die poetischen, von Erfindung der aus= 15
führenden Künstler seien, läßt sich vermuthen; sie mögen,
wie ja alle decorirenden Künstler thun, sich einen Vor=
rath von trefflichen Mustern gehalten haben. Die Zeit,
in welche die Errichtung dieses Monuments fällt, ist
nicht mehr productiv, man nahm schon längst zum 20
Nachbilden seine Zuflucht wie späterhin immer mehr.

Ein Werk dieser Art, das in einem höhern Sinn
collectiv ist, aus mancherlei Elementen, aber mit Zweck,
Sinn und Geschmack zusammengestellt ist, läßt sich
nicht bis auf die geringsten Glieder dem Verstande 25
vorzählen; man wird sich immer bei Betrachtung des=
selben in einer gewissen Läßlichkeit erhalten müssen,
damit man die Vorzüge des Einzelnen scharf und

genau kenne, dagegen aber Absicht und Verknüpfung
des Ganzen eher behaglich als genau sich in der Seele
wieder erschaffe.

Offenbar sind hier die realsten und ideellsten, die
gemeinsten und höchsten Vorstellungen auf eine künst=
lerische Weise vereinigt, und es ist uns kein Denkmal
bekannt, worin gewagt wäre, einen so widersprechenden
Reichthum mit solcher Kühnheit und Großheit der
betrachtenden Gegenwart und Zukunft vor die Augen
zu stellen. Ohne uns durch die Schwierigkeit einer
vielleicht geforderten Darstellung abschrecken zu lassen,
haben wir die einzelnen Bilder unter Rubriken zu
bringen gesucht, und wie überdem diese niedergeschriebe=
nen Worte ohne die Gegenwart des so höchst gelungenen
Modells auch nicht im mindesten befriedigen können,
so haben wir an manchen Stellen mehr angedeutet
als ausgeführt! Denn in diesem Falle besonders gilt:
Was man nicht gesehen hat, gehört uns nicht und
geht uns eigentlich nichts an. Hienach beurtheile man
die versuchte Darstellung der einzelnen Bilder unter
gewissen Rubriken.

———

Die Verbreitung eines so bedeutenden Kunstwerks
durch sorgfältige Abgüsse wünschend und hoffend
In beharrlicher Theilnahme
J. W. v. Goethe.
Weimar, den 1. Juni 1829.

Die Externsteine.

An der südwestlichen Gränze der Grafschaft Lippe
zieht sich ein langes waldiges Gebirg hin, der Lip-
pische Wald, sonst auch der Teutoburger Wald genannt, und zwar in der Richtung von Südost nach
Nordwest; die Gebirgsart ist bunter Sandstein.

An der nordöstlichen Seite gegen das flache Land
zu, in der Nähe der Stadt Horn am Ausgange eines
Thales, stehen, abgesondert vom Gebirg, drei bis vier
einzelne senkrecht in die Höhe strebende Felsen; ein
Umstand, der bei genannter Gebirgsart nicht selten
ist. Ihre ausgezeichnete Merkwürdigkeit erregte von
den frühsten Zeiten Ehrfurcht; sie mochten dem heid-
nischen Gottesdienst gewidmet sein und wurden sodann dem christlichen geweiht. Der compacte, aber
leicht zu bearbeitende Stein gab Gelegenheit, Einsiedeleien und Capellen auszuhöhlen, die Feinheit des
Korns erlaubte sogar Bildwerke darin zu arbeiten.
An dem ersten und größten dieser Steine ist die Abnahme Christi vom Kreuz in Lebensgröße halb erhaben in die Felswand eingemeißelt.

Eine treffliche Nachbildung dieses merkwürdigen
Alterthums verdanken wir dem Königlich Preußischen
Hofbildhauer Herrn Rauch, welcher dasselbe im Som=
mer 1823 gezeichnet, und, erwehrt man sich auch
nicht des Vermuthens, daß ein zarter Hauch der Aus=
bildung dem Künstler des neunzehnten Jahrhunderts
angehöre, so ist doch die Anlage selbst schon bedeutend
genug, deren Verdienst einer früheren Epoche nicht
abgesprochen werden kann.

Wenn von solchen Alterthümern die Rede ist,
muß man immer voraussagen und =setzen, daß, von
der christlichen Zeitrechnung an, die bildende Kunst,
die sich im Nordwesten niemals hervorthat, nur noch
im Südosten, wo sie ehemals den höchsten Grad er=
reicht, sich erhalten, wiewohl nach und nach ver=
schlechtert habe. Der Byzantiner hatte Schulen oder
vielmehr Gilden der Mahlerei, der Mosaik, des Schnitz=
werks, auch wurzelten diese und raukten um so fester,
als die christliche Religion eine von den Heiden er=
erbte Leidenschaft, sich an Bildern zu erfreuen und
zu erbauen, unablässig forthegte, und daher dergleichen
sinnliche Darstellungen geistiger und heiliger Gegen=
stände auf einen solchen Grad vermehrte, daß Ver=
nunft und Politik empört sich dagegen zu sträuben an=
fingen, wodurch denn das größte Unheil entschiedener
Spaltungen der morgenländischen Kirche bewirkt ward.

Im Westen war dagegen alle Fähigkeit irgend
eine Gestalt hervorzubringen, wenn sie je da gewesen,

völlig verloren. Die eindringenden Völker hatten alles
was in früherer Zeit dahin gewandert sein mochte,
weggeschwemmt, eine öde bildlose Landweite war ent=
standen; wie man aber, um ein unausweichliches Be=
dürfniß zu befriedigen, sich überall nach den Mitteln 5
umsieht, auch der Künstler sich immer gern dahin
begibt wo man sein bedarf, so konnte es nicht fehlen,
daß, nach einiger Beruhigung der Welt, bei Aus=
breitung des christlichen Glaubens, zu Bestimmung
der Einbildungskraft die Bilder im nördlichen Westen 10
gefordert und östliche Künstler dahin gelockt wurden.

Ohne also weitläufiger zu sein, geben wir gerne
zu, daß ein mönchischer Künstler, unter den Schaaren
der Geistlichen, die der erobernde Hof Carl des Großen
nach sich zog, dieses Werk könne verfertigt haben. 15
Solche Techniker, wie noch jetzt unsere Stuckatoren und
Arabeskenmahler, führten Muster mit sich, wornach
sie auch deßhalb genau arbeiteten, weil die einmal
gegebene Gestalt sich zu sicherem andächtigem Behuf
immerfort identisch eindrücken und so ihre Wahr= 20
haftigkeit bestärken sollte.

Wie dem nun auch sei, so ist das gegenwärtig in
Frage stehende Kunstwerk seiner Art und Zeit nach
gut, echt und ein östliches Alterthum zu nennen, und
da die treffliche Abbildung jedermann im Steindruck 25
zugänglich sein wird, so wenden wir unsere Aufmerk=
samkeit zuerst auf die gestauchte Form des Kreuzes,
die sich der gleichschenkligen des griechischen annähert;

sodann aber auf Sonn' und Mond, welche in den
obern Winkeln zu beiden Seiten sichtbar sind und in
ihren Scheiben zwei Kinder sehen lassen, auf welchen
besonders unsere Betrachtung ruht.

5 Es sind halbe Figuren, mit gesenkten Köpfen, vor=
gestellt wie sie große herabsinkende Vorhänge halten,
als wenn sie damit ihr Angesicht verbergen und ihre
Thränen abtrocknen wollten.

Daß dieses aber eine uralte sinnliche Vorstellung
10 der orientalischen Lehre, welche zwei Principien an=
nimmt, gewesen sei, erfahren wir durch Simplicius
Auslegung zu Epiktet, indem derselbe im vier und
dreißigsten Abschnitt spottend sagt: „Ihre Erklärung
der Sonn= und Mond=Finsternisse legt eine zum Er=
15 staunen hohe Gelehrsamkeit an den Tag: denn sie
sagen, weil die Übel, die mit dem Bau der Welt ver=
flochten sind, durch ihre Bewegungen viel Verwirrung
und Aufruhr machen, so ziehen die Himmelslichter
gewisse Vorhänge vor, damit sie an jenem Gewühl
20 nicht den mindesten Theil nehmen, und die Finster=
nisse seien nichts anders als dieses Verbergen der
Sonne oder des Mondes hinter ihrem Vorhang."

Nach diesen historischen Grundlagen gehen wir
noch etwas weiter und bedenken, daß Simplicius, mit
25 mehreren Philosophen aus dem Abendlande, um die
Zeit des Manes nach Persien wanderte, welcher ein
geschickter Mahler oder doch mit einem solchen ver=
bündet gewesen zu sein scheint, indem er sein Evan=

gelium mit wirksamen Bildern schmückte und ihm
dadurch den besten Eingang verschaffte. Und so wäre
es wohl möglich, daß sich diese Vorstellung von dort
her schriebe, da ja die Argumente des Simplicius
gegen die Lehre von zwei Principien gerichtet sind.   5

Doch da in solchen historischen Dingen aus strenger
Untersuchung immer mehr Ungewißheit erfolgt, so
wollen wir uns nicht allzufest hierauf lehnen, son=
dern nur andeuten, daß diese Vorstellung des Extern=
steins einer uralten orientalischen Denkweise gemäß   10
gebildet sei.

Übrigens hat die Composition des Bildes wegen
Einfalt und Adel wirkliche Vorzüge. Ein den Leichnam
herablassender Theilnehmer scheint auf einen niedrigen
Baum getreten zu sein, der sich durch die Schwere   15
des Mannes umbog, wodurch denn die immer un=
angenehme Leiter vermieden ist. Der Aufnehmende
ist anständig gekleidet, ehrwürdig und ehrerbietig hin=
gestellt. Vorzüglich aber loben wir den Gedanken,
daß der Kopf des herabsinkenden Heilandes an das   20
Antlitz der zur Rechten stehenden Mutter sich lehnt,
ja durch ihre Hand sanft angedrückt wird; ein schönes
würdiges Zusammentreffen, das wir nirgends wieder
gefunden haben, ob es gleich der Größe einer so er=
habenen Mutter zukommt. In späteren Vorstellungen   25
erscheint sie dagegen heftig in Schmerz ausbrechend,
sodann in dem Schoß ihrer Frauen ohnmächtig
liegend, bis sie zuletzt, bei Daniel von Volterra, rück=

lings quer hingestreckt, unwürdig auf dem Boden ge=
gesehen wird.

Aus einer solchen das Bild durchschneidenden hori=
zontalen Lage der Mutter jedoch haben sich die Künstler
wahrscheinlich deßhalb nicht wieder herausgefunden,
weil eine solche Linie, als Contrast des schroff in die
Höhe stehenden Kreuzes, unerläßlich scheint.

Daß eine Spur des Manichäismus durch das
Ganze gehe, möchte ich auch noch durch den Umstand
bekräftigen, daß wenn Gott der Vater sich über dem
Kreuze mit der Siegesfahne zeigt, in einer Höhle
unter dem Boden ein Paar hart gegen einander knieende
Männer von einem löwenklauigen Schlangendrachen
als dem bösen Princip umschlungen sind, welche, da
die beiden Hauptweltmächte einander das Gleichgewicht
halten, durch das obere große Opfer kaum zu retten
sein möchten.

Und nun vergessen wir nicht anzuführen, daß in
d'Agincourts Werk: Histoire des Arts par les
Monumens, und zwar auf dessen 163. Tafel, eine ähn=
liche Vorstellung vorhanden ist, wo auf einem Ge=
mählde, die Kreuzabnahme vorstellend, oben an der
einen Seite der Sonnenknabe deutlich zu sehen ist,
indessen der Mondknabe durch die Unbilden der Zeit
ausgelöscht worden.

Nun aber zum Schluß werd' ich erinnert, daß
ähnliche Abbildungen in den Mithratafeln zu sehen
seien, weßhalb ich denn die erste Tafel aus Thomas

Hyde Historia Religionis veterum Persarum be=
zeichne, wo die alten Götter Sol und Luna noch aus
Wolken, oder hinter Gebirgen, in erhobener Arbeit
hervortreten, sodann aber die Tafeln XIX nnd XX
zu Heinrich Seels Mithrageheimnissen, Aarau ⁵
1823, noch anführe, wo die genannten Gottheiten in
flach vertieften Schalen wenig erhöht symbolisch ge=
bildet sind.

Anforderung
an einen modernen Bildhauer.

————

In der neuesten Zeit ist zur Sprache gekommen:
wie denn wohl der bildende Künstler, besonders der
plastische, dem Überwinder zu Ehren, ihn als Sieger,
die Feinde als Besiegte darstellen könne, zu Beklei-
dung der Architektur allenfalls im Fronton, im Fries,
oder zu sonstiger Zierde, wie es die Alten häufig
gethan? Diese Aufgabe zu lösen hat in den gegenwärtigen Tagen, wo gebildete Nationen mit gebildeten kämpfen, größere Schwierigkeit als damals, wo
Menschen von höheren Eigenschaften mit rohen thierischen oder mit thierverwandten Geschöpfen zu kämpfen hatten.

Die Griechen, nach denen wir immer als unsern
Meistern hinaufschauen müssen, gaben solchen Darstellungen gleich durch den Gegensatz der Gestalten
ein entschiedenes Interesse. Götter kämpfen mit Ti-
tanen, und der Beschauende erklärt sich schnell für die
edlere Gestalt; eben derselbe Fall ist, wenn Hercules
mit Ungeheuern kämpft, wenn Lapithen mit Centauren
in Händel gerathen. Zwischen diesen letzten läßt der

Künstler die Schale des Siegs hin und wieder schwan=
ken, Überwinder und Überwundene wechseln ihre Rollen,
und immer fühlt man sich geneigt dem rüstigen Hel=
dengeschlecht endlich Triumph zu wünschen. Fast ent=
gegengesetzt wird das Gefühl angeregt, wenn Männer 5
mit Amazonen sich balgen; diese, obgleich derb und
kühn, werden doch als die schwächern geachtet, und
ein heroisch Frauengeschlecht fordert unser Mitleid,
sobald es besiegt, verwundet oder todt erscheint. Ein
schöner Gedanke dieser Art, den man als den heiter= 10
sten sehr hoch zu schätzen hat, bleibt doch immer jener
Streit der Bacchanten und Faunen gegen die Tyrrhener.
Wenn jene als echte Berg= und Hügelwesen halb reh=,
halb bocksartig dem räuberischen Seevolk dergestalt zu
Leibe gehen, daß es in das Meer springen muß, 15
und im Sturz noch der gnädigen Gottheit zu danken
hat, in Delphine verwandelt, seinem eigenen Elemente
auch ferner anzugehören, so kann wohl nichts Geist=
reicheres gedacht, nichts Anmuthigeres den Sinnen
vorgeführt werden. 20

Etwas schwerfälliger hat römische Kunst die be=
siegten und gefangenen, faltenreich bekleideten Dacier
ihren geharnischten und sonst wohlbewaffneten Kriegern
auf Triumphsäulen untergeordnet; der spätere Polidor
aber und seine Zeitgenossen die bürgerlich gespaltenen 25
Parteien der Florentiner auf ähnliche Weise gegen
einander kämpfen lassen. Hannibal Carrache, um
die Kragsteine im Saale des Palastes Alexander Fava

zu Bologna bedeutend zu zieren, wählt männlich
rüstige Gestalten mit Sphinxen oder Harpyien im
Faustgelag, da denn letztere immer die Unterdrückten
sind — ein Gedanke, den man weder glücklich noch
5 unglücklich nennen darf. Der Mahler zieht große
Kunstvortheile aus diesem Gegensatz, der Zuschauer
aber, der dieses Motiv zuletzt bloß als mechanisch
anerkennt, empfindet durchaus etwas Ungemüthliches;
denn auch Ungeheuer will man überwunden, nicht
10 unterdrückt sehen.

Aus allem diesem erhellt jene ursprüngliche Schwie=
rigkeit, erst Kämpfende, sodann aber Sieger und Be=
siegte charakteristisch gegen einander zu stellen, daß
ein Gleichgewicht erhalten und die sittliche Theil=
15 nahme an beiden nicht gestört werde.

In der neuern Zeit ist ein Kunstwerk, das uns
auf solche Art ansprüche, schon seltener. Bewaffnete
Spanier mit nackten Amerikanern im Kampfe vor=
gestellt zu sehen, ist ein unerträglicher Anblick; der
20 Gegensatz von Gewaltsamkeit und Unschuld spricht
sich allzuschreiend aus, eben wie bei'm Bethlehemiti=
schen Kindermord. Christen über Türken siegend
nehmen sich schon besser aus, besonders wenn das
christliche Militär im Costüm des siebenzehnten Jahr=
25 hunderts auftritt. Die Verachtung der Mahomedaner
gegen alle Sonstgläubigen, ihre Grausamkeit gegen
Sclaven unseres Volkes berechtigt, sie zu hassen und zu
tödten.

Christen gegen Christen, besonders der neuesten
Zeit, machen kein gutes Bild. Wir haben schöne
Kupferstiche, Scenen des amerikanischen Krieges vor=
stellend, und doch sind sie, mit reinem Gefühl be=
trachtet, unerträglich. Wohl uniformirte, regelmäßige, 5
kräftig bewaffnete Truppen, im Schlachtgemenge mit
einem Haufen zusammengelaufenen Volks, worunter
man Priester als Anführer, Kinder als Fahnenträger
schaut, können das Auge nicht ergötzen, noch weniger
den innern Sinn, wenn er sich auch sagt, daß der 10
Schwächere zuletzt noch siegen werde. Findet man
auch gar halb nackte Wilde mit im Conflict, so muß
man sich gestehen, daß es eine bloße Zeitungsnachricht
sei, deren sich der Künstler angenommen. Ein Pano=
rama von dem schrecklichen Untergange des Tippo 15
Saihb kann nur diejenigen ergötzt haben, die an der
Plünderung seiner Schätze Theil genommen.

Wenn wir die Lage der Welt wohl überdenken, so
finden wir, daß die Christen durch Religion und Sitten
alle mit einander verwandt und wirklich Brüder sind, 20
daß uns nicht sowohl Gesinnung und Meinung als
Gewerb und Handel entzweien. Dem deutschen Guts=
besitzer ist der Engländer willkommen, der die Wolle
vertheuert, und aus eben dem Grunde verwünscht ihn
der mittelländische Fabrikant.   25

Deutsche und Franzosen, obgleich politisch und
moralisch im ewigen Gegensatz, können nicht mehr als
kämpfend bildlich vorgestellt werden; wir haben zu viel

von ihrer äußern Sitte, ja von ihrem Militärputz auf=
genommen, als daß man beide, fast gleich costümirte
Nationen sonderlich unterscheiden könnte. Wollte nun
gar der Bildhauer (damit wir dahin zurückkehren,
wo wir ausgegangen sind) nach eigenem Recht und
Vortheil seine Figuren aller Kleidung und äußern
Zierde berauben, so fällt jeder charakteristische Unter=
schied weg, beide Theile werden völlig gleich; es sind
hübsche Leute, die sich einander ermorden, und die
fatale Schicksalsgruppe von Eteokles und Polynices
müßte immer wiederholt werden, welche bloß durch
die Gegenwart der Furien bedeutend werden kann.

Russen gegen Ausländer haben schon größere Vor=
theile; sie besitzen aus ihrem Alterthume charakte=
ristische Helme und Waffen, wodurch sie sich aus=
zeichnen können; die mannichfaltigen Nationen dieses
unermeßlichen Reichs bieten auch solche Abwechselungen
des Costüms dar, die ein geistreicher Künstler glück=
lich genug benutzen möchte.

Solchen Künstlern ist diese Betrachtung gewidmet;
sie soll aber= und abermals aufmerksam machen auf
den günstigen und ungünstigen Gegenstand; jener hat
eine natürliche Leichtigkeit und schwimmt immer oben,
dieser wird nur mit beschwerlichem Kunstapparat über
Wasser gehalten.

Verein der deutschen Bildhauer.

Da von allen Zeiten her die Bildhauerkunst das
eigentliche Fundament aller bildenden Kunst gewesen
und mit deren Abnahme und Untergang auch alles
andere Mit= und Untergeordnete sich verloren; so ver=
einigen sich die deutschen Bildhauer in dieser bedenk=
lichen Zeit, ohne zu untersuchen, wie die übrigen
verwandten Künste sich vorzusehen hätten, auf ihre
alten, anerkannten, ausgeübten und niemals wider=
sprochenen Rechte und Satzungen dergestalt, daß es
für Kunst und Handwerk gelte, wo erhobene, halb
und ganz runde Arbeit zu leisten ist.

Der Hauptzweck aller Plastik, welches Wortes wir
uns künstighin zu Ehren der Griechen bedienen, ist,
daß die Würde des Menschen innerhalb der mensch=
lichen Gestalt dargestellt werde. Daher ist ihr alles
außer dem Menschen zwar nicht fremd, aber doch nur
ein Nebenwerk, welches erst der Würde des Menschen
angenähert werden muß, damit sie derselbigen diene,
ihr nicht etwa in den Weg trete oder vielleicht gar
hinderlich und schädlich sei. Dergleichen sind Ge=
wänder und alle Arten von Bekleidungen und Zu=

thaten; auch sind die Thiere hier gemeint, welche die=
jenige Kunst ganz allein und würdig bilden kann,
die ihnen ihren Theil von dem im Menschen wohnenden
Gottesgebilde in hohem Maße zuzutheilen versteht.

5 Der Bildhauer wird daher von frühster Jugend
auf einsehen, daß er eines Meisters bedarf, und aller
Selbstlernerei, d. h. Selbstquälerei zeitig absagen. Er
wird das gesunde menschliche Gebilde vom Knochen=
bau herauf durch Bänder, Sehnen und Muskeln auf's
10 fleißigste durchüben; welches ihm keine Schwierigkeit
machen wird, wenn sein Talent als ein Selbstgesundes
sich im Gesunden und Jugendlichen wieder anerkennt.

Wie er nun das vollkommene, obschon gleichgül=
tige Ebenmaß der menschlichen Gestalt männlichen und
15 weiblichen Geschlechts sich als einen würdigen Kanon
anzueignen und denselben darzustellen im Stande
ist, so ist alsdann der nächste Schritt zum Charak=
teristischen zu thun. Hier bewährt sich nun jener
Typus auf und ab zu allem Bedeutenden, welches die
20 menschliche Natur zu offenbaren fähig ist, und hier
sind die griechischen Muster allen andern vorzuziehen,
weil es ihnen glückte, den Raupen= und Puppenzustand
ihrer Vorgänger zur höchstbewegten Psyche hervorzu=
heben, alles wegzunehmen, und ihren Nachfolgern, die
25 sich nicht zu ihnen bekennen, sondern in ihrer Un=
macht Original sein wollen, in dem Sanften nur
Schwäche und in dem Starken nur Parodie und
Karikatur übrig zu lassen.

Weil aber in der Plastik zu denken und zu reden
ganz unzulässig und unnütz ist, der Künstler vielmehr
würdige Gegenstände mit Augen sehen muß, so hat
er nach den Resten der höchsten Vorzeit zu fragen,
welche denn ganz allein in den Arbeiten des Phidias 5
und seiner Zeitgenossen zu finden sind. Hiervon darf
man gegenwärtig entschieden sprechen, weil genugsame
Reste dieser Art sich schon jetzt in London befinden,
so daß man also einen jeden Plastiker gleich an die
rechte Quelle weisen kann. 10

Jeder deutsche Bildhauer verbindet sich daher,
alles, was ihm von eignem Vermögen zu Gebote
steht oder was ihm durch Freunde, Gönner, sonstige
Zufälligkeiten zu Theil wird, darauf zu verwenden,
daß er eine Reise nach England mache und daselbst so 15
lang als möglich verweile, indem allhier zuvörderst
die Elginischen Marmore, sodann aber auch die übrigen
dort befindlichen, dem Museum einverleibten Sammlungen eine Gelegenheit geben, die in der bewohnten
Welt nicht weiter zu finden ist. 20

Daselbst studire er vor allen Dingen auf's fleißigste
den geringsten Überrest des Parthenons und des Phiga-
lischen Tempels; auch der kleinste, ja beschädigte Theil
wird ihm Belehrung geben. Dabei bedenke er freilich,
damit er sich nicht entsetze, daß es nicht gerade nöthig 25
sei, ein Phidias zu werden.

Denn obgleich in höherem Sinne nichts weniger
von der Zeit abhängt als die wahre Kunst, sie auch

wohl überall immer zur Erscheinung kommen könnte,
wenn selbst der talentreiche Mensch sich nicht gewöhn=
lich gefiele, albern zu sein, so ist in unserer gegen=
wärtigen Lage wohl zu betrachten, daß ja die Nach=
5 folger des Phidias selbst schon von jener strengen
Höhe herabstiegen, theils in Junonen und Aphroditen,
theils in ephebischen und Herculischen Gestalten, und
was der Zwischenkreis alles enthalten mag, sich jeder
nach seinen Fähigkeiten und seinem eigenen Charakter
10 zu ergehen wußte, bis zuletzt das Porträt selbst,
Thiere und Phantasiegestalten von der hohen Würde
des Olympischen Jupiters und der Pallas des Parthe=
nons participirten.

In diesen Betrachtungen also erkennen wir an,
15 daß der Plastiker die Kunstgeschichte in sich selbst
repräsentiren müsse; denn an ihm wird sogleich merk=
lich, von welchem Puncte er ausgegangen. Welch ein
lebender Meister dem Künstler beschieden ist, hängt
nicht von ihm ab; was er aber für Muster aus der
20 Vergangenheit sich wählen will, das ist seine Sache,
sobald er zur Erkenntniß kommt, und da wähle er
nur immer das Höchste: denn er hat alsdann einen
Maßstab, wie schätzenswerth er noch immer sei, wenn
er auch hinter jenem zurückbleibt. Wer unvollkommene
25 Muster nachahmt, beschädigt sich selbst; er will sie
nicht übertreffen, sondern hinter ihnen zurückbleiben.

Sollte aber dieser gegenwärtige Vereinsvorschlag
von den Gliedern der edlen Zunft gebilligt und mit

Freuden aufgenommen werden, so ist zu hoffen, daß
die deutschen Gönner auch hierhin ihre Neigung wen=
den. Denn obgleich ein jeder Künstler, der sich zum
Plastischen bestimmt fühlt, sich diese Wallfahrt nach
London zuschwören und mit Gefahr des Pilger= und 5
Märtyrthums ausführen muß, so wird es doch der
deutschen Nation viel anständiger und für die gute
Sache schneller wirksam werden, wenn ein geprüfter
junger Mann von hinreichender Fertigkeit dorthin mit
Empfehlungen gesendet und unter Aufsicht gegeben 10
würde.

Denn gerade daß deutsche Künstler nach Italien
ganz auf ihre eigene Hand seit dreißig Jahren ge=
gangen und dort nach Belieben und Grillen ihr halb
künstlerisches, halb religiöses Wesen getrieben, dieses 15
ist Schuld an allen neuen Verirrungen, welche noch
eine ganze Weile nachwirken werden.

Haben die Engländer eine afrikanische Gesellschaft,
um gutmüthige, dunkel strebende Menschen in die
widerwärtigen Wüsten zu Entdeckungen abzusenden, 20
die man recht gut voraussehen konnte, sollte nicht in
Deutschland der Sinn erwachen, die uns so nahe ge=
brachten, über alle Begriffe würdigen Kunstschätze
auch für das Mittelland zu benutzen?

Hier wär' eine Gelegenheit, wo die Frankfurter 25
ungeheure und wirklich disproportionirte Städelische
Stiftung sich auf dem höchsten bedeutenden Punct ent=
schieden sehen lassen könnte. Wie leicht würde es den

dortigen großen Handelshäusern sein, einen jungen
Mann zu empfehlen und durch ihre mannichfaltigen
Verbindungen in Aufsicht halten zu lassen.

Ob freilich ein echtes plastisches Talent in Frank-
5 furt geboren sei, ist noch die Frage, und die noch
schwerer zu beantworten, ob man die Kunst außerhalb der Bürgerschaft befördern dürfe.

Genug, die Sache ist von der Wichtigkeit, besonders
in dem gegenwärtigen Augenblick, daß sie wohl ver-
10 diente, zur Sprache gebracht zu werden.

Plastische Anatomie.
An Beuth in Berlin.

———

Geneigtest zu gedenken.

Die weimarischen Kunstfreunde erfreuen sich mit
mir der herrlichen Wirkungen wohlangewendeter großer 5
Mittel; ich aber, jene bedeutende Sendung dankbar
anerkennend, möchte dergleichen Kräfte zu einem Zweck
in Anspruch nehmen, der schon lange als höchst würdig
und wünschenswerth mir vor der Seele schwebt. Möge
es Ihnen jedoch nicht wunderlich vorkommen, daß ich 10
vorerst meine gedruckten Schriften anführe; ich habe
dort unter Paradoxie und Fabel gar manches versteckt
oder problematisch vorgetragen, dessen frühere oder
spätere Ausführung mir längst am stillen Herzen lag.
In diesem Sinne wage ich also zu bitten, dasjenige 15
nachzulesen, was ich im 23. Bande der kleinen Aus=
gabe, im 3. Capitel, von Seite 22 bis 40 nieder=
geschrieben habe; ist dieses geschehen, so darf ich mich
nicht wiederholen, sondern ganz unbewunden erklären,
daß ich die Ausführung jener Halbfiction, die Ver= 20
wirklichung jenes Gedankens ganz ernstlich von Euer
Hochwohlgeboren Mitwirkung zu hoffen, zu erwar=

ten mich längſt gedrängt fühlte, nun aber gerade
durch das Anſchauen eines ſo ſchönen Gelingens mich
veranlaßt ſehe, ſie endlich als ein Geſuch auszu=
ſprechen.

5 Es iſt von der plaſtiſchen Anatomie die Rede;
ſie wird in Florenz ſeit langen Jahren in einem
hohen Grade ausgeübt, kann aber nirgends unter=
nommen werden noch gedeihen als da, wo Wiſſen=
ſchaften, Künſte, Geſchmack und Technik vollkommen
10 einheimiſch in lebendiger Thätigkeit ſind. Sollte man
aber bei Forderung eines ſolchen Locals nicht un=
mittelbar an Berlin denken, wo alles jenes beiſammen
iſt und daher ein höchſt wichtiges, freilich complicirtes
Unternehmen ſogleich durch Wort und Willen ausge=
15 geführt werden könnte? Einſicht und Kräfte der
Vorgeſetzten ſind vorhanden, zur Ausführung Fähige
bieten ſich gewiß alſobald an.

In dieſer wahrhaft nationalen, ja ich möchte ſagen
kosmopolitiſchen Angelegenheit iſt mein unmaßgeblicher
20 Vorſchlag der:

Man ſende einen Anatomen, einen Plaſtiker, einen
Gipsgießer nach Florenz, um ſich dort in gedachter
beſonderen Kunſt zu unterrichten.

Der Anatom lernt die Präparate zu dieſem eignen
25 Zweck auszuarbeiten.

Der Bildhauer ſteigt von der Oberfläche des menſch=
lichen Körpers immer tiefer ins Innere und verleiht
den höheren Stil ſeiner Kunſt Gegenſtänden, um ſie

bedeutend zu machen, die ohne eine solche Idealnachhülfe
abstoßend und unerfreulich wären.

Der Gießer, schon gewohnt, seine Fertigkeit ver=
wickelten Fällen anzupassen, wird wenig Schwierigkeit
finden, sich seines Auftrags zu entledigen; es ist ihm 5
nicht fremde, mit Wachs von mancherlei Farben und
allerlei Massen umzugehen, und er wird alsobald das
Wünschenswerthe leisten.

Drei Personen, jeder nach seiner Weise, in Wissen,
Kunst und Technik schon gebildet, werden in mäßiger 10
Zeit sich unterrichten und ein neues Thun nach Berlin
bringen, dessen Wirkungen nicht zu berechnen sind.

Dergleichen gelungener Arbeiten kann sich die
Wissenschaft zum Unterricht, zu immer wieder erneuter
Auffrischung von Gegenständen, die kaum festzuhalten 15
sind, bedienen. Der praktische Arzt wie der Chirurg
werden sich das nothwendige Anschaun leicht und
schnell jeden Augenblick wieder vergegenwärtigen; dem
bildenden Künstler treten die Geheimnisse der mensch=
lichen Gestalt, wenn sie schon einmal durch den 20
Künstlersinn durchgegangen sind, um so viel näher.
Man lasse alles gelten, was bisher in diesem Fache
geschah und geschieht, so haben wir in unsrer Anstalt
ein würdiges Surrogat, das auf ideelle Weise die Wirk=
lichkeit ersetzt, indem sie derselben nachhilft. 25

Die Florentinischen Arbeiten sind theuer und wegen
der Zerbrechlichkeit kaum zu transportiren. Einzelne
deutsche Männer haben uns in Braunschweig das

Gehirn, in Dresden das Ohr geliefert. Man sieht hierin ein stilles Wollen, eine Privatüberzeugung; möge sie bald unter die großen Staatsangelegenheiten gezählt werden. Die Vorgesetzten solcher allgemeinen Institute sind Männer, die besser, als ich konnte, den vielfach durchdringenden Einfluß eines solchen Wirkens sich vergegenwärtigen. Ich will nur noch von der Verpflichtung sprechen, ein solches Unternehmen zu begünstigen.

In obengenannter Stelle meiner Werke ist auf die immer wachsende Seltenheit von Leichen, die man dem anatomischen Messer darbieten könnte, gedeutet und gesprochen; sie wird noch mehr zunehmen, und in wenig Jahren daher muß eine Anstalt wie die obengewünschte willkommen sein.

Diejenigen freien Räume, welche das Gesetz der Willkür überläßt, hat sich die Menschlichkeit erobert und engt nunmehr das Gesetz ein. Die Todesstrafe wird nach und nach beseitigt, die schärfsten Strafen gemildert. Man denkt an die Verbesserung des Zu= standes entlassener Verbrecher, man erzieht verwilderte Kinder zum Guten, und schon findet man es höchst unmenschlich, Fehler und Irrthümer auf das Grau= samste nach dem Tode zu bestrafen. Landesverräther mögen geviertheilt werden, aber gefallene Mädchen in tausend Stücke anatomisch zu zersetzen, will sich nicht mehr ziemen. Dergleichen hat zur Folge, daß die alten harten Gesetze zum Theil schon abgeschafft sind und jedermann die Hände bietet, auch die neueren milderen zu umgehen.

Das Furchtbare der Auferstehungsmänner in Eng= laud, in Schottland die Mordthaten, um den Leichen= handel nicht stocken zu lassen, werden zwar mit Er= staunen und Verwunderung gelesen und besprochen, aber gleich andern Zeitungsnachrichten wie etwas Wildfremdes, das uns nichts angeht.

Die akademischen Lehrer beklagen sich, die emsige Wißbegierde ihrer Secanten nicht befriedigen zu können, und bemühen sich vergebens, diese Unterrichtsart in das alte Gleis wieder zurückzuweisen. So werden denn auch die Männer vom Fach unsre Vorschläge mit Gleichgültigkeit behandeln; dadurch dürfen wir aber nicht irre werden; das Unternehmen komme zu Stande, und man wird im Verlauf der Zeit sich ein= richten. Es bedarf nur einiger geistreicher talentvoller Jünglinge, so wird sich das Geschäft gar leicht in Gang setzen.

So weit hatte ich geschrieben, als mir in dem ersten Hefte der Branischen Miscellen ein merkwürdiger Beleg zur Hand kam, wovon ich einen Auszug bei= zulegen nicht ermangele.

Die Ersticker in London.
(Siehe Brans Miscellen. Erstes Heft 1832.)

„Keinen größern Schrecken brachte die Nachricht von der Annäherung der Cholera in London herbor

als die Furcht, im Schoße der Hauptstadt die Er=
neuerung von Mordthaten zu erleben, welche vor
kurzem in Edinburg und dessen Umgegend aus dem
schmutzigsten Eigennutz von einer Bande unter An=
5 führung eines gewissen Burke verübt worden waren.

Durch folgende Thatsache kündigte sich die Wieder=
erscheinung dieser so gefürchteten Geißel an. Ein
kleiner Italiäner, der zu einer in London wohlbe=
kannten Gesellschaft wandernder Sänger gehörte, war
10 seit einigen Tagen verschwunden. Vergeblich stellten
seine Verwandten Nachforschungen nach ihm an, als
man auf einmal seinen Leichnam in einem Hospitale
wiedererkannte, durch Hülfe einiger Zöglinge aus dem=
selben, an welche die Resurrectionisten (Auferstehungs=
15 männer, Leichendiebe) ihn als einen frisch aus dem
Grabe aufgescharrten Leichnam verkaufen wollten. Da
man an der Leiche des unglücklichen Kindes fast keine
Spur eines gewaltsamen Todes entdecken konnte, so
lag kein Zweifel vor, daß es lebend in die Hände
20 der Erstiker gefallen sei und daß es so der Gegen=
stand der furchtbarsten Speculation geworden war.

Man versicherte sich sogleich der muthmaßlichen
Schuldigen und unter andern auch eines gewissen
Bishop, eines alten Seemanns, der an den Ufern der
25 Themse wohnte. Bei einer in seiner Abwesenheit
angestellten Hausuntersuchung wurde die Frau ver=
leitet, zu bekennen, ihr Haus sei der Aufenthaltsort
einer Resurrectionistenbande, und täglich bringe man

dahin Leichname, um sie an die Hospitäler zu ver=
kaufen.

Ein Brief Bishops an einen Zögling des Hospi=
tals, an den sie ihre Leichen zu verkaufen pflegten,
ward gefunden, darin heißt es: „Hätten Sie wohl 5
die Güte, mein Herr, uns in Gemeinschaft mit Ihren
Herren Collegen einige Hülfe zukommen zu lassen?
Vergessen Sie nicht, daß wir Ihnen für eine sehr
mäßige Belohnung, und indem wir uns den größten
Gefahren aussetzten, die Mittel geliefert haben, Ihre 10
Studien zu vervollkommnen!“

Aus näheren Nachforschungen ging hervor, daß
der junge Italiäner nicht der einzige Mensch sei,
welcher plötzlich verschwunden. Von ihren Eltern ver=
lassene Kinder, die von Betteln oder Spitzbübereien 15
lebten, kamen nicht wieder an die Orte, die sie ge=
wöhnlich besuchten. Man zweifelt nicht daran, daß
auch sie als Opfer der Habgier jener Ungeheuer ge=
fallen sind, die sich um jeden Preis zu Lieferanten
der Sectionssäle machen wollen. Ein Kirchenvorsteher 20
aus dem Pfarrsprengel Saint=Paul versprach vor dem
Polizeibureau von Bow=Street demjenigen eine Be=
lohnung von 200 Pf. Sterl., der die Gerichte auf die
Spur dieser Verbrecher führen würde.

‚Frau King, die Bishops Haus gerade gegenüber 25
wohnt, in dem Viertheil, welches unter dem Namen
„Die Gärten von Neu=Schottland“ bekannt ist, sagt
aus sie habe den kleinen Italiäner am 4. November

früh in der Nähe von Bishops Wohnung gesehen.
Er hatte eine große Schachtel mit einer lebendigen
Schildkröte, und auf dieser Schachtel hatte er einen
Käfig mit weißen Mäuschen. Die Kinder der Frau
King sagen aus: sie hätten ihre Mutter um zwei
Sous gebeten, um sich vom kleinen Savoyarden die
närrischen Thierchen zeigen zu lassen; ihre Mutter
habe aber nicht gewollt. Auf die umständlichste Weise
bezeichnete die Mutter und die Kinder die Tracht des
kleinen Savoyarden, der eine blaue Weste oder Jacke,
einen schlechten, ganz durchlöcherten und verschossenen
Pantalon und große Schuhe anhatte, mit einer wol=
lenen Mütze auf dem Kopfe.

Die Frau Augustine Brun, eine Savoyardin, der
der Italiäner Peragalli zum Dolmetscher diente, sagte
Folgendes aus: „Vor ungefähr zwei Jahren wurde
mir in dem Augenblicke, wo ich von Piemont abreiste,
vom Vater und der Mutter des kleinen Italiäners
dieß Kind anvertraut, welches Joseph Ferrari heißt.
Ich brachte es mit nach England, wo ich es neun
oder zehn Monate bewachte. Ich that es dann zu
einem Schornsteinfeger auf drittehalb Jahre in die
Lehre; aber es lief weg und wurde Straßensänger.
Joseph Ferrari war ein sehr kluges Kind. Vom
Profit seiner Arbeit kaufte er eine große Schachtel,
einen Käfig, eine Schildkröte und weiße Mäuschen
und verdiente sich so recht gut auf dem Pflaster von
London sein Brot."

Die Art und Weise, wie sie ihr Verbrechen aus=
übten, hatte gar keine Ähnlichkeit mit der Burkischen
Methode. Sie bedienten sich narkotischer Mittel, die sie
in den Wein mischten, um sich so des Individuums zu
bemächtigen, nach dessen Leichnam sie trachteten, und 5
trugen ihn dann in einen Brunnen des Gartens, wo
sie ihn an den Füßen über dem Wasser aufhingen,
bis ihn das in den Kopf steigende Blut erstickte.
Auf diese Weise brachten sie um's Leben einen jungen
Menschen aus Lincolnshire, die Frau Frances Pigburn 10
und diesen kleinen italiänischen Sänger Ferrari.

Seit dem ausgesprochenen Todesurtheil war im
Äußern der Gefangenen eine große Veränderung vor=
gegangen. Sie waren äußerst niedergeschlagen, nur
mit Schaudern konnten sie sich mit dem Gedanken 15
befassen, daß ihr Körper zur Section überliefert
werden würde, ein höchst fremdartiges Gefühl für
Menschen, die mit dem Verbrechen so vertraut
und beständige Lieferanten der anatomischen Säle
waren. 20

Nicht zu beschreiben ist die Scene, welche nach der
Erscheinung der Verbrecher auf dem Gerüst erfolgte.
Der Haufe stürzte sich gegen die Barrieren; aber sie
widerstanden dem wüthenden Anlauf, und es gelang
den Constablern, der Bewegung Einhalt zu thun. 25
Ein wüthendes Geschrei, mit Pfeifen und Hurrarufen
begleitet, erhob sich plötzlich aus dieser ungeheuren
Menschenmasse und dauerte so lange, bis der Henker

mit seinen Vorbereitungen fertig war. Eine Minute
später wurde der Strick in die Höhe gezogen, die Ver-
urtheilten hauchten den letzten Lebensathem aus, und
das Volk jauchzte Beifall zu dem furchtbaren Schau-
spiel. Man schätzt die Zahl der bei Old-Bayley versammelten Menschenmenge auf 100000.“

Dieses Unheil trug sich in den letzten Monaten
des vorigen Jahres zu, und wir haben noch mehr
dergleichen zu fürchten, wohin die hohe Prämie deutet,
welche der wackere Kirchenvorsteher deßhalb anbietet.
Wer möchte nicht eilen, da vorzuschreiten, wenn er
auch nur die mindeste Hoffnung hat, solche Greuel-
thaten abzuwehren. In Paris sind dergleichen noch
nicht vorgekommen; die Morgue liefert vielleicht das
Bedürfniß, ob man gleich sagt, die anatomirenden
Franzosen gehen mit den Leichnamen sehr verschwen-
derisch um.

Indem ich nun hiemit zu schließen gedachte, über-
leg' ich, daß diese Angelegenheit zu manchem Hin-
und Widerreden werde Veranlassung geben und es
daher möchte wohlgethan sein, an dasjenige zu erinnern, was bereits auf dem empfohlenen Wege für
die Wissenschaften geschehen. Schon seit Romé de
Lisle hat man für nöthig gefunden, die Mannichfaltigkeit der Krystalle mit den gränzenlosen Abweichungen und Ableitungen ihrer Gestalten durch

Modelle vor die Augen zu bringen. Und dergleichen
sind auf mancherlei Weise von dem verschiedensten
Material in jeder Größe nachgebildet und dargeboten
worden. In Petersburg hat man den großen am
Ural gefundenen Goldklumpen gleichfalls in Gips aus- 5
gegossen, und er liegt verguldet vor uns, als wenn
es das Original selbst wäre. In Paris verfertigt
man gleichfalls solche in Gips gegossene und nach der
Natur colorirte Copien der seltenen vorgeschichtlichen
fossilen organischen Körper, welche zuerst durch Baron 10
Cuvier entschieden zur Sprache gekommen.

Doch hievon finden sich gewiß in den Berliner
Museen, mineralogischen, zoologischen, anatomischen,
gar manche Beispiele, die meinen Wunsch, dasjenige
nun im Ganzen und in voller Breite zu liefern, was 15
bisher nur einzeln unternommen worden, vollkommen
rechtfertigen.

Schon vor zwanzig Jahren und drüber lebte in
Jena ein junger und thätiger Docent, durch welchen
wir jenen Wunsch zu realisiren hofften, indem er, 20
freilich besonders pathologische Curiosa, vorzüglich
auch syphilitische Krankheitsfälle aus eigenem Trieb
und ohne entschiedene Aufmunterung ausarbeitete und
in gefärbtem Wachs mit größter Genauigkeit darzustellen bemüht war. Bei seinem frühen Ableben 25
gelangten diese Exemplare an das Jenaische anato-
mische Museum, und werden dort zu seinem Andenken
und als Muster zu einer hoffentlich dereinstigen Nach-

eiſerung, im Stillen, da ſie öffentlich nicht gut präſen=
tabel ſind, aufbewahrt.

In vollkommener Hochachtung
und wohlgegründeten Vertrauen

Weimar,   J. W. Goethe.

den 4. Februar

1832.

Blüchers Denkmal.

Daß Rostock, eine so alte und berühmte Stadt, durch die Großthaten ihres Landsmannes sich frisch belebt und erhoben fühlte, war ganz naturgemäß; daß die Stellvertreter des Landes, dem ein so trefflicher Mann angehört, sich berufen hielten, demselben am Orte seiner Geburt ein bedeutendes Denkmal zu stiften, war eine von den ersten Wirkungen eines lang ersehnten Friedens. Die Versammlung der Mecklenburgischen Stände im December 1814 faßte den einstimmigen Beschluß, die Thaten ihres hochberühmten Landsmanns auf eine solche Weise zu verehren. Die Sanction der beiden Großherzoge Königl. Hoh. erfolgte darauf, so wie die Zusage eines bedeutenden Beitrags. Alle Mecklenburger wurden sodann zu freiwilligen Beiträgen gleichfalls eingeladen, und die Stände bewilligten den allenfalls abgehenden Theil der Kosten. Die höchstgebildete Erbgroßherzogin Caroline, alles Gute und Schöne befördernd, nahm lebhaften Antheil an diesem Vorhaben, und wünschte, im Vertrauen auf ihre Vaterstadt, daß die Weimarischen Kunstfreunde sich bei der Ausführung nicht unthätig verhalten möchten. Der

engere Ausschuß der Ritter= und Landschaft ward be=
auftragt Ideen und Vorschläge zu sammeln; hieraus
entstand eine Concurrenz mehrerer verdienter Künstler;
verschiedene Modelle, Zeichnungen und Entwürfe
5 wurden eingesendet. Hier aber that sich die Schwierig=
keit hervor, woran in den neuesten Zeiten mancher Plan
gescheitert ist: wie nämlich die verschiedenen Wünsche
so vieler Interessenten zu vereinigen sein möchten.
Dieses Hinderniß suchte man dadurch zu beseitigen,
10 daß ein landesherrlicher und ständischerseits genehmigter
Vorschlag durch Herrn Kammerherrn von Preen an
den Herausgeber gegenwärtiger Hefte gebracht wurde,
wodurch man denselben aufforderte, der Berathung
in dieser wichtigen Angelegenheit beizuwohnen. Höchst
15 geehrt durch ein so unerwartetes Vertrauen erneuete
derselbe ein früheres Verhältniß mit Herrn Director
Schadow in Berlin; verschiedene Modelle wurden ge=
fertigt, und das letzte, bei persönlicher Anwesenheit
gedachten Herrn Directors in Weimar, nochmals mit
20 den dortigen Kunstfreunden bedacht und besprochen,
sodann aber durch Vermittelung des in dieser Angelegen=
heit immer thätigen Herrn von Preen die Ausführung
höchsten und hohen Orts beschlossen, und dem bereit=
willigen Künstler übertragen.

25 Das Piedestal aus vaterländischem Granit wird
auf der Schweriner Schleifmühle, von der so schöne
Arbeiten in dem härtesten Stein bekannt sind, auf
Kosten Ihro Königl. Hoh. des Großherzogs bearbeitet.

Auf diesen Untersatz, von neun Fuß Höhe, kommt die aus Erz gegossene, gleichfalls neun Fuß hohe Statue des Helden zu stehen. Er ist abgebildet mit dem linken Fuß vorschreitend, die Hand am Säbel, die Rechte führt den Commandostab. Seine Kleidung 5 kunstgemäß, doch erinnernd an eine in den neuern Zeiten nicht seltene Tracht. Der Rücken durch eine Löwenhaut bekleidet, wovon der Rachen auf der Brust das Heft bildet. Das entblößte Haupt läßt eine prächtige Stirn sehen, die höchst günstigen Züge des 10 Gesichts sprechen einen bedeutenden Charakter aus, wie denn überhaupt die schlanke Gestalt des Kriegers dem Künstler sehr willkommen entgegen tritt.

Zu bedeutenden halberhobenen Arbeiten an das Piedestal sind auch schon Zeichnungen und Vorschläge 15 eingereicht, deren nähere Bestimmung noch zu erwarten steht.

Die am Schlusse des Jahres 1815 versammelten Stände benutzten den 16. December, als den Geburts= tag des Fürsten, ihre dankbare Verehrung, nebst der 20 Anzeige des von seinem Vaterlande ihm zu errichtenden Monuments überreichen zu lassen; die darauf erfolgte Antwort geziemt einem Manne, welcher, im Gefühl daß die That selbst spreche, ein Denkmal derselben eher ablehnen als begünstigen möchte. 25

Fürst Blüchers Denkbild.
Auszug eines Schreibens, Berlin den 29. August 1818.

———

„Nunmehr kann ich mit Vergnügen und Zufrieden=
heit vermelden, wie der Guß des größten Stückes von
5 der Colossal=Statue des Fürsten Blücher trefflich ge=
rathen ist. Außer dem Kopf ist es die ganze Höhe
vom Halse an bis herunter mit der Plinthe. Den
21sten d. M., Abends gegen 6 Uhr, wurde dem Ofen
Feuer gegeben und des andern Morgens um 4 Uhr
10 abgestochen. Ein Hundert und vier Centner waren
eingesetzt worden. Der größere Theil hievon diente
dem eigentlich in die Form Einfließenden durch den
Druck Dichtheit zu geben. Das Metall floß ruhig
ein, und setzte sich wagerecht in den Windpfeifen oder
15 Luftröhren. Hieraus war die Andeutung eines ge=
lungenen Gusses abzunehmen. Gestern haben wir den
Guß bis unter die Plinthe von Form freigemacht und
uns überzeugt, daß von oben bis unten alles dicht
und rein ausgefallen. Sonst geschieht bei dergleichen
20 großen Güssen, daß wohl Stellen, gleich dem Bimstein,
poros vorkommen, oder wenn auch dicht, mit fremden
Theilchen von Formmasse gemischt sind, welches alles
hier nicht der Fall ist. Der Guß geschah in der königlichen Kanonen=
25 gießerei bei'm Zeughause, und man ist, außer dem
guten Glücke, das Gelingen der Bedächtigkeit und

Einsicht des französischen Formers und Gießers, so
wie der Erfahrung und willigen Theilnahme der könig=
lichen Beamten schuldig, ohne welches Einverständniß
man nicht sicher gearbeitet und einen so wichtigen
Zweck schwerlich erreicht hätte. Denn das Kupfer 5
hat die sonderbare Eigenschaft, daß man den Augen=
blick der höchsten Flüssigkeit benutzen muß, welchen,
wenn er vorbei ist, man durch das stärkste Feuer
nicht wieder zurückbringt, man müßte denn von vorn
kalt wieder anfangen. Diesen Augenblick zu erkennen, 10
haben unsere Kanonengießer die größte Fertigkeit.

Ich habe schon gemeldet, daß eine solche Form aus
horizontalen Schichten besteht, und wie gut das Metall
muß geflossen sein, geht daraus hervor, daß in die
dichten Fugen derselben das Metall dünn wie ein 15
Blatt eingedrungen ist.

Nun haben wir den Kern herauszuschaffen, welches
eine schwierige Arbeit ist, da uns nur drei Öffnungen
zu Gebote stehen, nämlich unten durch die beiden Fuß=
sohlen inwendig der Plinthe und oben am Hals. 20
Um den Mantel schwebend zu erhalten, sind künst=
liche Vorrichtungen angebracht; metallne Stäbe näm=
lich, welche gegenwärtig noch aus dem Gewande her=
vorstehen, und künftig zugleich mit der Oberfläche
verarbeitet werden. 25

Was jemanden, der in Rußland gießen sah, neu
war, ist die hier angewandte größere Zahl von Guß=
und Lufttröhren. Dort sah man vier Statuen in der

Grube dermaßen damit umgeben, daß sie einem Ballen
von Wurzeln glichen. Man ist in Frankreich davon
abgekommen, indem die Luft durch so viele Verästungen
gleichsam abgesangen wird und das Metall hie und
5 da außen bleibt.

Sehr wichtig ist auch die Methode, wodurch man
das Wachs, welches sonst die Dicke des Metalles be=
stimmte, entbehren kann. Jetzo, wenn über das fertige
Modell die Form gemacht und diese wieder abgenommen
10 ist, wird die ganze Oberfläche beschabt, und zwar um
so viel als die Metalldicke künftighin betragen soll.
In diesem Zustande gab unsere Statue einen sonder=
baren Anblick; die Figur schien sehr lang und dünn
und daher außer aller Proportion.“

———

15 Von diesem und anderem wird Herr Director
Schadow dem Publicum hoffentlich nähere Nachricht
geben, wenn das Werk selbst vor aller Augen steht.
Man hofft, daß dieses Standbild an Ort und Stelle
auf den 18. Juni 1819 wird zu schauen sein. Die
20 zwei Relieftafeln werden in dießjähriger Ausstellung
erscheinen. Die erste stellt vor den Helden, sich vom
Sturze mit dem Pferd aufraffend und zu gleicher Zeit
den Feind bedrohend; der Genius des Vaterlandes
schützt ihn mit der Ägide; die zweite zeigt den Helden
25 zu Pferde, widerwärtige dämonische Gestalten in den
Abgrund jagend. Auch hier mangelt es nicht am
Beistand der guten Geister.

Folgende Inschriften sind genehmigt:

Dem Fürsten

Blücher

von Wahlstadt

Die Seinen.

―――――

In Harren und Krieg,
In Sturz und Sieg
Bewußt und groß:
So riß er uns
Von Feinden los.   10

Vorzüglichste Werke von Rauch,

Text von Wagner. Zwei Lieferungen. Berlin 1827.

―――――

Es war als eine schöne Belohnung ernstlich und
unausgesetzt strebender Künstler anzusehen, daß zu der
Zeit, da ihre Landsleute sich im Krieg durch große
Thaten verherrlichten, auch sie im Falle waren durch
meisterhafte Bildwerke den Dank zu beurkunden, wel=
chen die Nation für so große Verdienste schuldig zu
sein mit fröhlichem Enthusiasmus aussprach. Hier
ist vor allem die Plastik gemeint, und wir erfreuen uns
nunmehr der vorgemeldeten Abbildungen.

Kaum hatte sich Deutschland von dem beschwer=
lichsten Druck erholt, kaum war es zu dem Wieder=
besitz mancher geraubten Kunstschätze gelangt, als man
schon in Rostock und Breslau den Gedanken verfolgen
konnte, den gefeierten Helden der Zeit im Bilde auf=
zustellen.

Vorgemeldetes Heft läßt uns nun vorerst erfahren,
was in Berlin zu Ehren der Generale Bülow und
Scharnhorst geschah. Die Gestalten beider hat der
Künstler zwar in Uniformen und Kleidungen neuster

6*

Zeit, durch geschmackvolle Behandlung jedoch, und
besonders durch den Faltenwurf der Mäntel mit einem
kunstgemäßen Stil zu schmücken gewußt. Hiebei wollen
wir bemerken, daß in den diesen Statuen beigefügten
Basreliefen im antiken Sinne ideelle allegorische Ge= 5
stalten dem neueren Leben angeeignet worden.

Denn wir haben sogleich von dem Übergang in
das Reelle, welches einer ausgebildeten Kunst auch gut
ansteht, und von einem großen Basrelief zu reden,
welches am Piedestal der Blücherischen Statue, die 10
nunmehr in Berlin aufgerichtet steht, befindlich, uns
durch die besondere Gunst des Künstlers nunmehr in
einem wohlgerathenen Abguß vor Augen gebracht ist.

Wir wollen nicht läugnen, daß in einer Dar=
stellung der Art, uns, die wir immer in solchem 15
Falle das alterthümliche Costüm vor uns zu sehen
gewohnt sind, im Anfange das völlig Moderne ge=
wissermaßen auffallend gewesen. Da aber alles, die
Gewänder zumal, mit Geschmack und lobenswürdiger
Beobachtung der Flächen behandelt ist, wir überdem 20
auch nunmehr länger als ein Halbjahr daran hin=
und hergehen, so sind wir gewissermaßen in die Denk=
weise des Volks eingeweiht, das sich nun ebenfalls
eine gute Zeit daran hin= und herbewegt und nicht
sowohl fragt, was die Figuren bedeuten, sondern was 25
und wer sie seien, sich erfreut, Porträte und National=
Physiognomien darauf zu finden, sich die Geschichte
vorerzählt oder erzählen läßt und das Symbolische,

das dergleichen Kunstwerke immer behalten, doch zu=
letzt erklärlich und faßlich findet.

Der Beweis davon ergibt sich uns schon lange, so
oft vor den uns gegönnten Abguß ein Beschauer das
5 erstemal hintritt. Der Anblick erregt Erstaunen und
Bewunderung, man glaubt etwas Verworrenes vor
sich zu erblicken. Wissenslust, Neugierde folgt hierauf,
man entwickelt sich selbst die Gruppen, aber man ver=
langt doch gar bald ein ausgesprochenes Wort, um
10 den Sinn vollkommen zu fassen. Nun haben wir
uns hiezu eine faßliche Formel gebildet, welche freilich
in Gegenwart des Kunstwerkes mannichfache Anwen=
dung erleidet, aber so wie wir sie niedergeschrieben
nicht mitzutheilen ist.

15 Im Ganzen ist's nicht möglich den Augen ein
anmuthigeres Räthsel darzubieten, welches an Ort
und Stelle durch die Reihenfolge der Bilder sich be=
friedigend auflösen muß.

Heroische Statuen von Tieck.

Für das Gesellschaftszimmer Ihro Königlichen Hoheit der Frau Kronprinzeß von Preußen hat Herr Professor Tieck funfzehn Statuen, etwa halbe Lebensgröße, ausgeführt, welche, gehörig aufgestellt, einer günstigen Wirkung nicht ermangeln werden. Die Gegenstände sind aus der ersten und zweiten Epoche der griechischen Mythologie. Eine Kassandra haben wir hier vor Augen, an der man das Studium der Natur in dem Sinne der Antiken mit Vergnügen gewahr wird. Scheu und Anmuth finden sich in diesem Bilde weislich vereinigt, so daß das Tragische der Situation sich zwar noch immer durchahnen läßt, aber eine eher wohlgefällige als bängliche Empfindung erregt. Alle zusammen im Complex, mit architektonischer Klugheit aufgestellt, können einer schönen und zugleich prächtigen Wirkung nicht verfehlen.

Elfenbeinarbeiten in Berlin.

Ein Künstler Namens G. Gerber ist uns durch
Arbeiten in Elfenbein auf eine angenehme Weise bekannt worden.

5 Es ist der Natur gemäß, daß da, wo die Kunst
lebhaft waltet, wo ihre ersten Fundamente tüchtig
gelegt sind, sie nachher über alle Arten von Stoff
sich verbreitet und, wenn sie sich bequem in dem nach-
giebigen Thon auszudrücken erlangt hat, sodann auch
10 den härtesten Edelstein nicht scheut, um denselben mit
Gestalt noch ferner zu veredlen.

Die Elfenbeinarbeiten sind in der zweiten Hälfte
des vorigen Jahrhunderts durch Porzellan- und Bis-
cuitfiguren, auch durch andere Stoffe und auf andere
15 Weise vertrieben worden, und doch ist die Masse,
welche uns die Elefantenzähne darbieten, eine der angenehmsten für den Blick, der leichtesten für die Behandlung.

Wenn wir nun auch keine Götterbilder darin mehr
20 aufzustellen haben, so möge es uns genug sein, wenn
obgenannter Künstler uns wieder auf eine gefällige
Weise daran erinnert; und da der Seelenfreund die

Gestalten verehrter, geliebter Personen gern in jedem
Material erblickt, so hat es uns durchaus wünschens=
werth geschienen, dasjenige, was wir zunächst in Erz,
in Eisen, in Biscuit und sonst erhaben gebildet vor
uns sehen, durch die kunstreiche Technik des oben= 5
genannten Mannes in Elfenbein und, wenn man
will, übersetzt vor Augen zu haben.

Christus
nebst
zwölf alt= uud neuteſtamentlichen Figuren den Bildhauern vorgeſchlagen.

Wenn wir den Mahlern abgerathen, ſich vorerſt mit bibliſchen Gegenſtänden zu beſchäftigen, ſo wenden wir uns, um die hohe Ehrfurcht, die wir vor jenem Cyklus hegen, zu bethätigen, an die Bildhauer und denken hier die Angelegenheit im Großen zu behandeln.

Es iſt uns ſchmerzlich zu vernehmen, wenn man einen Plaſtiker auffordert, Chriſtus und ſeine Apoſtel in einzelnen Bildniſſen aufzuſtellen; Raphael hat es mit Geiſt und Heiterkeit einmal mahleriſch behandelt, und nun ſollte man es dabei bewenden laſſen. Wo ſoll der Plaſtiker die Charaktere hernehmen, um ſie genugſam zu ſondern? Die Zeichen des Märtyrer= thums ſind der neuern Welt nicht anſtändig genügend, der Künſtler will die Beſtellung nicht abweiſen, und da bleibt ihm denn zuletzt nichts übrig, als wackern wohlgebildeten Männern Ellen auf Ellen Tuch um den Leib zu drapiren, mehr als ſie je in ihrem ganzen Leben möchten gebraucht haben.

II. Noah,

als Winzer, leicht gekleidet und geschürzt, aber doch
schon gegen das Thierfell anmuthig contrastirend, ein
reich behangenen Rebestock in der linken Hand, den
Becher, den er zutraulich hinweis't, in der recht.
Sein Gesicht edel-heiter, leicht von dem Geiste des
Weins belebt. Er muß die zufriedene Sicherheit in sich
selbst andeuten, ein behagliches Bewußtsein, daß, wenn
er auch die Menschen von wirklichen Übeln nicht zu
befreien vermöge, er ihnen doch ein Mittel, das gegen
Sorge und Kummer, wenn auch nur augenblicklich,
wirken solle, darzureichen das Glück habe.

III. Moses.

Diesen Heroen kann ich mir freilich nicht anders
als sitzend denken, und ich erwehre mich dessen um so
weniger, als ich um der Abwechselung willen auch
wohl einen Sitzenden und in dieser Lage Ruhenden
möchte dargestellt sehen. Wahrscheinlich hat die kräftige Statue des Michel Angelo am Grabe Julius
des Zweiten sich meiner Einbildungskraft dergestalt
bemächtigt, daß ich nicht von ihr loskommen kann;
auch sei deßwegen das fernere Nachdenken und Ersinnen
dem Künstler und Kenner überlassen.

IV. David

darf nicht fehlen, ob er mir gleich auch als
schwierige Aufgabe erscheint. Den Hirtensohn, Gla-

In einer Art von Verzweiflung, die uns immer ergreift, wenn wir mißgeleitete oder mißbrauchte schöne
Talente zu bedauern haben, bildete sich bei mir der
Gedanke, dreizehn Figuren aufzustellen, in welchen der
ganze biblische Cyklus begriffen werden könnte, welches 5
wir denn mit gutem Wissen und Gewissen hiedurch
mittheilen.

I. Adam,

in vollkommen menschlicher Kraft und Schönheit;
ein Canon, nicht wie der Heldenmann, sondern wie 10
der fruchtreiche weichstarke Vater der Menschen zu
denken sein möchte; mit dem Fell bekleidet, das seine
Nacktheit zu decken ihm von oben gegeben ward. Zu
der Bildung seiner Gesichtszüge würden wir den
größten Meister auffordern. Der Urvater sieht mit 15
ernstem Blick, halb traurig lächelnd, auf einen
derben tüchtigen Knaben, dem er die rechte Hand
auf's Haupt legt, indem er mit der linken das Grab-
scheit, als von der Arbeit ausruhend, nachlässig sinken
läßt. 20

Der erstgeborne Knabe, ein tüchtiger Junge, er-
würgt mit wildem Kindesblick und kräftigen Fäusten
ein Paar Drachen, die ihn bedrohen wollten, wozu
der Vater, gleichsam über den Verlust des Paradieses
getröstet, hinsieht. Wir stellen bloß das Bild dem 25
Künstler vor die Augen, es ist für sich deutlich und
rein, was man hinzudenken kann, ist gering.

II. Noah,

als Winzer, leicht gekleidet und geschürzt, aber doch
schon gegen das Thierfell anmuthig contrastirend, einen
reich behangenen Rebestock in der linken Hand, einen
5 Becher, den er zutraulich hinweis't, in der rechten.
Sein Gesicht edel= heiter, leicht von dem Geiste des
Weins belebt. Er muß die zufriedene Sicherheit seiner
selbst andeuten, ein behagliches Bewußtsein, daß, wenn
er auch die Menschen von wirklichen Übeln nicht zu
10 befreien vermöge, er ihnen doch ein Mittel, das gegen
Sorge und Kummer, wenn auch nur augenblicklich,
wirken solle, darzureichen das Glück habe.

III. Moses.

Diesen Heroen kann ich mir freilich nicht anders
15 als sitzend denken, und ich erwehre mich dessen um so
weniger, als ich um der Abwechselung willen auch
wohl einen Sitzenden und in dieser Lage Ruhenden
möchte dargestellt sehen. Wahrscheinlich hat die über=
kräftige Statue des Michel Angelo am Grabe Julius
20 des Zweiten sich meiner Einbildungskraft dergestalt
bemächtigt, daß ich nicht von ihr loskommen kann;
auch sei deßwegen das fernere Nachdenken und Erfinden
dem Künstler und Kenner überlassen.

IV. David

25 darf nicht fehlen, ob er mir gleich auch als eine
schwierige Aufgabe erscheint. Den Hirtensohn, Glücks=

ritter, Helden, Sänger, König und Frauenlieb in
einer Person, oder eine vorzügliche Eigenschaft der=
selben hervorgehoben, darzustellen, möge dem genialen
Künstler glücken.

V. Jesaias.

Fürstensohn, Patriot und Prophet, ausgezeichnet
durch eine würdige warnende Gestalt. Könnte man
durch irgend eine Überlieferung dem Costüme jener
Zeiten beikommen, so wäre das hier von großem
Werthe.

VI. Daniel.

Diesen getrau' ich mir schon näher zu bezeichnen.
Ein heiteres, längliches, wohlgebildetes Gesicht, schick=
lich bekleidet, von langem lockigem Haar, schlanke zier=
liche Gestalt, enthusiastisch in Blick und Bewegung.
Da er in der Reihe zunächst an Christum zu stehen
kommt, würd' ich ihn gegen diesen gewendet vor=
schlagen, gleichsam im Geiste den Verkündeten voraus=
schauend.

———

Wenn wir uns vorstellen, in eine Basilika ein=
getreten zu sein und im Vorschreiten links die be=
schriebenen Gestalten betrachtet zu haben, so gelangen
wir nun in der Mitte vor

VII. Christus selbst,

welcher als hervortretend aus dem Grabe darzustellen
ist. Die herabsinkenden Grabestücher werden Gelegen=

heit geben, den göttlich auf's neue Belebten in ver=
herrlichter Mannesnatur und schicklicher Nacktheit dar=
zustellen, zur Versöhnung, daß wir ihn sehr unschick=
lich gemartert, sehr oft nackt am Kreuze und als
5 Leichnam sehen mußten. Es wird dieses eine der
schönsten Aufgaben für den Künstler werden, welche
unsres Wissens noch niemals glücklich gelöf't worden ist.

Gehen wir nun an der andern Seite hinunter
und betrachten die sechs folgenden neutestamentlichen
10 Gestalten, so finden wir

VIII. den Jünger Johannes.

Diesem würden wir ein rundliches Gesicht, krause
Haare und durchaus eine derbere Gestalt als dem
Daniel geben, um durch jenen das sehnsüchtige Liebe=
15 streben nach dem Höchsten, hier die befriedigte Liebe
in der herrlichsten Gegenwart auszudrücken. Bei sol=
chen Contrasten läßt sich auf eine zarte, kaum den
Augen bemerkbare Weise die Idee darstellen, von
welcher wir eigentlich ergriffen sind.

20 ## IX. Matthäus, der Evangelist.

Diesen würden wir vorstellen als einen ernsten
stillen Mann von entschieden ruhigem Charakter. Ein
Genius, wie ihm ja immer zugetheilt wird, hier aber
in Knabengestalt, würde ihm beigesellt, der in flach
25 erhobener Arbeit eine Platte ausmeißelt, auf deren
sichtbarem Theil man die Verehrung des auf der

Mutter Schoße sitzenden Jesuskindlein durch einen
König, im Fernen durch einen Hirten mit Audeu=
tungen von folgenden zu sehen hätte. Der Evangelist,
ein Täfelchen in der Linken, einen Griffel in der
Rechten, blickt heiter aufmerksam nach dem Vorbilde, 5
als einer, der augenblicklich niederschreiben will. Wir
sehen diese Gestalt mit ihrer Umgebung auf mannich=
faltige Weise freudig im Geiste.

Wir betrachten überhaupt diesen dem Sinne nach
als das Gegenbild von Moses und wünschen, daß der 10
Künstler tiefen Geistes hier Gesetz und Evangelium
in Contrast bringe; jener hat die schon eingegrabenen
starren Gebote im Urstein, dieser ist im Begriff,
das lebendige Ereigniß leicht und schnell aufzufassen.
Jenem möchte ich keinen Gesellen geben, denn er er= 15
hielt seine Tafeln unmittelbar aus der Hand Gottes;
bei diesem aber kann, wenn man allegorisiren will,
der Genius die Überlieferung vorstellen, durch welche
eine dergleichen Kunde erst zu dem Evangelisten möchte
gekommen sein.

20

X.

Diesen Platz wollen wir dem Hauptmann von
Capernaum gönnen; er ist einer der ersten Gläu=
bigen, der von dem hohen Wundermanne Hülfe fordert,
nicht für sich noch einen Blutsverwandten, sondern 25
für den treusten willfährigsten Diener. Es liegt hierin
etwas so Zartes, daß wir wünschten, es möchte mit
empfunden werden.

Da bei dem ganzen Vorschlag eigentlich Mannich=
faltigkeit zugleich beabsichtigt ist, so haben wir hier
einen römischen Hauptmann in seinem Costüme, der
sich trefflich ansnehmen wird. Wir verlangen nicht
gerade, daß man ihm ausdrücklich ansehe, was er
bringt und will; es ist uns genug, wenn der Künstler
einen kräftig verständigen und zugleich wohlwollenden
Mann darstellt.

XI. Maria Magdalena.

Diese würde ich sitzend oder halb gelehnt dar=
gestellt wünschen, aber weder mit einem Todtenkopf
noch einem Buche beschäftigt; ein zu ihr gesellter
Genius müßte ihr das Salbfläschchen vorweisen, wo=
mit sie die Füße des Herrn geehrt, und sie sähe es
mit frommem wohlgefälligem Behagen an. Diesen
Gedanken haben wir schon in einer allerliebsten Zeich=
nung ausgeführt gesehen, und wir glauben nicht, daß
etwas Fromm=anmuthigeres zu denken sei.

XII. Paulus.

Der ernste gewaltige Lehrer! Er wird gewöhn=
lich mit dem Schwerte vorgestellt, welches wir aber
wie alle Marterinstrumente ablehnen und ihn lieber
in der beweglichen Stellung zu sehen wünschten Eines,
der seinem Wort mit Mienen sowohl als Gebärde
Nachdruck verleihen und Überzeugung erringen will.
Er würde als Gegenstück von Jesaias, dem vor Ge=

fahr warnenden Lehrer, dem die traurigsten Zustände
vorauserblickenden Seher nicht gerade gegenüberstehen,
aber doch in Bezug zu deuten sein.

XIII. Petrus.

Diesen wünscht' ich nun auf das geistreichste und
wahrhafteste behandelt.

Wir sind oben in eine Basilika hereingetreten,
haben zu beiden Seiten in den Intercolumnien die
zwölf Figuren im Allgemeinen erblickt, in der Mitte,
in dem würdigsten Raum, den Einzelnen, Unver=
gleichbaren. Wir fingen historisch auf unserer
linken Hand an und betrachteten das Einzelne der
Reihe nach.

In der Gestalt, Miene, Bewegung St. Peters aber
wünsch' ich Folgendes ausgedruckt. In der Linken
hängt ihm ein colossaler Schlüssel, in der Rechten
trägt er den Gegenpart, eben wie einer, der im Be=
griff ist, auf= oder zuzuschließen. Diese Haltung,
diese Miene recht wahrhaft auszudrücken, müßte einem
echten Künstler die größte Freude machen. Ein ernster
forschender Blick würde gerade auf den Eintretenden
gerichtet sein, ob er denn auch sich hierher zu wagen
berechtigt sei? und dadurch würde zugleich dem Schei=
denden die Warnung gegeben, er möge sich in Acht
nehmen, daß nicht hinter ihm die Thüre für immer
zugeschlossen werde.

Wiederaufnahme.

Ehe wir aber wieder hinaustreten, drängen sich uns noch folgende Betrachtungen auf. Hier haben wir das alte und neue Testament, jenes vorbildlich 5 auf Christum deutend, sodann den Herrn selbst in seine Herrlichkeit eingehend und das neue Testament sich in jedem Sinne auf ihn beziehend. Wir sehen die größte Mannichfaltigkeit der Gestalten und doch immer, gewissermaßen paarweise, sich auf einander 10 beziehend, ohne Zwang und Anforderung: Adam auf Noah, Moses auf Matthäus, Jesaias auf Paulus, Daniel auf Johannes; David und Magdalena möchten sich unmittelbar auf Christum selbst beziehen, jener stolz auf solch einen Nachkommen, diese durchdrungen 15 von dem allerschönsten Gefühle, einen würdigen Gegen= stand für ihr liebevolles Herz gefunden zu haben. Christus steht allein im geistigsten Bezug zu seinem himmlischen Vater. Den Gedanken, ihn darzustellen, wie die Grabestücher von ihm wegsinken, haben wir 20 schon benutzt gefunden; aber es ist die Frage nicht, neu zu sein, sondern das Gehörige zu finden oder, wenn es gefunden ist, es anzuerkennen.

Es ist offenbar, daß bei der Fruchtbarkeit der Bildhauer sie nicht immer glücklich in der Wahl ihrer 25 Gegenstände sind; hier werden ihnen viel Figuren ge= boten, deren jede einzeln werth ist des Unternehmens; und sollt' auch das Ganze, im Großen ausgeführt, nur der Einbildungskraft anheimgegeben werden, so

wäre doch in Modellen mäßiger Größe mancher Aus=
stellung eine anmuthige Mannichfaltigkeit zu geben.
Der Verein, der dergleichen billigte, würde wahr=
scheinlich Beifall und Zufriedenheit erwerben.

　　Würden mehrere Bildhauer aufgerufen, sich nach 5
ihrer Neigung und Fähigkeit in die einzelnen Figuren
zu theilen, sie in gleichem Maßstab zu modelliren, so
könnte man eine Ausstellung machen, die in einer
großen bedeutenden Stadt gewiß nicht ohne Zulauf
sein würde. 10

Münzen,

Medaillen, geschnittene Steine.

Hemsterhuis-Galizinische Gemmen-Sammlung.

Den Freunden meiner literarischen Thätigkeit ist
der II. Abtheilung 5. Theil Aus meinem Leben be=
kannt genug; sie wissen, daß ich nach überstandenem
traurigen Feldzug von 1792 eine frohere Rheinfahrt
unternommen, um einen lange schuldigen Besuch bei
Freunden zu Pempelfort, Duisburg und Münster ab=
zustatten; wie ich denn auch nicht verfehlte ausführlich
zu erzählen, daß ich mich, zu gewünschter Erheiterung,
überall einer guten Aufnahme zu erfreuen hatte. Von
dem Aufenthalte zu Münster berichtete ich umständlich,
und machte besonders bemerklich, wie eine von Hemster=
huis hinterlassene Gemmensammlung den geistig ästhe=
tischen Mittelpunct verlieh, um welchen sich Freunde,
übrigens im Denken und Empfinden nicht ganz über=
einstimmend, mehrere Tage gern vereinten.

Aus jenem Erzählten geht gleichfalls hervor, wie
gedachte Sammlung bei'm Abschied mir liebevoll auf=
gedrungen worden, wie ich sie, durch Ordnung gesichert,
mehrere Jahre treulich aufbewahrte und in dem Stu=
dium dieses bedeutenden Kunstfachs die Weimarischen

Freunde entschieden förderte; daraus entstand sodann
der Aufsatz, welcher vor der Jenaischen Allgemeinen
Literaturzeitung des Januars 1807 als Programm
seine Stelle nahm, worin die einzelnen Steine be=
trachtet, beschrieben und gewürdigt, nebst einigen bei= 5
gefügten Abbildungen zu finden sind.

Da die Besitzerin diesen Schatz verkäuflich abzu=
lassen und das Erlös'te zu wohlthätigen Zwecken zu
verwenden geneigt war, suchte ich eine Übereinkunft
deßhalb mit Herzog Ernst von Gotha zu vermitteln. 10
Dieser Kenner und Liebhaber alles Schönen und
Merkwürdigen, reich genug seine edle Neigung unge=
hindert zu befriedigen, war auf's höchste versucht sich
unsere Sammlung anzueignen; doch da ich zuletzt seine
schwankenden Entschließungen zu Gunsten des Ankaufs 15
entschieden glaubte, überraschte er mich mit einer Er=
klärung folgenden Inhalts:

„So lebhaft er auch den Besitz der vorliegenden,
von ihm als köstlich anerkannten Gemmen wünsche,
so hindere ihn doch daran, nicht etwa ein innerer 20
Zweifel, sondern vielmehr ein äußerer Umstand; ihm
sei keine Freude etwas für sich allein zu besitzen, er
theile gern den Genuß mit andern, der ihm aber sehr
oft verkümmert werde. Es gebe Menschen, die ihre
tiefblickende Kennerschaft dadurch zu beweisen suchen, 25
daß sie an der Echtheit irgend eines vorgelegten Kunst=
werks zu zweifeln scheinen und solche verdächtig
machen. Um sich nun dergleichen nicht wiederholt

auszusetzen, entsage er lieber dem wünschenswerthen
Vergnügen."

    Wir enthalten uns nicht bei dieser Gelegenheit
noch Folgendes hinzuzusetzen: es ist wirklich ärgerlich
5 mit Zweifeln das Vorzüglichste aufgenommen zu sehen,
denn der Zweifelnde überhebt sich des Beweises, wohl
aber verlangt er ihn von dem Bejahenden. Worauf
beruht denn aber in solchen Fällen der Beweis anders
als auf einem innern Gefühl, begünstigt durch ein
10 geübtes Auge, das gewisse Kennzeichen gewahr zu
werden vermag, auf geprüfter Wahrscheinlichkeit histo=
rischer Forderungen und auf gar manchem andern,
wodurch wir, alles zusammen genommen, uns doch
nur selbst, nicht aber einen andern überzeugen.

15   Nun aber findet die Zweifelsucht kein reicheres
Feld sich zu ergehen als gerade bei geschnittenen Stei=
nen; bald heißt es eine alte, bald eine moderne Copie,
eine Wiederholung, eine Nachahmung; bald erregt der
Stein Verdacht, bald eine Inschrift, die von besonderem
20 Werth sein sollte, und so ist es gefährlicher sich auf
Gemmen einzulassen, als auf antike Münzen, obgleich
auch hier eine große Umsicht gefordert wird, wenn es
zum Beispiel gewisse Paduanische Nachahmungen von
den echten Originalen zu unterscheiden gilt.

25   Die Vorsteher der Königl. französischen Münz=
sammlung haben längst bemerkt, daß Privatkabinette,
aus der Provinz nach Paris gebracht, gar vieles
Falsche enthalten, weil die Besitzer in einem be=

schränkten Kreise das Auge nicht genugsam üben
konnten und mehr nach Neigung und Vorurtheil bei
ihrem Geschäft verfahren. Besehen wir aber zum
Schluß die Sache genau, so gilt dieß von allen Samm=
lungen, und jeder Besitzer wird gern gestehen, daß er
manches Lehrgeld gegeben, bis ihm die Augen aufge=
gangen.

Jedoch wir kehren in Hoffnung, dieses Abschweifen
werde verziehen sein, zu unserm eigentlichen Vortrage
wieder zurück.

Jener Schatz blieb noch einige Jahre in meinen
Händen, bis er wieder an die fürstliche Freundin und
zuletzt an den Grafen Christian Leopold von Stolberg
gelangte, nach dessen Hinscheiden ich den Wunsch nicht
unterdrücken konnte zu erfahren, wo nunmehr das
theure, so genau geprüfte Pfand befindlich sei? wie
ich mich denn auch hierüber an gedachtem Orte an=
dringlich vernehmen ließ.

Diesen Wunsch einer Aufklärung werth zu achten
hat man höchsten Orts gewürdigt und mir zu erken=
nen gegeben, daß gedachte Sammlung unzertrennt
unter den Schätzen Ihro Majestät des Königs der
Niederlande einen vorzüglichen Platz einnehme; welche
nachrichtliche Beruhigung ich mit dem lebhaftesten
Danke zu erkennen habe, und es für ein Glück achte
gewiß zu sein, daß so vortreffliche Einzelnheiten von
anerkanntem Werth mit Kenntniß, Glück und Auf=
wand zusammengebracht, nicht zerstreut, sondern auch

für die Zukunft beisammen gehalten werden. Vielleicht
befinden sie sich noch in denselbigen Kästchen, in welche
ich sie vor so vielen Jahren zusammengestellt.   Da
man bei einem langen Leben so vieles zersplittert und
5 zerstört sieht, so ist es ein höchst angenehmes Gefühl
zu erfahren, daß ein Gegenstand, der uns lieb und
werth gewesen, sich auch einer ehrenvollen Dauer zu
erfreuen habe.

Mögen diese Kunstedelsteine den höchsten einsich=
10 tigen Besitzern und allen echten Freunden schöner
Kunst immerfort zur Freude und Belehrung ge=
reichen; wozu vielleicht eine französische Übersetzung
jenes Neujahrs=Programms der Allgemeinen Jenaischen
Literaturzeitung, mit beigefügten charakteristischen Um=
15 rissen, nicht wenig beitragen und ein angenehmes Ge=
schenk für alle diejenigen sein würde, welche sich in
diesen Regionen mit Ernst und Liebe zu ergehen ge=
neigt sind, worauf hinzudeuten ich mir zur dankbaren
Pflicht mache.

Notice sur le Cabinet des Médailles et des
Pierres gravées de Sa Majesté le Roi des
Pays-Bas; par J. C. de Jonge, Directeur.
A la Haye 1823.

Im fünften Bande der zweiten Abtheilung Aus ₅
meinem Leben, Seite 358, sprach ich den dringen=
den Wunsch aus, zu erfahren, wo sich die Hemsterhuis=
Galizinische Gemmensammlung wohl befinden möchte.
Er gelangte glücklicherweise dahin, woher mir der beste
Aufschluß zu Theil werden kounte. Ihro des Königs ₁₀
der Niederlande Majestät ließen allergnädigst, durch
des Herrn Landgrafen Ludwig Christian von Hessen
Hochfürstliche Durchlaucht, mir vermelden, daß ge=
dachte Sammlung in Allerhöchst Ihro Besitz, gut
verwahrt und zu andern Schätzen hinzugefügt sei. ₁₅
Wie sehr ich dankbarlichst hiedurch beruhigt worden,
verfehlte ich nicht ebenfalls in Kunst und Alterthum,
Heft I, Band IV, Seite 157 gebührend auszusprechen.
Nach kurzer Zeit jedoch wird mir auf eben die Weise
vorgenannte ausführliche Schrift, durch welche nun= ₂₀
mehr eine vollkommene Übersicht der im Haag auf=
gestellten Kostbarkeiten dieses Fachs zu erlangen ist.

Wir überſetzen aus der Vorrede ſo viel als nöthig, um
unſern Leſern, vorzüglich den Reiſenden, die Kenntniß
eines ſo bedeutenden Gegenſtandes zu überliefern.

———

Die Sammlung verdankt ihren Urſprung dem Statt=
halter Wilhelm dem Vierten, der, in einer friedlichen
Zeit lebend, die Künſte liebend ſich mit Sammeln be=
ſchäftigte. Er kaufte unter andern die Alterthümer,
Medaillen und geſchnittenen Steine des Grafen de
Thoms, Schwiegerſohns des berühmten Boerhave.
Prinz Wilhelm der Fünfte, ſein Sohn, folgte dieſem
Beiſpiele und vermehrte den Schatz unter Beirath der
Herren Vosmaer und Friedrich Hemſterhuis. Die
Revolution trat ein und der Statthalter verließ das
Land. Umſtände hinderten ihn die ganze Sammlung
mitzunehmen; ein großer Theil fiel den Franzoſen in
die Hände und ward nach Paris gebracht, wo er ſich
noch befindet. Glücklicherweiſe war nicht alles ver=
loren; der Fürſt hatte Mittel gefunden, den größten
Theil der Gold=, Silber= und Kupfermünzen, ſo wie
die Mehrzahl der hoch= und tiefgeſchnittenen Steine
zu retten.
Von gleichem Verlangen wie ſeine glorreichen
Vorfahren beſeelt, faßte der gegenwärtig regierende
Monarch im Jahr 1816 den Gedanken, aus den Reſten
der Oraniſchen Sammlung ein königliches Kabinett
zum öffentlichen Gebrauch zu bilden, und befahl dieſer
erſten Grundlage die bedeutende Reihenfolge griechiſcher

und römischer Münzen anzuschließen, welche vor dessen
Thronbesteigung, bei Vereinzelung des berühmten Ka-
binetts des Herrn van Damme, waren angeschafft
worden. Herr de Jonge erhielt die Stelle eines
Directors und den Auftrag das Ganze einzurichten. 5

Die königliche Sammlung vermehrte sich von Tag
zu Tage; unter dem Angeschafften zeichnen sich aus:

1. Eine herrliche Sammlung tiefgeschnittener Steine,
mit Sorgfalt vereinigt durch den vorzüglichen Franz
Hemsterhuis, aus dessen Händen sie an den ver- 10
storbenen Prinzen Galizin, kaiserlich Russischen Ge-
sandten bei Ihro Hochmögenden gelangte, und von seiner
Tochter, Gemahlin des Prinzen Salm=Reifferscheid=
Krautheim, an den König verkauft ward; sie ist merkwürdiger durch das Verdienst als durch die Menge der 15
Steine, aus denen sie besteht. Man findet darin Arbeiten des ersten Rangs: einen Dioskorides, Aulus,
Gnajus, Hyllus, Nicomachus, Hellen und mehrere andere Meisterstücke berühmter Künstler des Alterthums.

2. Eine kleine Sammlung hoch= und tiefgeschnittener 20
Steine, welche Herr Hultmann, sonst Gouverneur
des nördlichen Brabants, zurückließ; sie ward an den
König verkauft durch Frau von Griethuyſen. Diese
Sammlung, wenn schon viel geringer als die vorher-
gehende, enthält doch einige sehr schätzbare Stücke. 25

3. Eine zahl= und werthreiche Sammlung neuerer
Münzen, die meisten inländisch, Belagerungs= und

andere currente Münzen, verkauft durch verwittwete
Frau von Schuylenburch von Bommenede, im Haag.

4. Das herrliche Kabinett geschnittener Steine, so
alter als neuer, des verstorbenen Herrn Theodor de
5 Smeth, Präsidenten der Schöffen der Stadt Amster-
dam. (Es ist derselbe, an welchen Franz Hemsterhuis den bedeutenden Brief schrieb, Über einen
alten geschnittenen Stein, vorstellend eine Meer-
nymphe an einem Meerpferd herschwimmend, von herr-
10 licher Kunst.) Baron de Smeth von Deurne ver-
kaufte solches an Ihro Majestät.

5. Eine Sammlung griechischer, römischer, kufi-
scher und arabischer Münzen, auch einige geschnittene
Steine, welche Major Humbert von den afrikani-
15 schen Küsten mitbrachte, als Früchte seiner Reise über
den Boden des alten Carthago und seines fünf und
zwanzigjährigen Aufenthalts zu Tunis. Darunter
finden sich mehrere afrikanische seltene Münzen mit
einigen unbekannten.

20 6. Eine schöne Thalerfolge, abgelassen durch Herrn
Stiels, ehemaligen Pfarrer zu Mastricht.

7. Die reiche Sammlung geschnittener Steine aus
dem Nachlaß des Herrn Baron van Hoorn von
Blooswyck, dessen Erben abgekauft.

25 8. Sammlung von Medaillen, Jettons und neuern
Münzen, welche ehemals dem reichen Kabinett des Herrn
Dibbetz zu Leyden angehörte, und welche die Erben

des Herrn Bylevold, eines der Präsidenten des hohen
Gerichtshofes zu Haag, Ihro Majestät überließen.

Außer jenen großen Ankäufen wurden auf Befehl
Ihro Majestät mit diesem Kabinett noch vereinigt die
Gold= und Silbermedaillen aus dem Nachlaß Ihro 5
verwitweten königlichen Hoheiten der Prinzeß von
Oranien und der Herzogin von Braunschweig, Mutter
und Schwester des Königs. Von Zeit zu Zeit wurden
auch einzeln, besonders durch Vertausch des Doppelten,
einige schöne geschnittene Steine hinzugefügt und eine 10
große Anzahl Medaillen und Münzen aller Art.

Vorstehende Nachricht gibt uns zu manchen Be=
trachtungen Anlaß, wovon wir einiges hier anschließen.

Zuvörderst begegnet uns das herzerhebende Gefühl,
wie ein ernstlich gefaßter Entschluß nach dem größten 15
Glückswechsel durch den Erfolg glücklich begünstigt
und ein Zweck erreicht werde, höher als man sich ihn
hätte vorstellen können. Hier bewahrheitet sich aber=
mals, daß wenn man nur, nach irgend einer Nieder=
lage, gleich wieder einen entschiedenen Posten faßt, 20
einen Punct ergreift, von dem aus man wirkt, zu
dem man alles wieder zurückführt, alsdann das Unter=
nehmen schon geborgen sei und man sich einen glück=
lichen Erfolg versprechen dürfe.

Eine fernere Betrachtung bringt sich hier auf: 25
wie wohl ein Fürst handelt, wenn er das was Ein=
zelne, mit leidenschaftlicher Mühe, mit Glück, bei Ge=

legenheit, gesammelt, zusammenhält und dem unsterb=
lichen Körper seiner Besitzungen einverleibt. Zum
einzelnen Sammeln gehört Liebe, Kenntniß und ge=
wisser Muth den Augenblick zu ergreifen, da denn
ohne großes Vermögen, mit verständig mäßigem Auf=
wand, eine bedeutende Vereinigung manches Schönen
und Guten sich erreichen läßt.

Meist sind solche Sammlungen den Erben zur
Last; gewöhnlich legen sie zu großen Werth darauf,
weil sie den Enthusiasmus des ersten Besitzers, der
nöthig war so viel treffliche Einzelnheiten zusammen
zu schaffen und zusammen zu halten, mit in Anschlag
bringen, dergestalt, daß oft, von einer Seite durch
Mangel an entschiedenen Liebhabern, von der andern
durch überspannte Forderungen, dergleichen Schätze
unbekannt und unbenutzt liegen, vielleicht auch als
zerfallender Körper vereinzelt werden. Trifft sich's
nun aber, daß hohe Häupter dergleichen Sammlungen
gebührend Ehre geben und sie andern schon vorhan=
denen anzufügen geneigt sind, so wäre zu wünschen,
daß von einer Seite die Besitzer ihre Forderungen
nicht zu hoch trieben, von der andern bleibt es er=
freulich zu sehen, wenn große, mit Gütern gesegnete Für=
sten zwar haushälterisch zu Werke gehen, aber zugleich
auch bedenken, daß sie oft in den Fall kommen, groß=
müthig zu sein, ohne dadurch zu gewinnen; und doch
wird beides zugleich der Fall sein, wenn es unschätz=
bare Dinge gilt, wofür wohl alles das angesehen

werden darf, was ein glücklich ausgebildetes Talent
hervorbrachte und hervorbringt.

Und so hätten wir denn zuletzt noch zu bemerken,
welcher großen Wirkung ein solcher Besitz in rechten
Häuden fähig ist.

Warum sollte man läugnen, daß dem einzelnen
Staatsbürger ein höherer Kunstbesitz oft unbequem
sei. Weder Zeit noch Zustand erlauben ihm treffliche
Werke, die einflußreich werden könnten, die, es sei
nun auf Productivität oder auf Kenntniß, auf That
oder Geschichtseinsicht kräftig wirken sollten, dem
Künstler so wie dem Liebhaber öfter vorzulegen und
dadurch eine höhere, freigesinnte, fruchtbare Bildung
zu bezwecken. Sind aber dergleichen Schätze einer
öffentlichen Anstalt einverleibt, sind Männer dabei
angestellt, deren Liebe und Leidenschaft es ist, ihre
schöne Pflicht zu erfüllen, die ganz durchdrungen sind
von dem Guten, was man stiften, was man fort=
pflanzen wollte, so wird wohl nichts zu wünschen
übrigbleiben.

Sehen wir doch schon im gegenwärtigen Falle, daß
der werthe Vorgesetzte genannter Sammlung sich selbst
öffentlich verpflichtet, die höchsten Zwecke in allem
Umfang zu erreichen, wie das Motto seiner sorgfältigen
Arbeit auf das deutlichste bezeichnet: „Die Werke der
Kunst gehören nicht Einzelnen, sie gehören der gebil=
deten Menschheit an." Heeren, Ideen 3. Theil, 1. Abthl.

Verzeichniß der geschnittenen Steine in dem Königlichen Museum der Alterthümer zu Berlin. 1827.

Unter vorstehendem Titel ist eine im Auszug ab=
gefaßte deutsche Übersetzung der von Winckelmann
französisch herausgegebenen „Description des pierres
gravées du feu Baron de Stosch. Florence 1749.“
erschienen, nach welcher gegenwärtig noch die ganze
Sammlung der Originale geordnet ist, und ihr zu=
folge auch die Sammlung der davon genommenen
Abdrücke, welche von Karl Gottlieb Reinhardt ge=
fertigt worden und in zierlichen Kasten, auf das
schicklichste angeordnet, zu nicht geringer Erbauung
vor uns stehen. Es sind deren bei vierthalbtausend,
und schon ist der Künstler im Falle, sehr viel mehr
den Liebhabern mitzutheilen. Die Königlichen älteren
Sammlungen werden gleichfalls hinzugefügt, nicht
weniger was von Marchand und Pichler herrührt.
Die bedeutende Sammlung des Prinzen Heinrich von
Preußen, mitgetheilt durch Bildhauer Wichmann, deß=
gleichen was sich im Besitz des Dr. Parthey, Banco=

director Döbler, Geheimerath Kohlrausch befindet und
befand, und gar manches andere ward angeschlossen,
um die Sammlung auf eine ungemeine Weise zu be=
reichern.   Auch verfertigt der Künstler Pasten von
allen diesen, nicht weniger Pasten von modellirten 5
Profil=Porträten, indem solche vorher durch die Ma=
schine in's Kleine gebracht worden.   Bei der großen
Förderung, welche die Künste aller Art gegenwärtig
in Berlin erfahren, und bei dem reichen Zufluß von
Kunstwerken steht zu erwarten, daß die Sammlung 10
des Herrn Reinhardt in kurzem dem Liebhaber den
reichsten Schatz zur Auswahl darbieten werde.

Der große Werth geschnittener Steine überhaupt
ist so allgemein anerkannt, daß hievon etwas zu
sagen als überflüssig angesehen werden möchte. Nicht 15
allein von dem kunstkennenden, fühlenden, höhern
Alterthum wurden sie geschätzt, gebraucht, gesammelt,
sondern auch zu einer Zeit, wo es nur auf Pracht
und Prunk angesehen war, als Juwel betrachtet, und
so wurden sie ganz zuletzt ohne Rücksicht auf die ein= 20
gegrabene Darstellung zur Verzierung der heiligen
Schreine, womit hochverehrte Reliquien umgeben sind,
in Gesellschaft anderer Edelsteine verwendet, wie denn
in einem solchen die Gebeine der heiligen drei Könige
zu Köln verwahrt werden, ohngeachtet so manches 25
Glückswechsels.

Von der größten Mannichfaltigkeit ist ferner der
Nutzen, den der Kunstfreund und Alterthumsforscher

daraus zu ziehen vermag. Hievon werde nur ein
Punct hervorgehoben: Die Gemmen erhalten uns das
Andenken verlorner wichtiger Kunstwerke. Der höhere
gründliche Sinn der Alten verlangte nicht immer ein
5 anderes, neues, nie gesehenes Gebilde. War der Cha=
racter bestimmt, auf's Höchste gebracht, so hielt man
an dem Gegebenen fest, und wenn man auch, das
Gelungene wiederholend, aus= und abwich, so strebte
man doch immer, theils zu der Natur, theils zu den
10 Hauptgedanken wieder zurückzukehren.

Wenn man denn nun auch die Behandlung der
besondern Darstellungsarten dem Zweck, dem Material
anzueignen verstand, so benutzte man das Gegebene als
Copien und Nachahmung der Statuen, selbst im Klein=
15 sten, auf Münzen und geschnittenen Steinen. Deßwegen
denn auch beide einen wichtigen Theil des Studiums der
Alten ausmachen und höchst behülflich sind, wenn von
Darstellung ganz verlorner Kunstwerke oder von Restau=
ration mehr oder weniger zertrümmerter die Rede ist.
20 Mit aufmerksamer Dankbarkeit ist zu betrachten, was
besonders in den letzten Zeiten auf diesem Wege ge=
schehen ist; man fühlt sich aufgefordert, daran selbst
mitzuwirken, durch Beifall erfreut, unbekümmert um
den Widerspruch, da in allen solchen Bemühungen
25 es mehr um das Bestreben als um das Gelingen, mehr
um das Suchen als um das Finden zu thun ist.

Auf die Person des Sammlers, Philipp Baron
von Stosch, aufmerksam zu machen, ist wohl hier der

8*

Ort. Der Artikel des Conversationslexikons wird hier
wie in vielen andern Fällen theils befriedigen, theils zu
weiterm Forschen veranlassen. Wir sagen hier lakonisch
nur so viel: Er war zu seiner Zeit ein höchst merkwürdiger Mann. Als Sohn eines Geistlichen studiert
er Theologie, geht freisinnig in die Welt, mit Kunstliebe begabt, sowie persönlich von Natur ausgestattet;
er ist überall wohl aufgenommen und weiß seine Vortheile zu benutzen. Nun erscheint er als Reisender,
Kunstfreund, Sammler, Weltmann, Diplomat und
Wagehals, der sich unterwegs selbst zum Baron constituirt hatte und sich überall etwas Bedeutendes und
Schätzenswerthes zuzueignen wußte. So gelangt er
zu Seltenheiten aller Art, besonders auch zu gedachter
Sammlung geschnittener Steine.

Es wäre anmuthig, näher und ausführlicher zu
schildern, wie er in den Frühling einer geschichtlichen
Kunstkenntniß glücklicherweise eingetreten. Es regt
sich ein frisches Beschauen alterthümlicher Gegenstände;
noch ist die Würdigung derselben unvollkommen, aber
es entwickelt sich die geistreiche Anwendung klassischer
Schriftsteller auf bildende Kunst; noch vertraut man
dem Buchstaben mehr als dem lebendig geformten Zeugniß. Der Name des Künstlers auf dem geschnittenen
Steine steigert seinen Werth. Aber schon keimt die
erste wahrhaft entwickelnde, historisch folgerechte Methode, wie sie durch Mengs und Winckelmann zu Heil
und Segen auftritt.

Von den fernern Schicksalen der Gemmensammlung,
die uns hier besonders beschäftigt, bemerken wir, daß
nach dem Tode des Barons ein Neffe, Philipp Muzell=
Stosch, mit vielem andern auch das Kabinett ererbt;
5 es wird eingepackt und versendet, ist durch Unaufmerk=
samkeit der Spediteurs eine Zeit lang verloren, wird
endlich in Livorno wiedergefunden und kommt in Be=
sitz Friedrichs des Großen, Königs von Preußen.

Es gab frühere Abgüsse der Sammlung; aber die
10 Versuche, gestochen und mit Anmerkungen heraus=
zukommen, mißlingen. Einzelne Steine kommen im
Abdruck in verschiedene Daktyliotheken, in Deutschland
in die Lippertsche, in Rom in die Dehnische, und fanden
sich auch wohl einzeln hie und da bei Händlern und
15 in Kabinetten. Der Wunsch, sie im Ganzen zu besitzen
und zu übersehen, war ein vieljähriger bei uns und
andern Kunstfreunden; er ist gegenwärtig auf das
angenehmste erfüllt und dieser angebotene Schatz mit
allgemeiner Theilnahme zu begrüßen. Wir eilen zur
20 Bekanntmachung des Nächsten und Nöthigen.

Voigts Münzkabinett.

Das von des Herzoglichen Staatsministers von Voigt Excellenz hinterlassene bedeutende Münzkabinett, welches bisher im Privatbesitz der Familie geblieben, ist gegenwärtig durch unseres Herrn Großherzogs Königliche Hoheit gnädige Fürsorge zu den übrigen Schätzen der Bibliothek und zu den darangeschlossenen sonstigen Merkwürdigkeiten hinzugefügt worden. Es hat gedachten von Voigts Sammlung außer dem eigent= lichen alterthümlichen Gehalt für uns noch die be= sondern Vorzüge, daß sie ein Denkmal des in den Weimarischen Staaten so viele Jahre wirksamen Ministers festhält, indem derselbe bei musterhaftester Geschäftsthätigkeit eine frühere gründliche Neigung für alterthümliche Schriftsteller lebendig zu erhalten wußte, und ganz eigentlich genommen, die ihm daher ge= wonnene Bildung und Freude in Sammlung, Be= trachtung dieser echten alten monetarischen Denkmäler zu realisiren und gleichsam abzuschließen das größte herzlichste Vergnügen fand.

Sein entschieden praktischer Sinn ließ ihn jedoch gar bald entdecken, wie sehr bei dem Studium des

Alterthums die unmittelbare Anschauung dorther ge-
retteter bildlicher Denkmale vortheilhaft sein müsse.

Eine Sammlung der Art ist jedoch einem Privat-
mann nur in Absicht auf Medaillen und Münzen
5 möglich, wodurch er sich von Physiognomie, Gestalt
und Sitten längst verloschener Individuen als gegenwärtig überzeugen könne. Hiernach brachte er mit
Aufmerksamkeit und Methode die Hauptfolgen zusammen, vermehrte sie mit Liebe und Anhänglichkeit,
10 so daß für uns, wenn wir sie betrachten, eine so
gründliche als neigungsvolle Behandlung dieses Fachs,
womit er uns so oft persönlich erfreut, wieder in
Erinnerung tritt und auch in der Zukunft einen jeden
aus diesen Tafeln geistig ansprechen wird.

15 Man ist schon längst überzeugt, daß Landesherren
für öffentliche Anstalten keine größern Vortheile gewinnen können, als wenn sie Sammlungen, welche
von Individuen mit einsichtiger Vorliebe und ver-
ständiger Neigung in vielen Jahren zusammengebracht
20 worden, festhalten, den versplitternden Auctionen ent-
ziehen und so einen wissenschaftlich vereinten Körper
beisammen erhalten. Unsere Bibliothek hat auf diese
Weise seit vielen Jahren her, wenn man so sagen darf,
Körper an Körper sich reicher gesehen, und wenn der
25 Name Logau, Schurzfleisch anderer Orten nur ein
literarisches Andenken im Allgemeinen erzeugt, so können
wir im Besitz ihrer Bibliotheken uns von dem Gange
ihrer ernsten Studien, von dem Umfang ihrer gründ-

lichen Liebhabereien, durch die mannichfaltigsten mit
Chiffren und Handschriften bezeichneten Exemplare
eine unvermittelte Überzeugung geben.

Wenn es nun jedem gebildeten Deutschen interessant
sein muß, zu erfahren, daß die seit so vielen Jahr- 5
zehnten durch einen bewundernswürdigen Fürsten ge-
förderte Cultur auch nach seinem Abscheiden noch
fernerhin auf mancherlei Weise unterhalten und zeit-
gemäß weitergeführt wird, so möchte wohl eine hierüber von Zeit zu Zeit gegebene treue, wenn schon 10
kurze Relation nicht unwillkommen sein.

In einzelnen Abtheilungen besteht das von Voigtische
Kabinett: a) aus griechischen Münzen, b) römischen
Consular- und Familien-Münzen, c) griechischen und
römischen Goldmünzen, d) römischen Kaisermünzen; 15
unter diesen Rubriken sämmtlich katalogirt.

Eine dazu gehörige Büchersammlung ist zugleich
mit übergegangen und wird in denselben Räumen zu
weiterer Vermehrung, Untersuchung und Belehrung
aufgestellt. 20

Münzkunde
der deutschen Mittelzeit.

(Auf Anfrage.)

Über die zwar nicht seltenen, doch immer geschätz-
ten problematischen Goldmünzen, unter dem Namen
Regenbogenschüsselchen bekannt, wüßte ich nichts
zu entscheiden, wohl aber folgende Meinung zu eröffnen.

Sie stammen von einem Volke, welches zwar in
Absicht auf Kunst barbarisch zu nennen ist, das sich
aber einer wohlersonnenen Technik bei einem rohen
Münzwesen bediente. Wenn nämlich die früheren
Griechen Gold= und Silberkügelchen zu stempeln, dabei
aber das Abspringen vom Ambos zu verhindern gedachten, so gaben sie der stählernen Unterlage die
Form eines Kronenbohrers, worauf das Kügelchen
gelegt, der Stempel aufgesetzt und so das Obergebilde
abgedruckt ward; der Eindruck des untern vierecken
zackigen Hülfsmittels verwandelte sich nach und nach
in ein begränzendes, mancherlei Bildwerk enthaltendes
Viereck, dessen Ursprung sich nicht mehr ahnen läßt.

Das unbekannte Volk jedoch, von welchem hier die
Rede ist, vertiefte die Unterlage in Schüsselform und

grub zugleich eine gewisse Gestalt hinein; der obere
Stempel war convex und gleichfalls ein Gebild hinein=
gegraben. Wurde nun das Kügelchen in die Stempel=
schale gelegt und der obere Stempel drauf geschlagen,
so hatte man die schüsselförmige Münze, welche noch   5
öfters in Deutschland aus der Erde gegraben wird;
die darauf erscheinenden Gestalten aber geben zu
folgenden Betrachtungen Anlaß.

Die erhabenen Seiten der drei mir vorliegenden
Exemplare zeigen barbarische Nachahmungen bekannter,   10
auf griechischen Münzen vorkommender Gegenstände,
einmal einen Löwenrachen, zweimal einen Taschenkrebs.
Gebilde der Unfähigkeit, wie sie auch häufig auf silber=
nen dacischen Münzen gesehen werden, wo die Gold=
philippen offenbar kindisch pfuscherhaft nachgeahmt   15
sind.

Die hohle Seite zeigt jedesmal sechs kleine halb=
kugelförmige Erhöhungen; hiedurch scheint mir die
Zahl des Werthes ausgesprochen.

Das Merkwürdigste aber ist auf allen dreien eine   20
sichelförmige Umgebung, die auf dem einen Exemplar
unzweifelhaft ein Hufeisen vorstellt, und also da,
wo die Gestalt nicht so entschieden ist, auch als ein
solches gedeutet werden muß. Diese Vorstellung
scheint mir Original; fände sie sich auch auf andern   25
Münzen, so käme man vielleicht auf eine nähere Spur;
jedoch möchte das Bild immer auf ein berittenes
kriegerisches Volk hindeuten.

Über den Ursprung der Hufeisen ist man ungewiß;
das älteste, das man zu kennen glaubt, soll dem
Pferde des Königs Childerich gehört haben, und also
um das Jahr 481 zu setzen sein. Aus andern Nach=
5 richten und Combinationen scheint hervorzugehen, daß
der Gebrauch der Hufeisen in Schwung gekommen
zu der Zeit als Franken und Deutsche noch für Eine
Völkerschaft gehalten wurden, die Herrschaft hin=
über und herüber schwankte, und die kaiserlich=könig=
10 lichen Gebieter bald dießseits bald jenseits des Rheins
größere Macht aufzubieten wußten. Wollte man
sorgfältig die Orte verzeichnen, wo dergleichen Münzen
gefunden worden, so gäbe sich vielleicht ein Aufschluß.
Sie scheinen niemals tief in der Erde gelegen zu haben,
15 weil der Volksglaube sie da finden läßt, wo ein Fuß
des Regenbogens auf dem Acker aufstand, von welcher
Sage sie denn auch ihre Benennung gewonnen haben.

Toscanische Münze.

Ferdinand der Zweite, Großherzog von Toscana, regierte von 1620—1668. Eine Münze mit seinem Bilde findet man in den Famiglie celebri d'Italia, in den letzten Heften, den Medici di Firenze gewidmet, No. 65 der Abbildungen; die Tafeln haben keine Nummern. Hier kommt das Profil, der Gesichts=bildung und den lang herabhängenden Haaren nach, welche sonst kein Großherzog trug, mit einem fürtreff=lich gearbeiteten Kopfe von Bronze, in meinem Besitz, überein.

Jene Münze hat auf der Rückseite einen Rosen=zweig mit aufgeblühten Blumen, Knospen, Blättern und Dornen mit der Umschrift: Gratia obvia, ultio quaesita. Man bezieht dieses Symbol auf seinen sehr sanften, ruhigen, aber nicht anzutastenden Character.

Kunstgewerbe.

Vorbilder für Fabricanten und Handwerker, auf Befehl des Ministers für Handel, Gewerbe und Bauwesen, herausgegeben von der technischen Deputation der Gewerbe. Berlin, 1821. Drei Abtheilungen. (Nicht im Handel.)

———

Wenn die Künste aus einem einfachen Naturzustande, oder aus einer barbarischen Verderbniß nach und nach sich erheben, so bemerkt man, daß sie stufenweise einen gewissen Einklang zu erhalten bemüht sind; deßwegen denn auch die Producte solcher Übergangszeiten im Ganzen betrachtet, obgleich unvollkommen, uns doch eine gewisse Zustimmung abgewinnen.

Ganz unerläßlich aber ist die Einheit auf dem Gipfel der Kunst; denn wenn der Baumeister zu dem Gefühl gelangt, daß seine Werke sich in edlen, einfachen, faßlichen Formen bewähren sollen, so wird er sich nach Bildhauern umsehen, die gleichmäßig arbeiten. An solchen Verein wird der Mahler sich anschließen, und durch sie wird Steinhauer, Erzgießer, Schnitzwerker, Tischer, Töpfer, Schlösser und wer nicht alles geleitet, ein Gebäude fördern helfen, das zuletzt Sticker

und Wirker als behagliche Wohnung zu vollenden ge=
sellig bemüht sind.

Es gibt Zeiten wo eine solche Epoche aus sich selbst
erblüht, allein nicht immer ist es räthlich die End=
wirkung dem Zufall zu überlassen, besonders in Tagen
wo die Zerstreuung groß ist, die Wünsche mannichfach,
der Geschmack vielseitig. Von oben herein also, wo
das anerkannte Gute versammelt werden kann, ge=
schieht der Antrieb am sichersten; und in diesem Sinne
ist obgenanntes Werk unternommen und zur Bewunde=
rung vorwärts geführt, auf Befehl und Anordnung
des Königl. Preußischen Staatsministers Herrn Grafen
von Bülow Excellenz.

Im Vorbericht des Herrn Beuth ist ausgesprochen,
daß der Techniker, insofern er seiner Arbeit die höchste
Vollendung gibt, alles Lob verdiene; daß aber ein
Werk erst vollkommen befriedige, wenn das Aus=
gearbeitete, auch in seinen ersten Anlagen, seinen
Grundformen wohl gedacht und dem wahren Kunst=
sinn gemäß erfunden werde.

Damit also der Handwerker, der nicht, wie der
Künstler, einer weitumfassenden Bildung zu genießen
das Glück hat, doch sein hohes Ziel zu erreichen er=
muthigt und gefördert sei, ward vorliegendes Werk
unternommen, den Kunstschulen der ganzen preußischen
Monarchie als Muster vor Augen zu bleiben. Es
wird diejenigen, die es von Jugend auf ansichtig sind,
gründlich belehren, so daß sie unter den unzählbaren

Resten der alten Kunst das Vorzüglichste auffinden, wählen, nachbilden lernen, sodann aber in gleichem Sinne, worauf alles ankommt, selbst hervorzubringen sich angeregt fühlen.

5 Ein Werk wie dieses wäre nun durch mercantilische Speculation schwer zu fördern; es gehört dazu königliche Munificenz, einsichtige, kräftige, anhaltende, ministerielle Leitung; sodann mußten gelehrte Kenner, eifrige Kunstfreunde, geist= und geschmackreiche Künst= 10 ler, fertige Techniker, alle zusammen wirken, wenn ein solches Unternehmen begonnen werden und zur Vollendung desselben gegründete Hoffnung erscheinen sollte.

Genannt haben sich als Zeichner zugleich und 15 Kupferstecher Mauch, Moses und Funke; als Kupferstecher Sellier, Wachsmann, Lesnier, Ferdinand Berger jun., und bei einem Blatte Anderloni als leitender Meister. Als Kupferdrucker nennt sich Pretre. Wenn nun der vorzüglichen Reinlichkeit 20 und Zierlichkeit, welche Zeichner und Kupferstecher an diesem Werk bewiesen, rühmlich zu gedenken ist, so verdient endlich auch die große Sauberkeit des Abdrucks billige Anerkennung, zumal da mehrere Blätter mit zwei Platten gedruckt sind. Ungemein sauber, nach 25 der in England erfundenen Weise, in Holz geschnitten erscheint ferner auf dem Haupttitelblatt der preußische gekrönte Adler, Reichsapfel und Scepter haltend. Ein Gleiches ist von den großen Buchstaben der sämmtlichen

Auffchriften zu fagen, welche mit Sinn und Gefchmack
älteren deutfchen Schriftzügen nachgebildet worden.
Mit Vergnügen finden wir fodann bemerkt, daß Herr
Geheime Oberbaurath Schinkel auch in das Unter=
nehmen mit Geift und Hand eingreift.

Und fo liegen denn vor uns in groß Folio=Format
mehrere Platten des Ganzen, das in drei Abtheilungen
beftehen wird. Von der erften, welche architektonifche
und andere Verzierungen enthalten foll, bewundern wir
acht Blätter; von der zweiten, Geräthe, Gefäße und
kleinere Monumente vorftellend, fünf; von der dritten,
Verzierungen von Zeugen und für die Wirkerei ins=
befondere vier Blätter, oder vielmehr fechs, weil zwei
einmal fchwarz und einmal colorirt vorhanden.

Der Text klein Folio=Format, gleichfalls höchft ele=
gant gedruckt, enthält kurz und klar nöthige Anleitung,
Andeutung, Hinweifen auf elementare, theoretifche
Grundfätze, welche, einmal gefaßt, zu ferneren Fort=
fchritten ficheren Weg bahnen.

Uns aber bleibt nichts zu wünfchen übrig, als von
Zeit zu Zeit vom Wachfen und Gedeihen eines fo
wichtigen und einflußreichen Werkes Zeuge zu werden.

Vorbilder für Fabricanten und Handwerker,
auf Befehl des Ministers für Handel, Ge=
werbe und Bauwesen. Berlin, 1821. 1823.

———

Von diesem so kostbaren als schätzenswerthen Unter=
nehmen haben wir bereits gebührende Anzeige gethan.
Es wird herausgegeben von der technischen Deputation
und ist nicht im Handel. Es besteht in drei Ab=
theilungen; die erste enthält architektonische und andere
Verzierungen; die zweite Geräthe, Gefäße und kleinere
Monumente; die dritte Verzierungen für Teppiche und
Muster für Wirkerei im Allgemeinen.

Von jedem dieser dreie sind abermals merkwürdige
Blätter in der zweiten Lieferung enthalten, die wir
durch besondere Gunst das Glück haben vor uns zu
sehen; und wollten wir bedauern, daß gerade bei nicht
zu verzögerndem Abschluß des letzten Bogens uns keine
Zeit übrig bleibt, das Einzelne nach Würden zu schätzen,
so erheitern wir uns mit dem Gedanken, daß wir bei
der gegenwärtigen Lieferung den Beifall und die Be=
wunderung wiederholen müßten, die uns von der
vorigen abgenöthigt wurden; ja dieß nicht allein, wir
müssen bekennen, daß ein höchst sorgfältig begonnenes

9*

Werk mit größter Sorgfalt fortgeführt worden, so
daß man sich wirklich enthalten muß, die zweite Sen=
dung nicht höher als die erste zu schätzen.

Möge von Ausstellung zu Ausstellung, von deren
glücklichen Vorzügen uns Berliner Freunde jederzeit
unterhalten, die Wirksamkeit eines so bedeutenden
Unternehmens immer deutlicher werden. Wie denn
durch das Anschauen solcher Muster der gute Geschmack
sich bis in die letzten Zweige der technischen Thätig=
keit nothwendig ergießen, und der hohe Beförderer,
die Leitenden und Ausführenden mit gar schönen
Kunst= und Sittenfrüchten sich belohnt sehen müssen.

Programm zur Prüfung der Zöglinge der Gewerbschule,
von Director Klöden. Berlin 1828.

———

Schon mehrere Jahre bewundern und benutzen
wir die durch Herrn Beuth herausgegebenen Muster=
blätter, welche mit so viel Einsicht als Aufwand zum
Vortheil der preußischen Gewerbschulen verbreitet
worden; nun erfahren wir, daß abermals 37 Kupfer=
tafeln für Zimmerleute, 9 Vorlegeblätter für angehende
Mechaniker, beide Werke mit Text, ausgegeben werden.
Gedachtes Programm belehrt uns von der umfassenden
Sorgfalt, womit jener Staat sich gegen die unauf=
haltsam fortstrebende Technik unsrer Nachbarn in's
Gleichgewicht zu stellen trachtet, und wir haben die
Wirksamkeit eines solchen Unterrichtes auch an einigen
der Unsern erfahren, welche man dort gastlich auf=
zunehmen die Geneigtheit hatte.

In der Kürze, wie wir uns zu fassen genöthigt
sind, dürfen wir sodann aussprechen, daß von jenen
Anstalten um desto mehr zu hoffen ist, als sie auch
auf Kunst gegründet sind; denn nur dadurch kann
das Handwerk immer an Bedeutung wachsen. Indem

es alles und jedes hervorzubringen in Stand gesetzt,
zu dem Nützlichen durchaus befähigt wird, verherrlicht
es sich selbst, wenn es nach und nach auch das Schöne
zu erfassen, solches auszudrücken und darzustellen sich
kräftig beweist.

In Berlin ist nunmehr eine so große Masse guten
Geschmacks, daß der falsche Noth haben wird, sich
irgend hervorzuthun; und eben jene Gewerbsanstalt,
auf höhere Kunstanstalten gegründet, selbst höhere
Kunstanstalt, ist durchaus in dem Falle, den reineren 10
Sinn durch vollendete technische Darstellung zu be=
günstigen.

Karl Lehmanns Buchbinderarbeiten.

———

Wenn typographisch allgemach die Bücher sich
steigern, darf wohl auch der Buchbinder ehrenvoll als
Künstler hervortreten. Und wie auf der Kupferplatte
5 sich der Drucker nennt, wenn er aus der Masse der
Handwerker sich auszuzeichnen den Muth hat, so finden
wir neuerlich den Buchbinder, sich entweder bescheiden
inwendig auf kleiner Etikette, oder zuversichtlicher außen
am unteren Rande des Rückens mit goldenen Buch=
10 staben anmeldend. Daher zeigt sich denn an dem
Saum des Prachtbandes unsers Faust der Name
Simier, relieur du Roi, in Goldschrift gar zierlich
aufgedruckt.

Von obgenanntem, sorgfältig und geschmackvoll
15 arbeitenden Landsmanne haben wir mehreres zur Hand,
was mit englischen und französischen Einbänden gar
wohl wetteifern könnte, und wir finden den inwendig
beigefügten Namen um so schicklicher, als der Arbeiter
dadurch sich selbst das Zeugniß gibt, er habe nicht
20 allein schon längst Gutes geleistet, sondern auch künftig
dürfe man seiner Firma das beste Zutrauen gönnen.

Über Glas=, Emaille= und Porzellanmahlerei.

Die Glasmahlerei so wie die auf Emaille und Porzellan sind innig verwandt. Es wird hierzu ein Grund gefordert, der schmelzbar ist, sowie Farben dergestalt zubereitet, daß sie sich mit jenem Grunde bei einem gewissen Hitzegrad verbinden und, ohne aus= zufließen, sich damit vereinigen. Diese Farben sind sämmtlich Metall=Oxyde, die in einem höheren Grad von Hitze ihre metallische Natur wieder annehmen würden.

Die Emaille=Mahlerei besteht darin, daß man eine Platte eines schwer schmelzenden Metalls, als Gold und Kupfer, mit einem glasartigen, eigentlich porzel= lanartigen Grunde überzieht, worauf man denn jene Farben aufträgt.

Eine Porzellantafel thut daher dieselbigen Dienste, wenn man solche ohne Biegung und Ungleichheiten hervorbringen kann, worin man zu Sèvres große Ge= schicklichkeit besitzt, indem man daselbst Porzellantafeln verfertigt, worauf lebensgroße Brustbilder gemahlt werden können. Und so ist zwischen Emaille= und

Porzellanmahlerei kein wesentlicher Unterschied, beides sind auf den Grund durch Schmelzung befestigte Farben.

Die Emaille=Mahlerei ist nach und nach abgekom=
5 men, weil sehr große Praktik dazu gehört und man auch die Bildnisse großer Herren auf Dosen, welche sonst immer Emaille waren, gegenwärtig mit der leich= teren und gefahrloseren Miniatur ersetzt.

Da nun aber die Porzellan=Mahlerei höchst be=
10 günstigt und von den Künstlern in's Zarteste getrieben worden, wovon gegenwärtige Tafel ein Zeugniß gibt, so folgt daraus, daß man auch Gemählde von mancher= lei Größe auf weißen Porzellangrund aufträgt.

Gegenwärtiges Bild ist denn auch auf eine solche
15 Porzellantafel gemahlt, wie einige weiße Stellen des Hermelinpelzes anzeigen, wovon sich der hiesige Por= zellan=Mahler Schmidt gleichfalls überzeugt hat.

Ganz außer Zweifel wird diese Meinung durch die Rückseite gesetzt, wo die Inschrift auf dem etwas
20 rauhen biscuitartigen Grund gleichfalls eingebrannt ist.

Wie dünn aber diese Platte sein müsse und daß kein undurchsichtiger Körper dazwischen liegen könne, erkennt man, wenn man das Bild gegen die Sonne hält, da denn die nicht übermahlten Stellen völlig
25 durchscheinend und der Schatten eines dahinter gehal= tenen Körpers deutlich zu erkennen ist.

Die Inschrift selber betreffend, so möchte diese wohl sehr irre führen, der angegebene Fürst ist es

gewiß nicht. Um jedoch mit Sicherheit zu urtheilen,
müßte man das Original sehen. Nach der Copie
zu urtheilen möchte das Bild in die niederländische
van Eyckische Schule und also in's funfzehnte Jahr=
hundert gehören. Daß es ein katholischer Fürst sei, 5
zeigt der Rosenkranz, vielleicht ein Herzog von Bur=
gund. Man müßte unter den Bildnissen jener Zeit,
die uns in Kupfer gestochen übrig geblieben, sich um=
sehen; vielleicht fände sich irgend eine Ähnlichkeit.

Dr. Jacob Roux

über

die Farben in technischem Sinne.

1. Heft 1824, 2. Heft 1828.

———

₅ Die Zahnischen colorirten Nachbildungen der Pompejischen Wandgemählde setzen uns, außer den glücklichen
Gedanken, auch noch durch eine wohlerhaltene Färbung
in Erstaunen. Erwägen wir nun, daß jener Farben-
schmuck sich durch so manche Jahrhunderte, durch die
₁₀ ungünstigsten Umstände klar und augenfällig erhalten,
und finden dagegen Bilder der neuern Zeit, ja der
neusten, geschwärzt, entfärbt, rissig und sich ablösend;
treffen wir ferner auch bei Restaurationen dieser
Mängel auf gar mancherlei Fehler der ersten Anlage:
₁₅ dann haben wir allerdings den Künstler zu loben,
welcher, hierüber forschend und nachdenkend, einen Theil
seiner edlen Zeit anwendet.

Wir empfehlen obgenannte Hefte den Künstlern um
desto mehr, als man in der neuern Zeit völlig zu ver-
₂₀ gessen scheint, daß die Kunst auf dem Handwerk ruht,
und daß man sich aller technischen Erfordernisse erst
zu versichern habe, ehe man ein eben so würdiges als
dauerndes Kunstwerk hervorzubringen Anstalt macht.

Die Bemühungen des ſorgfältigen Verfaſſers noch
höher zu ſchätzen ſehen wir uns dadurch veranlaßt,
daß Palmaroli, der ſich durch ſeine Reſtauration in
Dresden ſo viel Verdienſte erworben, in Rom leider
mit Tode abgegangen iſt; da denn Übung und Nach= 5
denken ſowohl über ältere Bilder, wie ſolche allenfalls
wieder herzuſtellen, als über die Art, den neu zu ver=
fertigenden dauernde Kraft und Haltung zu geben, im
Allgemeinen beſtens zu empfehlen ſteht.

Reinigen und Restauriren
schadhafter Gemählde.

Der von Herrn Professor Hartmann verfaßte Auf=
satz, das Reinigen und Restauriren schadhafter Gemählde
der Königlichen Bilder=Galerie betreffend, ist, im
Ganzen betrachtet, sehr befriedigend; er deutet eines
erfahrenen Künstlers schöne Einsichten in dieses Ge=
schäft, dessen Sorgfalt im Verfahren und dadurch die
Achtung an, welche er den Meistern und Meisterstücken
älterer Schulen erweist, von denen die Dresdner
Galerie einen so großen, ja unvergleichlichen Schatz
besitzt, dessen Erhaltung nicht allein ganz Deutschland,
sondern alle Kunstliebenden in der Welt auf's höchste
interessirt.

Ebenso finden wir unserer Überzeugung gemäß
gesprochen, es sei besser einige Unreinigkeiten sitzen zu
lassen als den Gemählden mit ätzenden Mitteln zu
nahe zu kommen.

Einer der vortrefflichsten Künstler im Restaurations=
fach, Auders, ein Böhme, Schüler von Mengs, hatte
den Grundsatz die leichten Stellen der Gemählde, wenn
sie nicht ganz und gar, durch Überzug alter Ölfirnisse,

dunkel geworden, durch lauwarmes Wasser bloß zu
reinigen, auch allenfalls durch Auftragen und sorg=
fältiges Wiederabnehmen des gewöhnlichen Mastir=
Firnisses diesen Zweck zu erreichen. Den Vorsatz aber,
gute alte Gemählde gleichsam als neu erscheinen zu 5
lassen, wollte er nicht billigen, weil durch angreifen=
des Waschen und vermeintliches Reinigen der lichten
Partien, die sogenannte Patina weggehe und zugleich
mit ihr die zarten, leisen, über das Ganze verbreite=
ten Lasuren, durch welche der alte Meister sein Werk 10
geendigt und alle Theile in Harmonie gebracht.

War ein Gemählde völlig ungenießbar und in
den Schatten ganz schwarz geworden, so bemühte er
sich vornehmlich diesen wieder zu ihrer ursprünglichen
Klarheit zu verhelfen, wohl wissend, daß nur die 15
gänzlich verdüsterten, undeutlich gewordenen Stellen
für den kundigen Beschauer unangenehm und störend
sind.

Überhaupt war Auders der Meinung, man solle
das Putzen und Restauriren nur als einen Nothbehelf 20
ansehen und erst alsdann wagen, wenn die Gemählde
völlig ungenießbar geworden.

Eine sehr günstige Meinung von Herrn Hartmanns
bescheidenem und sorgfältigen Verfahren wird auch
dadurch erweckt, daß in seinem Aufsatze jenes gefähr= 25
lichen Übertragens der Bilder von Holz auf Leinwand
nicht erwähnt, viel weniger empfohlen oder vor=
geschlagen wird.

Was derselbe von dem unstatthaften Gebrauch des
Klebewachses bemerkt, und dagegen zum Lobe des
zweckmäßigen Stucco des Palmaroli sagt, verdient
unbedingten Beifall, denn obgleich treffliche Restau=
5 rationskünstler sich zum Ausfüllen der Lücken eines
Kitts von Kreide und Ölfirniß bedienten, so ist jener
Stucco doch leicht begreiflicherweise vorzuziehen, zu=
mal wenn die schadhaften Stellen nicht mit Öl,
sondern mit den sogenannten enkaustischen Farben
10 ausgebessert werden, welche letztere ihrer Natur nach
weniger als Ölfarben ändern können, folglich bei'm
Restauriren vorzuziehen sind.

Im dritten Abschnitt erklärt sich der Verfasser
gegen das Überstreichen der Gemählde mit Öl. Eine
15 Ansicht welche vollkommen richtig ist und von allen
Kunstverständigen gebilligt wird. So ist auch seine
Empfehlung des Firnissens der Gemählde mit Mastix
in Terpentinöl aufgelöst (aqua di ragia der Italiäner)
vollkommen gegründet. Erfahrung hat den Nutzen
20 dieser Art von Firniß hinreichend bewährt. Die besten
Künstler bedienen sich desselben und glauben, daß er
zu Erhaltung alter und neuer Mahlereien das vor=
züglichste Mittel sei. Der berühmte Philipp Hackert
ist sogar in einer Druckschrift als Vertheidiger desselben
25 aufgetreten. Leider daß uns das Exemplar abhanden
gekommen und nicht wieder zu erlangen gewesen.

Da nun Inspector Riedel gerade in diesem Augen=
blick das Zeitliche gesegnet; so ist es wohl keine Im=

pietät, des Franziskus Xaverius de Burtin und dessen
Traité des Connaissances nécessaires aux amateurs
de Tableaux zu gedenken. Dieser Mann, so wunderlich
er auch übrigens sein mag, ist im Restaurationsfache
classisch, besonders was die niederländische Schule 5
betrifft und wird dem denkenden Restaurator nie von
der Seite kommen. Derselbe hat schon vor 27 Jahren
laut und öffentlich, sowohl in Person als im Druck
gegen das von Riedeln beobachtete Verfahren geeifert
und dasjenige angerühmt, zu welchem Herr Professor 10
Hartmann sich bekennt. Es kann wohl keinen un-
parteiischern Zeugen geben als ihn. Wer sich nun im
gegenwärtigen Falle für Herrn Hartmann erklärt,
thut es mit Freuden, weil eine längst anerkannte
Wahrheit auch endlich da triumphiren soll, wo sie 15
im höchsten Grade nützlich wirken kann. Unterzeichnete
bekennen sich zu solcher Gesinnung, indem sie dankbar
für das geschenkte Zutrauen, zu aller ferneren Theilnahme sich mit Vergnügen erbötig erklären.

Weimar d. 9. April
1816. 20

Baukunst.

Architecture antique de la Sicile
par Hittorf et Zanth.

Von diesem Werke sind 31 Tafeln in unsern Häu=
den; sie enthalten die Tempel von Segeste und Seli=
nunt, geographische und topographische Karten, die
genausten architektonischen Risse und charakteristische
Nachbildungen der wundersamen Basreliefe und Orna=
mente, zugleich mit ihrer Färbung, und erheben uns
zu ganz eigenen neuen Begriffen über alte Baukunst.
Früheren Reisenden bleibe das Verdienst die Auf=
merksamkeit erregt zu haben, wenn diese letzteren, begabt
mit mehr historisch=kritischen und artistischen Hülfs=
mitteln, endlich das Eigentliche leisten, was zur wahren
Erkenntniß und gründlichen Bildung zuletzt erfordert
wird.

Mit Verlangen erwarten wir die Nachbildungen
der Tempel zu Girgent, besonders aber hinlängliche
Kenntniß von den letzten Ausgrabungen, wovon uns
einige Blätter in Osterwalds Sicilien schon vorläufige
Kenntniß gegeben, und ein einzelner Theil, in einem
landschaftlichen Gemählde dargestellt, die angenehmsten
Eindrücke verleiht, die wir in Folgendem näher aus=
sprechen.

(Vgl. Abtheilung I, S. 387.)

Architecture moderne de la Sicile,
par J. Hittorf et Zanth. A Paris.

––––––

Wie uns vor Jahren die modernen Gebäude Roms durch Fontaine und Percier, die Florentinischen durch Grandjean und Famin, die Genuesischen durch Gau= thier belehrend dargestellt worden, so haben sich, um gleichen Zweck zu erreichen, ausgebildete Männer, Hittorf und Zanth, nach Sicilien begeben und liefern uns die dortigen, besonders von Zeitgenossen Michel Angelo's errichteten öffentlichen und Privat= gebäude, so wie auch dergleichen aus früheren christlich= kirchlichen Zeiten.

Von diesem Werke liegen uns 49 Tafeln vor Augen, und wir können solches, sowohl in Gefolg ob= genannter Vorgänger als auch um der eignen Ver= dienste willen, Künstlern und Kunstfreunden auf das nachdrücklichste empfehlen. Ein reicher Inhalt, so charakteristisch als geistreich dargestellt, auf das sicherste und zarteste behandelt. Es sind nur Linearzeichnungen, aber durch zarte und starke Striche ist Licht= und Schattenseite hinreichend ausgedrückt; daher befriedigen sie mit vollkommener Haltung.

Bei gewissen baulichen Gegenständen fanden die
Künstler perspectivische Zeichnung nöthig, und diese
machen den angenehmsten Eindruck; etwas Eigenthüm=
lich=Charakteristisches der sicilianischen Baukunst tritt
hier hervor; wir wagen es nicht näher zu bezeichnen
und bemerken nur Einzelnes.

Bei'm Eintritt in die dießmal gelieferten Messi=
nischen Paläste sieht man sich in einem Hofe von
hohen Wohnungen umkränzt; wir empfinden sogleich
Respect und Wohlgefallen; der Baumeister scheint dem
Hausherrn einen anständigen Lebensgenuß zugesichert
zu haben; man ist in einer grandiosen, aber nicht
allzuernsten Umgebung. Das Gleiche gilt von den
Klöstern und andern öffentlichen Gebäuden; man ist
von allem Düstern, Drückenden durchaus befreit, und
diese Gebäude sind ihrem Zweck völlig angemessen.

Noch eine zweite allgemeine Bemerkung stehe hier.
Nicht leicht hat irgendwo eine edle Bildhauerkunst der
Einbildungskraft so viel Antheil an ihren Werken
gestattet als wie in Sicilien, deßwegen sie auch schwer
zu beurtheilen sind.

Statuen von Menschen, Halbmenschen, Thieren und
Ungeheuern, Basreliefs mythologischer und allegorischer
Art, Verzierungen architektonischer Glieder, alles über=
schwänglich angebracht, besonders bei Brunnen, die
bei ihrer Nothwendigkeit und Nutzbarkeit auch den
größten Schmuck zu verdienen schienen. Wer an Ein=
falt und ernsthafte Würde gewöhnt ist, der wird sich

in dieſen mannichfaltigen Reichthum kaum zu finden
wiſſen; wir aber konnten ihm an Ort und Stelle nicht
ungünſtig ſein, und ſo erfreut es uns, mit ganz außer=
ordentlicher Sorgfalt hier dieſe ſonderbaren Werke
dargeſtellt zu ſehen und die architektoniſche Zierlichkeit 5
ihrer Profile ſowohl als die üppige Fülle ihrer Ver=
zierungen zu bewundern.   Denn ſo lange die Ein=
bildungskraft von der Kunſt gebändigt wird, gibt ſie
durchaus zu erfreulichen Gebilden Anlaß; dahingegen
wenn Kunſt ſich nach und nach verliert, der regelnde 10
Sinn entweicht und das Handwerk mit der Imagina=
tion allein bleibt, da nehmen ſie unaufhaltſam den
Weg, welcher, wie ſchon in Palermo der Fall iſt,
zum Pallagoniſchen Unſinn nicht Schritt vor Schritt,
ſondern mit Sprüngen hinführt.   15

Ausgrabungen.

Da der Mensch nicht immer schaffen und hervor=
bringen kann, obschon solches freilich für ihn das
Wünschenswertheste bleibt, so unterhält und erfreut
ihn doch, wenn er das Verlorene aufsucht, das Zer=
störte wieder herstellt, das Zerstreute sammelt, ordnet
und belebt. Deßwegen haben wir alle mit einander
so große Lust am Ausgraben verschütteter Denkmale
der Vorzeit und nehmen an solchen Bemühungen den
lebhaftesten Antheil. Das Neueste dieser Art, wovon
uns Kenntniß zugekommen, theilen wir mit und hoffen
das Geschäft der Unternehmer und die Liebhaberei des
Publicums gleichzeitig zu befördern.

Wiesbaden. Der Königl. preußische Hofrath
Herr Dorow hat unter Begünstigung des Großherzogl.
nassauischen Ministeriums die in Wiesbadens Um=
gegend liegenden Grabhügel aufgegraben und mit be=
sonderer Aufmerksamkeit und guter Methode dergleichen
mehr als hundert untersucht. Indem er nun jedes
geöffnete Grab für sich behandelte, mit seinen Vor=
kommenheiten beschrieb, sich aller Meinungen enthielt

und nur um reine Darstellung und sichere Aufbewah=
rung besorgt war, so verdiente er die große und reiche
Ausbeute, die ihm geworden ist.

Derselbe fand Gefäße aller Art von Bronze und
Glas, Waffen von Stein, Eisen und Bronze, Männer=
und Weiberschmuck, Grabschriften, an achtzigerlei Ringe
von Bronze, gefärbtes Glas, Bernstein, Lampen,
Amulette. In einem der Hügel und dessen gemauertem
Gewölbe fand man nebst vieler Asche ein herrlich
Exemplar der Venusmuschel und andere Dinge. Das
Merkwürdigste war eine Opferstätte der Deutschen, wo=
von er uns die höchst empfehlungswerthe Beschreibung
mittheilte.

Die Abbildungen der aufgefundenen Gegenstände
hat Herr Hundeshagen übernommen; sie werden
in Steindruck nächstens erscheinen, begleitet von einem
erklärenden Werke, dessen Subscriptions=Anzeige wir
dem Liebhaber deutscher Alterthümer wohl nicht
dringender empfehlen dürfen.

————

Weimar. Bei Groß=Romstedt, ohngefähr zwei
Stunden von der Stadt, macht die Lage eines großen
Grabhügels den Beobachter aufmerksam. Die erst von
Süden nach Norden fließende, dann aber sich ostwärts
umbiegende Ilm neigt sich zur Zusammenkunft mit
der Saale, die ihren unveränderten Lauf von Süden
nach Norden fortsetzt. Diese Richtung der Flüsse
deutet auf eine Erhöhung zwischen beiden.

Und nun hat auf der höchsten, die ganze Gegend
überschauenden Höhe ein altes halbgebildetes Volk
den Ruheplatz für seine Todten gewählt. Die ersten
Leichen legte man in einen großen Ovalkreis neben
5 einander, durch rohe Holzstämme geschieden; die folgenden aber mit wenig zwischengeschichteten Steinen und
Erde lagenweise darüber.

Waffen fanden sich keine; vielleicht wenn dieses
Volk welche hatte, waren die Lebenden klug genug,
10 sie zu ihrem Gebrauche zurückzubehalten. Auch an
Schmuck fand sich wenig und was die Ausbeute gewesen, davon werden die Curiositäten zunächst Rechenschaft geben.

Wenn aber für Kunst im Alterthum nicht allzu-
15 viel gefunden worden, so ist dagegen dem in ver-
gangene Zeiten gern zurückschauenden Naturforscher ein
großer Gewinn entsprungen, indem die vorgefundenen
Skelette, deren man ein vollständiges in dem Jenaischen
Museum niedergelegt, die wichtigsten Betrachtungen
20 veranlassen.

Wahrscheinlich gehörte dieses Volk zu den noma-
dischen, die, bei den großen Völkerzügen, von der Ostsee
her sich freiwillig oder genöthigt bewegten. Eine Zeit-
lang muß ihr Wohnsitz in dieser Gegend geblieben sein,
25 wie die ruhige successive Bestattung der Körper an-
deutet. An den Schädeln fand man keine Verwun-
dung, das Beisammenliegen von Männern, Weibern
und Kindern möchte wohl eine ruhige Nomaden-Horde

andeuten. Das Merkwürdigste jedoch vor allem andern
ist die herrliche Gestalt dieser Knochenreste. Die Körper
sind weder bedeutend groß noch stark, die Schädel je=
doch (wir sagen es mit Einstimmung unseres Freundes
Blumenbach) von der größten Schönheit. Die Organe, 5
nach Gallischen Bestimmungen gesprochen, bezeichnen
ein Volk, mit den glücklichsten Sinnen für die Außen=
welt begabt, nicht weniger mit allen Eigenschaften,
worauf sich Dauer und Glück der Familien und
Stämme gründet. Das Organ des Enthusiasmus 10
fehlt ganz auf der Höhe des Scheitels, dagegen ver=
mißt man sehr gern die garstigen egoistischen Auswüchse,
die sich hinter den Ohren eines ausgearteten Menschen=
geschlechts zu verbergen pflegen.

Durchaus haben die Schädel eine Familienähnlich= 15
keit; ebenso sind sie einander gleich. Obere und untere
Kinnlade, Zahnstellung und Erhaltung der Zähne
sind als Muster bei'm Vortrag physiologischer Anatomie
zu empfehlen; wie denn kein hohler Zahn gefunden
worden, die fehlenden aber offenbar bei'm Ausgraben 20
und Transport ausgefallen. Man verzeihe, wenn
diese vorläufige Notiz am unrechten Orte scheinen sollte;
wir kommen darauf zurück, wo von Gestaltung orga=
nischer Naturen die Rede sein darf.

_____

Velleja. Der Ursprung dieser Stadt ist nicht 25
eigentlich auszumitteln. Zuerst war es eine kleine
Republik, die etwa dreißig umliegenden Städten und

Dörfern gebot. Sie wurde zu den Liguriern gerechnet.
Nachdem sie unter die Herrschaft der Römer gekommen,
ward sie von Duumvirn regiert, für eine Municipal=
stadt erklärt und hatte ihre Patrone in Rom. Sie
5 lag einige Meilen gegen Süden von Piacenza, vier
Meilen seitwärts von der alten ämilischen Heerstraße,
am Flusse Chero, am Fuße des Moria und Rabi=
nasso, welche zu den Apenninen gerechnet werden.
Der Einsturz eines Theils dieser hohen Berge war
10 der Untergang der Stadt, vermuthlich im vierten Jahr=
hundert, wie aus Denkmalen und Münzen, dort aus=
gegraben, zu schließen ist.

Der Infant Philipp, Herzog von Parma, veran=
laßt durch eine früher dort gefundene alte Denktafel,
15 ließ im Jahr 1760 die Ausgrabung beginnen, wel=
cher sich große Schwierigkeiten entgegen setzten: denn
es saud sich kein lockerer Boden, sondern Felsmassen,
deren Größe und Schwere sich vermehrte, je näher man
den Bergen kam, lagen über die Stadt gewälzt. 1764
20 stellte man daher die Arbeit ein, die jedoch von Zeit zu
Zeit wieder vorgenommen wurde. Der Gewinn war
nicht gering und es entstand daher ein Museum zu
Parma. Es hatten sich Statuen gefunden von Marmor
und Erz verschiedener Größe, Inschriften, Mobilien,
25 Gefäße von gebrannter Erde, Säulenfüße, Capitäle
von gewöhnlicher und seltsamer Gestalt, Marmortische
und Sessel daneben, mit Löwenköpfen und anderem
Schnitzwerk verziert; den Fußböden fehlte es nicht an

Mosaik, den Wänden nicht an Mahlerei. Alle diese
Dinge, versammelt in dem Museum von Parma, wur=
den zuerst antiquarisch behandelt von dem Domherrn
Costa, sodann vom Pater Paciaudi, später von
Graf Rezzonico und andern. Gegenwärtig beschäftigt
sich der Gelehrte Lama damit, welcher durch Herrn
Casapini, den Director aller Ausgrabungen, günstig
unterstützt wird; da wir denn endlich auf eine all=
gemeinere Mittheilung dieser wenig bekannten Schätze
hoffen können.

Zugleich unternimmt Herr Johann Antolini,
Professor der Baukunst zu Mailand, ein Werk, uns vor=
läufig mit dem Local der alten Stadt und ihren archi=
tektonischen Merkwürdigkeiten bekannt zu machen. Sie
war an der Anhöhe gelegen, stufenweise über ein=
ander gebaut, wahrscheinlich in die Schlucht zwischen
beide Berge hinein, welches denn zu ihrem völligen
Untergang gereichte. Der Bergsturz aber muß sehr
schnell erfolgt sein, wie der zu Plürs und Goldau,
indem man viele Gebeine bei'm Ausgraben angetroffen.

Herr Antolini verspricht eine geographische Karte,
worauf die Orte verzeichnet sind, die gegenwärtig in
jener Gegend liegen, so auch die Wege die nach Velleja
führen, sowohl von Parma als von Placenz her, mit
Bemerkungen zum Nutzen der Reisenden. Sodann
liefert er Velleja mit seinen nächsten Umgebungen, wo
zugleich die Puncte angedeutet sind, an welchen Aus=
grabungen versucht werden. Weiter legt er uns vor

den eigentlichen Plan von Velleja, wo man die Quar=
tiere der Stadt und die Austheilung der Gebäude näher
kennen lernt. Der Grundriß des Platzes wird sodann
im Besondern gegeben, mit der lateinischen Inschrift
5 die durch seine ganze Breite durchgegangen. Nicht
weniger werden die Monumente des Platzes und seiner
Nachbarschaft dargestellt; mehrere Säulenfüße und
Häupter werden im Grund= und Aufriß gezeichnet,
Marmorpflaster und Mosaiken, mancherlei Fragmente.
10 So viel soll die erste Lieferung enthalten, welche
Anfangs 1819 erscheinen wird. Der Subscriptions=
preis auf dieselbe ist ein französischer Louisd'or; man
kann sich eine anständige obgleich nicht überprächtige
Ausgabe versprechen. Es wäre zu wünschen daß
15 deutsche Buch= und Kunsthandlungen sich mit dem
Verfasser, der in Nr. 250 Straße Monforte wohnhaft
ist, möchten in Verhältniß setzen, damit auch Lieb=
haber diesseits der Gebirge baldigst daran Genuß und
Belehrung finden, neuere Reisende aber aufgeregt
20 werden das Museum zu Parma aufmerksamer zu be=
trachten, auch den kleinen Umweg, welcher durch die
neue Karte sehr erleichtert wird, nicht zu scheuen und
uns von diesem zwar längst entdeckten, aber doch bis=
her vernachlässigten Phänomen lebhafte und eindring=
25 liche Beschreibungen zu geben.

Beschreibung römischer und deutscher Alter=
thümer in dem Gebiete der Provinz Rhein=
hessen zu Tage gefördert durch Dr. Joseph
Emele in Mainz 1825, groß quer 4°.

Der Herr Verfasser berichtet in dem Vorwort: seine Sammlung von dergleichen Alterthümern (be=
stehend aus allerlei Geräthschaften oder was man Anticaglien zu nennen pflegt) übersteige die Zahl von eintausend Nummern weit, und alles sei Ergebniß der von ihm selbst bewerkstelligten Aufgrabungen. Aus dieser zahlreichen Sammlung nun hat Herr Emele 493 der merkwürdigsten Stücke durch den Mahler Herrn Cotois abzeichnen und von Herrn F. Zimmer=
mann auf 34 Tafeln lithographiren lassen, doch nicht in der gewöhnlichen Kreidemanier, sondern geritzt, so daß sie radirten Blättern ähnlich sehen. Aus dem beigegebenen erklärenden Text, 84 bedruckte Seiten füllend, erkennt man in Herrn Emele überall den red=
lichen Forscher, der gute Kenntnisse besitzt und noch mehrere zu erwerben trachtet, der angelegentlich wünscht lebhafteres Interesse für Denkmale des Alterthums zu erwecken, Nachsuchungen angestellt und das Auf=
gefundene sorgfältig bewahrt zu sehen.

Von deutscher Baukunst 1823.

Einen großen Reiz muß die Bauart haben, welche
die Italiäner und Spanier schon von alten Zeiten
her, wir aber erst in der neuesten, die deutsche
5 (tedesca, germanica) genannt haben. Mehrere Jahr=
hunderte ward sie zu kleinern und zu ungeheuren
Gebäuden angewendet, der größte Theil von Europa
nahm sie auf; Tausende von Künstlern, aber Tausende
von Handwerkern übten sie; den christlichen Cultus
10 förderte sie höchlich und wirkte mächtig auf Geist
und Sinn; sie muß also etwas Großes, gründlich
Gefühltes, Gedachtes, Durchgearbeitetes enthalten,
Verhältnisse verbergen und an den Tag legen, deren
Wirkung unwiderstehlich ist.

15 Merkwürdig war uns daher das Zeugniß eines
Franzosen, eines Mannes, dessen eigene Bauweise der
gerühmten sich entgegen setzte, dessen Zeit von derselben
äußerst ungünstig urtheilte, und dennoch spricht er
folgendermaßen:

20 „Alle Zufriedenheit, die wir an irgend einem
Kunst=Schönen empfinden, hängt davon ab, daß

Regel und Maß beobachtet sei, unser Behagen wird
nur durch Proportion bewirkt. Ist hieran Mangel,
so mag man noch so viel äußere Zierrath anwenden,
Schönheit und Gefälligkeit, die ihnen innerlich fehlen,
wird nicht ersetzt, ja man kann sagen, daß ihre Häß= 5
lichkeit nur verhaßter und unerträglicher wird, wenn
man die äußeren Zierrathen durch Reichthum der
Arbeit oder der Materie steigert."

„Um diese Behauptung noch weiter zu treiben,
sag' ich, daß die Schönheit, welche aus Maß und 10
Proportion entspringt, keineswegs kostbarer Materien
und zierlicher Arbeit bedarf, um Bewunderung zu
erlangen, sie glänzt vielmehr und macht sich fühlbar,
hervorblickend aus dem Wuste und der Verworrenheit
des Stoffes und der Behandlung. So beschauen wir 15
mit Vergnügen einige Massen jener gothischen Ge=
bäude, deren Schönheit aus Symmetrie und Propor=
tion des Ganzen zu den Theilen und der Theile unter
einander entsprungen erscheint und bemerklich ist, un=
geachtet der häßlichen Zierrathen, womit sie verdeckt 20
sind und zum Trutz derselben. Was uns aber am
meisten überzeugen muß, ist, daß wenn man diese
Massen mit Genauigkeit untersucht, man im Ganzen
dieselben Proportionen findet, wie an Gebäuden,
welche, nach Regeln der guten Baukunst erbaut, uns 25
bei'm Anblick so viel Vergnügen gewähren."

François Blondel, Cours d'Architecture. Cin-
quième partie. Livre V. Chap. XVI. XVII.

Erinnern dürfen wir uns hierbei gar wohl jüngerer Jahre, wo der Straßburger Münster so große Wirkung auf uns ausübte, daß wir unberufen unser Entzücken auszusprechen nicht unterlassen konnten. Eben das, 5 was der französische Baumeister nach gepflogener Messung und Untersuchung gesteht und behauptet, ist uns unbewußt begegnet, und es wird ja auch nicht von jedem gefordert, daß er von Eindrücken, die ihn überraschen, Rechenschaft geben solle.

10 Standen aber diese Gebäude Jahrhunderte lang nur wie eine alte Überlieferung da, ohne sonderlichen Eindruck auf die größere Menschenmasse, so ließen sich die Ursachen davon gar wohl angeben. Wie mächtig hingegen erschien ihre Wirksamkeit in den letzten Zeiten, 15 welche den Sinn dafür wieder erweckten! Jüngere und Ältere beiderlei Geschlechts waren von solchen Eindrücken übermannt und hingerissen, daß sie sich nicht allein durch wiederholte Beschauung, Messung, Nachzeichnung daran erquickten und erbauten, sondern 20 auch diesen Stil, bei noch erst zu errichtenden, lebendi= gem Gebrauch gewidmeten Gebäuden, wirklich an= wendeten, und eine Zufriedenheit fanden, sich gleichsam urväterlich in solchen Umgebungen zu empfinden.

Da nun aber einmal der Antheil an solchen Pro= 25 ductionen der Vergangenheit erregt worden, so verdie= nen diejenigen großen Dank, die uns in den Stand setzen, Werth und Würde im rechten Sinne, das heißt historisch zu fühlen und zu erkennen, wovon ich nun=

mehr einiges zur Sprache bringe, indem ich mich
durch mein näheres Verhältniß zu so bedeutenden
Gegenständen aufgefordert fühle.

Seit meiner Entfernung von Straßburg sah ich
kein wichtiges imposantes Werk dieser Art; der Ein=
druck erlosch, und ich erinnerte mich kaum jenes Zu=
standes, wo mich ein solcher Anblick zum lebhaftesten
Enthusiasmus angeregt hatte. Der Aufenthalt in
Italien konnte solche Gesinnungen nicht wieder beleben,
um so weniger als die modernen Veränderungen am
Dome zu Mailand den alten Charakter nicht mehr
erkennen ließen; und so lebte ich viele Jahre solchem
Kunstzweige entfernt, wo nicht gar entfremdet.

Im Jahre 1810 jedoch trat ich, durch Vermittelung
eines edlen Freundes, mit den Gebrüdern Boisserée
in ein näheres Verhältniß. Sie theilten mir glänzende
Beweise ihrer Bemühungen mit; sorgfältig ausgeführte
Zeichnungen des Doms zu Cöln, theils im Grundriß
theils von mehreren Seiten, machten mich mit einem
Gebäude bekannt, das nach scharfer Prüfung gar wohl
die erste Stelle in dieser Bauart verdient; ich nahm
ältere Studien wieder vor, und belehrte mich durch
wechselseitige freundschaftliche Besuche und emsige Be=
trachtung gar mancher aus dieser Zeit sich herschreiben=
den Gebäude, in Kupfern, Zeichnungen, Gemählden,
so daß ich mich endlich wieder in jenen Zuständen
ganz einheimisch fand.

Allein der Natur der Sache nach, besonders aber

in meinem Alter und meiner Stellung, mußte mir das
Geschichtliche dieser ganzen Angelegenheit das Wichtigste
werden, wozu mir denn die bedeutenden Sammlungen
meiner Freunde die besten Fördernisse darreichten.

5 Nun fand sich glücklicherweise, daß Herr Moller,
ein höchst gebildeter einsichtiger Künstler, auch für
diese Gegenstände entzündet ward und auf das glück=
lichste mitwirkte. Ein entdeckter Originalriß des Cölner
Doms gab der Sache ein neues Ansehen, die litho=
10 graphische Copie desselben, ja die Contra=Drücke, wo=
durch sich das ganze zweithürmige Bild durch Zu=
sammenfügen und Austuschen den Augen darstellen
ließ, wirkte bedeutsam, und was dem Geschichtsfreunde
zu gleicher Zeit höchst willkommen sein mußte, war
15 des vorzüglichen Mannes Unternehmen, eine Reihe von
Abbildungen älterer und neuerer Zeit uns vorzulegen,
da man denn zuerst das Herankommen der von uns
dießmal betrachteten Bauart, sodann ihre höchste Höhe,
und endlich ihr Abnehmen vor Augen sehen und be=
20 quem erkennen sollte. Dieses findet nun um desto eher
statt, da das erste Werk vollendet vor uns liegt, und
das zweite, das von einzelnen Gebäuden dieser Art
handeln wird, auch schon in seinen ersten Heften zu
uns gekommen ist.

25 Mögen die Unternehmungen dieses eben so einsich=
tigen als thätigen Mannes möglichst vom Publicum
begünstigt werden; denn mit solchen Dingen sich zu
beschäftigen ist an der Zeit, die wir zu benutzen haben,

wenn für uns und unsere Nachkommen ein vollständiger
Begriff hervorgehen soll.

Und so müssen wir denn gleiche Aufmerksamkeit
und Theilnahme dem wichtigen Werke der Gebrüder
Boisserée wünschen, dessen erste Lieferung wir früher
schon im Allgemeinen angezeigt.

Mit aufrichtiger Theilnahme sehe ich nun das
Publicum die Vortheile genießen, die mir seit drei=
zehn Jahren gegönnt sind, denn so lange bin ich Zeuge
der eben so schwierigen als anhaltenden Arbeit der
Boisserée'schen Verbündeten. Mir fehlte es nicht diese
Zeit her an Mittheilung frisch gezeichneter Risse, alter
Zeichnungen und Kupfer, die sich auf solche Gegen=
stände bezogen; besonders aber wichtig waren die Probe=
drücke der bedeutenden Platten, die sich durch die vor=
züglichsten Kupferstecher ihrer Vollendung näherten.

So schön mich aber auch dieser frische Antheil in
die Neigungen meiner früheren Jahre wieder zurück
versetzte, fand ich doch den größten Vortheil bei einem
kurzen Besuche in Cöln, den ich an der Seite des
Herrn Staats=Ministers von Stein abzulegen das
Glück hatte.

Ich will nicht läugnen, daß der Anblick des Cölner
Doms von außen eine gewisse Apprehension in mir
erregte, der ich keinen Namen zu geben wüßte. Hat
eine bedeutende Ruine etwas Ehrwürdiges, ahnen, sehen
wir in ihr den Conflict eines würdigen Menschenwerks
mit der stillmächtigen, aber auch alles nicht achtenden

Zeit; so tritt uns hier ein Unvollendetes, Ungeheures
entgegen, wo eben dieses Unfertige uns an die Unzu=
länglichkeit des Menschen erinnert, sobald er sich unter=
fängt, etwas Übergroßes leisten zu wollen.

5 Selbst der Dom inwendig macht uns, wenn wir
aufrichtig sein wollen, zwar einen bedeutenden, aber
doch unharmonischen Effect; nur wenn wir in's Chor
treten, wo das Vollendete uns mit überraschender
Harmonie anspricht, da erstaunen wir fröhlich, da er=
10 schrecken wir freudig, und fühlen unsere Sehnsucht mehr
als erfüllt.

Ich aber hatte mich längst schon besonders mit
dem Grundriß beschäftigt, viel darüber mit den
Freunden verhandelt, und so konnte ich, da beinahe
15 zu allem der Grund gelegt ist, die Spuren der ersten
Intention an Ort und Stelle genau verfolgen. Eben
so halfen mir die Probedrücke der Seitenansicht und
die Zeichnung des vorderen Aufrisses einigermaßen
das Bild in meiner Seele auferbauen; doch blieb das
20 was fehlte immer noch so übergroß, daß man sich
zu dessen Höhe nicht aufschwingen konnte.

Jetzt aber, da die Boisserée'sche Arbeit sich ihrem
Ende naht, Abbildung und Erklärung in die Hände aller
Liebhaber gelangen werden, jetzt hat der wahre Kunst=
25 freund auch in der Ferne Gelegenheit, sich von dem
höchsten Gipfel, wozu sich diese Bauweise erhoben,
völlig zu überzeugen; da er denn, wenn er gelegent=
lich sich als Reisender jener wundersamen Stätte

nähert, nicht mehr der persönlichen Empfindung, dem
trüben Vorurtheil, oder, im Gegensatz, einer über=
eilten Abneigung sich hingeben, sondern als ein
Wissender und in die Hüttengeheimnisse Eingeweihter
das Vorhandene betrachten und das Vermißte in 5
Gedanken ersetzen wird. Ich wenigstens wünsche mir
Glück zu dieser Klarheit, nach funfzigjährigem Streben,
durch die Bemühungen patriotisch gesinnter, geist=
reicher, emsiger, unermüdeter junger Männer gelangt
zu sein. 10

Daß ich bei diesen erneuten Studien deutscher
Baukunst des zwölften Jahrhunderts öfters meiner
frühern Anhänglichkeit an den Straßburger Münster
gedachte, und des damals, 1773, im ersten Enthusias=
mus verfaßten Druckbogens mich erfreute, da ich mich 15
desselben bei'm späteren Lesen nicht zu schämen brauchte,
ist wohl natürlich: denn ich hatte doch die innern
Proportionen des Ganzen gefühlt, ich hatte die Ent=
wickelung der einzelnen Zierrathen eben aus diesem
Ganzen eingesehen und nach langem und wiederholtem 20
Anschauen gefunden, daß der eine hoch genug auf=
erbaute Thurm doch seiner eigentlichen Vollendung
ermangle. Das alles traf mit den neueren Über=
zeugungen der Freunde und meiner eigenen ganz wohl
überein, und wenn jener Aufsatz etwas Amphigurisches 25
in seinem Stil bemerken läßt, so möchte es wohl zu
verzeihen sein, da wo etwas Unaussprechliches aus=
zusprechen ist.

Wir werden noch oft auf diesen Gegenstand zurück=
kommen, und schließen hier dankbar gegen diejenigen,
denen wir die gründlichsten Vorarbeiten schuldig sind,
Herrn Moller und Büsching, jenem in seiner Auslegung
5 der gegebenen Kupfertafeln, diesem in dem Versuch
einer Einleitung in die Geschichte der altdeutschen
Baukunst; wozu mir denn gegenwärtig als erwünschtes
Hülfsmittel die Darstellung zu Handen liegt, welche
Herr Sulpiz Boisserée als Einleitung und Erklärung
10 der Kupfertafeln mit gründlicher Kenntniß aufgesetzt
hat.

Herstellung
des Straßburger Münsters.

Während die Wünsche der Kunst= und Vaterlands=
Freunde auf die Erhaltung und Herstellung der alten
Baudenkmale am Niederrhein gerichtet sind, und man
über die dazu erforderlichen Mittel rathschlägt, ist 5
es höchst erfreulich und lehrreich zu betrachten, was
in der Hinsicht am Oberrhein für das Münster zu
Straßburg geschieht.

Hier wird nämlich schon seit mehreren Jahren mit 10
großer Thätigkeit und glücklichem Erfolg daran ge=
arbeitet, die durch Vernachlässigungen und Zerstörungen
der Revolution entstandenen Schäden auszubessern.

Denn ist freilich der Vorschlag der Gleichheits=
Brüder, den stolzen Münster abzutragen, weil er sich 15
über die elenden Hütten der Menschen erhebt, in jenen
Zeiten nicht durchgegangen; so hat doch die bilder= und
wappenstürmende Wuth dieser Fanatiker die vielen
Bildwerke an den Eingängen, ja sogar die Wappen
der bürgerlichen Stadtvorgesetzten und Baumeister 20
oben an der Spitze des Thurms keineswegs verschont.

Es würde zu weitläufig sein, alles anzuführen,
was durch diese und andere muthwillige frevelhafte
Zerstörungen, und wieder was in Folge derselben das
Gebäude gelitten hat.

Genug, man beschäftigt sich jetzt unausgesetzt damit, alles nach und nach auf das sorgfältigste wieder
herzustellen. So ist bereits das bunte Glaswerk der
großen, über 40 Fuß weiten Rose wieder in neues Blei
gesetzt; so sind eine Menge neue Platten und steinerne
Rinnen gelegt, durchbrochene Geländer, Pfeiler, Bal-
dachine und Thürmchen nach alten Mustern ersetzt
worden. — Die fast lebensgroßen Equester-Statuen
der Könige Chlodowig, Dagobert und Rudolf von
Habsburg sind, ganz neu verfertigt, mit vieler Mühe
und Kosten wieder an den großen Pfeilern bei der
Rose aufgestellt. Und auch an den Eingängen kehren
nun von den hundert und aber hundert Bildwerken
schon manche nach alten Zeichnungen ausgeführte an
ihre Stelle zurück.

Man erstaunt billig, daß alle diese eben so viel
Übung und Geschicklichkeit als Aufwand erfordernden
Arbeiten in unseren Tagen zu Stande kommen; und
man begreift es nur, wenn man die weise Einrichtung
der noch von Alters her für das Straßburger Münster
bestehenden Bau-Stiftung und Verwaltung kennt.

Schon im 13ten Jahrhundert waren die zum
Bau und Unterhalt dieses großen Werks bestimmten
Güter und Einkünfte von den zu reingeistlichen Zwecken

gehörigen getrennt, und der Obhut der Stadtvorgesetzten
anvertraut worden. Diese ernannten einen eigenen
Schaffner und wählten aus ihrer Mitte drei Pfleger,
worunter immer ein Stadtmeister sein mußte, — beides
zur Verwaltung der Einnahme und Ausgabe, so wie 5
zur Aufsicht über den Werkmeister, als welcher, vom
Rath bloß zu diesem Zweck gesetzt und von der Stif=
tung besoldet, wieder den Steinmetzen und Werkleuten
in der Bauhütte vorstand.

Auf diese Weise wurde die Sorge für das Münster 10
eine städtische Angelegenheit, und dieß hatte vor vielen
andern Vortheilen die überaus glückliche Folge, daß
die beträchtlichen Güter und Gelder der Stiftung als
Gemeinde=Eigenthum selbst in der verderblichsten
aller Staatsumwälzungen gerettet werden konnten. 15

Auch mußte eine Verwaltung, von welcher alle
Jahre öffentlich Rechenschaft abgelegt wurde, noth=
wendig das größte Vertrauen einflößen und immer=
fort neue Wohlthäter und Stifter zu Gunsten eines
prachtvollen Denkmals gewinnen, welches eine zahl= 20
reiche vermögende Bürgerschaft großentheils als ihr
eigenes betrachten durfte.

Daher sah sich denn die Anstalt im Stande, nicht
nur die gewöhnlichen, sondern auch außerordentliche
Bedürfnisse, wie z. B. nach einer großen Feuersbrunst, 25
in der Mitte des vorigen Jahrhunderts, die sehr be=
trächtlichen Kosten neuer Bedachung und vielfachen
damit zusammenhängenden reich verzierten Steinwerks

zu bestreiten; ja vor wenigen Jahren noch sogar eine große Summe zum Ankauf von Häusern zu verwenden, welche niedergerissen wurden, um dem Gebäude einen weiteren offneren Zugang zu verschaffen.

5 Mit den Geldmitteln aber wurden nun zugleich auch die Kunst= und Handwerksmittel mannichfach erhalten; denn der alte Gebrauch, die Steinmetzen= Arbeit im Taglohn fertigen zu lassen, blieb bei diesem Gebäude stets bestehen, und man wich in der Her=
10 stellung der beschädigten Theile nie von der ursprüng= lichen Gestalt und Construction ab.

Gerade aus diesem Grunde bedurfte man besonders geübte und geschickte Werkleute, und diese bildeten sich dann auch immer von selbst, einer durch den andern,
15 weil die Arbeit nie ausging.

Zudem blieben die einmal in dieser Bauart ge= übten Leute gern an einem Ort, wo sie zu allen Jahrszeiten auf sichern anständigen Lohn zählen konnten. Endlich ist das Straßburger Münster auch
20 nicht das einzige Denkmal in Deutschland, bei welchem sich solche vortreffliche Einrichtung erhalten hat, sondern es besteht nach dem Beispiel derselben eine ähnliche gleichfalls unter städtischer Verwaltung bei'm Münster zu Freiburg im Breisgau und bei St. Stephan in
25 Wien, vielleicht auch noch anderwärts, ohne daß es uns bekannt geworden.

Hier hätten wir also im eigenen Vaterlande hin= länglich Muster für Erhaltungs=Anstalten und Pflanz=

Schulen, aus welchen wir fähige Arbeiter zur Her=
stellung unserer in Verfall gerathenen großen Bau=
denkmale ziehen könnten; und wir brauchten nicht
unsere Zuflucht nach England zu nehmen, wo freilich
seit einer Reihe von Jahren für Erhaltung und Her= 5
stellung der Gebäude dieser Art am meisten geschehen ist.

Die neuen Arbeiten am Straßburger Münster
lassen wirklich weder in Rücksicht der Zweckmäßigkeit
noch der schönen treuen Ausführung irgend etwas zu
wünschen übrig. Ganz besonders aber muß der treff= 10
liche Stand und die Ordnung gerühmt werden, worin
hier alles zur Bedeckung und zum Wasserlauf dienende
Steinwerk gehalten wird.

Außer den Dächern ist nicht eine Hand breit
Kupfer oder Blei zur Bedeckung angewandt. Alle die 15
vielen Gänge und Rinnen findet man von Stein ver=
fertigt, und die große Terrasse, ja sogar sämmtliche
Gewölbe in den beiden Thürmen, welche wegen der
offenen Fenster der Witterung ausgesetzt, sind mit
Platten belegt. Dieß Steinwerk ist nun alles ab= 20
schüssig und so sorgfältig zugerichtet, daß nirgend ein
Tropfen Wasser stehen bleiben kann; und wie nur
ein Stein schadhaft wird, ersetzt man ihn durch einen
neuen. Im September des vorigen Jahres hatten
wir Gelegenheit, den großen Nutzen dieser weisen Vor= 25
kehrung im vollsten Maß zu bewundern. Es war
nach den unaufhörlichen beispiellosen Regengüssen des
Sommers, ja selbst nach den Regengüssen des vorigen

Tages auch nicht eine Spur von Feuchtigkeit auf allen
den offenen Stiegen, Gewölben, Gängen und Bühnen
zu entdecken!

Man sieht leicht ein, wie eng diese Einrichtung
des Wasserlaufs mit der ursprünglichen Anlage solcher
Gebäude zusammenhängt, und wie hingegen die Blei-
und Kupfer-Bedeckung für alle die mannichfaltigen, viele
Winkel darbietenden Theile nicht ausreichen, sondern
wegen des ewigen Flickwerks in vielen Fällen nur Veranlassung zu großem nutzlosem Kostenaufwand geben
kann.

Der Cölnische Dom bietet hierüber Erfahrungen
genug dar; man wird darum bei Herstellung desselben
jene in Straßburg befolgte für die Erhaltung so höchst
zweckmäßige Weise ohne Zweifel desto mehr beherzigen.

Den Freunden des Alterthums muß es sehr angenehm sein, zu vernehmen, daß für dieses und andere
Denkmale am Niederrhein bereits die ersten nothwendigsten Maßregeln getroffen sind.

Die im vorigen Sommer mit in dieser Hinsicht
unternommene Reise des Geheimen Ober-Bauraths
Schinkel war hier von sehr günstigem Einfluß. Die
Regierung hat vor der Haud eine beträchtliche Summe
zur Ausbesserung eines großen gefährlichen Bau-
schadens am Dachstuhl des Cölnischen Doms bewilligt,
und die Arbeiten sind schon in vollem Gang.

Außerdem ist zur Niederlegung einer neben dem
Dom stehenden verfallenen Kirche Befehl gegeben, wo-

durch eine freiere Ansicht gerade des vollendeten Theils
jenes Denkmals gewonnen wird. Dann sorgte man
auch für die Rettung der gleichzeitig mit dem Cölner
Dom und nach einem ähnlichen, aber verkleinerten
Plan gebauten Abtei=Kirche Altenberg in der Nähe 5
von Cöln. Eine Feuersbrunst hat vor kurzem dieß
schöne, ganz vollendete Gebäude seines Dachwerks be=
raubt. Man war einstweilen auf die nothdürftigste
Bedeckung bedacht, und hofft im Lauf des Jahres ein
neues Dach herstellen zu können. 10

Anderseits bemüht man sich in Trier sorgsam für
die dortigen bedeutenden römischen Alterthümer; und
mehr oder weniger zeigt sich in dieser Hinsicht an
vielen Puncten der niederrheinischen Länder die
schützende Hand einer wohlwollenden Regierung, von 15
welcher Kunst= und Vaterlands=Freunde die Erfüllung
ihrer gerechten Wünsche nicht vergebens erwarten werden.

———————

Wir können diese Nachricht nicht schließen, ohne
noch ein Wort in Bezug auf den Straßburger Münster
beizufügen: 20

Wir bemerkten mit großer Freude, wie sorgfältig
dieß wunderwürdige Werk in Ehren gehalten wird;
desto mehr aber befremdete uns, dieß nicht auf die
Ruhestätte des großen Meisters ausgedehnt zu finden,
welchem das Gebäude seine Entstehung verdankt. 25

Die außen an einem Pfeiler bei der Sacristei an=
gebrachte Grabschrift des Erwin von Steinbach ist

nämlich durch eine kleine Kohlenhütte verdeckt, und man sieht mit Unwillen die Züge eines Namens von den Anstalten zu den Rauchfässern verunreinigt, welchem vor vielen andern Sterblichen der Weihrauch selbst gebührte!

Möchten doch die so ruhmwürdigen Stadtbehörden und Vorsteher des Münsterbaues dieser leicht zu hebenden Verunehrung ein Ende machen, und den Ort anständig einfassen, oder die Inschriften herausnehmen und an einem bessern Ort im Innern des Gebäudes, etwa bei'm Eingang unter den Thürmen aufstellen lassen.

Auf diese Weise erfahren wir nach und nach durch die Bemühungen einsichtiger, thätiger junger Freunde, welche Anstalten und Vorkehrungen sich nöthig machten, um jene ungeheuren Gebäude zu unternehmen, wo nicht auszuführen.

Zugleich werden wir belehrt, in welchem Sinn und Geschmack die nördlichere Baukunst vom achten bis zum funfzehnten Jahrhundert sich entwickelte, veränderte, auf einen hohen Grad von Trefflichkeit, Kühnheit, Zierlichkeit gelangte, bis sie zuletzt durch Abweichung und Überladung, wie es den Künsten gewöhnlich geht, nach und nach sich verschlimmerte. Diese Betrachtungen werden wir bei Gelegenheit der Mollerischen Hefte, wenn sie alle beisammen sind, zu unserer Genugthuung anstellen können. Auch

schon die viere, welche vor uns liegen, geben erfreu=
liche Belehrung. Die darin enthaltenen Tafeln sind
nicht numerirt, am Schlusse wird erst das Verzeich=
niß folgen, wie sie nach der Zeit zu legen und zu
ordnen sind.   5

Schon jetzt haben wir dieses vorläufig gethan und
sehen eine Reihe von sechs Jahrhunderten vor uns.
Wir legten dazwischen was von Grund= und Aufrissen
ähnlicher Gebäude zu Handen war, und finden schon
einen Leitfaden, an dem wir uns gar glücklich und 10
angenehm durchwinden können. Sind die Mollerischen
Hefte dereinst vollständig, so kann jeder Liebhaber sie
auf ähnliche Weise zum Grund einer Sammlung
legen, woran er für sich und mit andern über diese
bedeutenden Gegenstände täglich mehr Aufklärung 15
gewinnt.

Alsdann wird, nach abgelegten Vorurtheilen, Lob
und Tadel gegründet sein, und eine Vereinigung der
verschiedensten Ansichten, aus der Geschichte auf ein=
ander folgender Denkmale, hervorgehen.   20

Auch muß es deßhalb immer wünschenswerther
sein, daß das große Werk der Herrn Boisserée, den
Dom zu Cöln darstellend, endlich erscheine. Die Tafeln
die schon in unsern Händen sind, lassen wünschen,
daß alle Liebhaber bald gleichen Genuß und gleiche 25
Belehrung finden mögen.

Der Grundriß ist bewundernswürdig und vielleicht
von keinem dieser Bauart übertroffen. Die linke Seite,

wie sie ausgeführt werden sollte, gibt erst einen Begriff von der ungeheuern Kühnheit des Unternehmens.
Dieselbe Seitenansicht, aber nur so weit als sie zur
Ausführung gelangte, erregt ein angenehmes Gefühl
mit Bedauern gemischt. Man sieht das unvollendete
Gebäude auf einem freien Platz, indem die Darsteller
jene Reihe Häuser, welche niemals hätte gebaut werden sollen, mit gutem Sinne weggelassen. Daneben
war es gewiß ein glücklicher Gedanke, die Bauleute
noch in voller Arbeit und den Krahnen thätig vorzustellen, wodurch der Gegenstand Leben und Bewegung
gewinnt.

Kommt hiezu nun ferner das Facsimile des
großen Original = Aufrisses, welchen Herr Moller gleichfalls besorgt, so wird über diesen Theil der Kunstgeschichte sich eine Klarheit verbreiten, bei der wir die
in allen Landeu aufgeführten Gebäude solcher Art,
früher und späterer Zeit, gar wohl beurtheilen können;
und wir werden alsdann nicht mehr die Producte
einer wachsenden, steigenden, den höchsten Gipfel er-
reichenden und sodann wieder versinkenden Kunst ver-
mischen und eins mit dem andern entweder unbedingt
loben oder verwerfen.

Cöln.

Zu unserer großen Beruhigung erfahren wir, daß
man daselbst eine ansehnliche Stiftung zu gründen be-

ſchäftigt ſei, wodurch es auf lange Jahre möglich
wird den Dom wenigſtens in ſeinem gegenwärtigen
Zuſtande zu erhalten.

Auch iſt durch Vorſorge des Herrn General-Gouver-
neurs Grafen von Solms-Laubach die Wallraffiſche ₅
Sammlung in das geräumige Jeſuiten-Gebäude gebracht, und man ſieht einer methodiſchen Aufſtellung
und Katalogirung derſelben mit Zutrauen entgegen.

Und ſo wären dann zwei bedeutende Wünſche aller
deutſchen Kunſtfreunde ſchon in Erfüllung gegangen. ₁₀

Cölner Domriß von Moller.

[Der von J. H. Meyer verfaßten Anzeige fügte Goethe
Folgendes hinzu:]

Um nun aber das große, durch die Einbildungs=
kraft kaum zu erreichende Gebäude auch für solche
Personen anschaulich und deutlich zu machen, welche
5 weniger Fertigkeit besitzen über Werke der Architektur
sich aus bloßen Linienumrissen zu verständigen, hat
der Herausgeber gesorgt, daß neben den Abdrücken
des gedachten Risses auch Gegendrücke zu haben seien,
wodurch der Kunstfreund in den Stand gesetzt wird
10 die Vorderseite des Domgebäudes vor seinen Augen
aufzurichten.

Ein solches ist bei uns in Weimar geschehen, indem
Herr Oberbaudirector Coudray sich die Mühe gegeben
ein dergleichen Doppelexemplar auf Leinwand zu fügen
15 und dasselbe so kräftig als fleißig mit Aquarellfarben
auszumahlen. Zu diesem ersten Versuche gehörte
manche theoretische und praktische Kenntniß; besondere
Einsicht und Aufmerksamkeit war erforderlich um die
Schatten richtig zu werfen, wobei der Grundriß gute

12*

Dienste leistete, und das Werk in seinen Theilen vor-
und rücktretend so belebt wurde, daß man einen per-
spectivischen Riß vor sich zu sehen glaubt. Auch im
Einzelnen ward nichts versäumt; die fehlenden Statuen
sind im alten Sinne eingezeichnet und manches andere 5
zum Ganzen Förderliche beobachtet worden.

Die Mühe einer solchen Ausführung aber ist so
groß, daß sie kaum jemand zum zweitenmal unternehmen würde, wenn Technik und Handwerk nicht eingreifen und durch die ihnen eigenen Hülfsmittel in 10
einer gewissen Folge die Behandlung erleichtern. Daher möchte wünschenswerth sein, zu allgemeiner Verbreitung eines solchen Anschauens, daß Herr Moller
selbst dergleichen Exemplare auszuarbeiten sich ent-
schlösse. Buchbinder, Tapezier, Architekt und Decora- 15
teur, zusammen verstanden, mehrere Exemplare auf
einmal in einem großen Raum anlegend, schattirend,
colorirend, müßten sich hiebei in die Hand arbeiten und,
wohlbedacht und eingeübt, das Unternehmen leichter
vollbringen. Wobei keine Frage ist, daß sich Liebhaber 20
und Abnehmer finden würden; ja vielleicht wäre eine
Subscription zu versuchen, welche schwerlich mißlingen
dürfte. Man verzeihe uns, wenn wir allzudringend
erscheinen! Das Vergnügen aber, ein solches einziges
Gebäude und dessen vollständige Intention mit Augen 25
zu schauen, gönnen wir unsern Landsleuten so gern
und wir sehen hierin zugleich eine Vorbereitung zu
ernster und nützlicher Aufnahme des Boisserée'schen

Domwerks, wovon wir nun bald das erste Heft zu
erwarten haben.

So eben vernehmen wir, daß Herr Geheimer Ober=
baurath Schinkel in Berlin ein gleiches colossales
Bild verfertigte, welches das Glück hat in Jhro Maje=
stät Palais aufgestellt zu sein.

Ansichten, Riffe und einzelne Theile des Doms
zu Cöln, mit Ergänzungen nach dem Ent=
wurf des Meisters. Nebst Untersuchungen über
die alte kirchliche Baukunst und vergleichenden
Tafeln der vorzüglichsten Denkmale von Sulpiz 5
Boisserée. Stuttgart auf Kosten des Verfassers
und der J. G. Cottaischen Buchhandlung 1821, im
größten Folioformat.

———

I.

Schon seit mehreren Jahren sah das kunstliebende 10
Publicum diesem Werk mit Verlangen entgegen, nun
liegen sechs Probeblätter vor uns, welche den keines=
wegs geringen Erwartungen, die man zu hegen sich
befugt glaubte, vollkommen entsprechen. In der That
sind alle diese Blätter mit großer Sorgfalt und 15
achtungswürdiger Kunst gezeichnet, auch mit nicht ge=
ringerer Kunst und Sorgfalt im Kupferstich ausgeführt.
Der Inhalt ist folgender:

Erstes Blatt enthält nebst dem Titel als große
Anfangsvignette den Prospect der Stadt Cöln und 20
des an derselben herströmenden mächtigen Rheins, von

Schinkel gezeichnet und von Haldenwang und Schnell
trefflich gestochen.

Zweites. Der genaue Plan des ganzen Dom=
gebäudes, von Schauß gezeichnet und von Wolf ge=
stochen.

Drittes. Äußere Seitenansicht des ganzen Dom=
gebäudes nach alten Originalentwürfen ergänzt und
so dargestellt, als ob alles fertig geworden wäre.
Gezeichnet von Fuchs und gestochen von Dutenhofer.
Man muß die Kunst an diesem Hauptblatt loben und
den Fleiß der beiden Künstler bewundern.

Viertes. Querdurchschnitt der Kirche, welche dem
Beschauer die Ansicht des Chors gewährt. Zeichner
und Kupferstecher des vorigen Blatts haben auch hier
mit demselben lobenswürdigen Erfolge gearbeitet.

Fünftes, enthält die Abbildung eines der Kirchen=
fenster mit bunter Glasmahlerei geziert, nach seiner
ganzen Höhe und Gestalt vollständig, und noch von
sieben andern dergleichen Fenstern die obere Hälfte;
alle mit einer großen Mannichfaltigkeit verschiedener
Ornamente dieser Art geschmückt, sehr sauber il=
luminirt.

Das sechste endlich enthält architektonisches Detail,
nämlich Säulenknäufe, Bündelpfeiler, Basen derselben
und dergleichen mehr. Es gibt weder an sauberm
Stich von Sellier, noch an schöner sorgfältiger
Zeichnung von Angelo Quaglio keinem der übrigen
Blätter etwas nach.

Zu wünschen und zu hoffen ist nun, daß ein theil=
nehmendes Publicum die vieljährige, kaum zu schildernde
Bemühung des Unternehmers reichlich belohne.

II.

Das Unternehmen des Hrn. Sulpiz Boisserée: 5
Ansichten, Risse und einzelne Theile des Doms
von Cöln mit Ergänzungen nach dem Entwurf des
Meisters u. s. w. herausgegeben, ein Unternehmen, dessen
allmählichen Fortschritten wir seit einer Reihe von
Jahren mit anhaltender Theilnahme gefolgt sind, ist 10
nun zur endlichen Reise gediehen, und das gesammte
Publicum der Kunstliebhaber im Staude, über das
Werk zu urtheilen und sich an demselben zu erfreuen,
indem die erste und zweite Lieferung nebst einem Theil
des Texts zu Stuttgart in der J. G. Cottaischen 15
Buchhandlung wirklich erschienen sind. Ihre Aus=
stattung an herrlichem Papier und schönem Druck ist
außerordentlich, fast an Verschwendung gränzend, aber
dem redlichen, nicht Mühe, nicht Aufwand scheuenden,
durch das Ganze herrschenden Ernst, dem auf die 20
Ausführung verwendeten Geschmack und Kunstfleiß
angemessen. So ist auch die auf die Abdrücke von
den Kupfertafeln und auf die Ausmahlung des einen,
bunte Glasfenster darstellenden Blatts verwendete
Sorgfalt unbedingten Lobes werth. 25

Wir behalten uns vor von dem ganzen Werk,
welches überhaupt aus fünf, zusammen 20 Kupfertafeln enthaltenden Lieferungen bestehen soll, umständlicher zu berichten, weil man hoffen darf, die noch
5 zu erwartenden Lieferungen bald nachfolgen zu sehen.

Die vorliegenden beiden ersten bestehen zusammen
aus acht großen Kupferblättern, von sechs derselben
ist bereits im ersten Stück des vierten Bandes S. 169
u. f. vorläufig gehandelt worden. Das eine der neusten
10 stellt einzeln gezeichnete Theile der äußern Architektur des Domgebäudes nach größerm Maßstab dar.
Aierordt nennt sich der geschickte Zeichner; Leis-
nier, Gigant und Reville die wackern Kupferstecher, welche mit Grabstichel und Radirnadel daran
15 gearbeitet haben. Das andere dieser Blätter gibt die
äußere Seitenansicht der ganzen Kirche in dem Zustand, in welchem sie die ersten Bauleute verlassen
haben, den fertig gewordenen Chor, die nur zu mäßiger
Höhe gediehene äußere Seitenwand des Schiffs und
20 des noch nicht bis zur Hälfte der projectirten Höhe
aufgeführten Thurms.

Um uns aber alles dieses ungestört sehen zu lassen,
hat man sich der unschuldig-glücklichen Fiction bedient, den Augenblick darzustellen, wo die Arbeit zu-
25 letzt noch im Gange ist. Dieses zu erreichen mußte
man alles An- und Aufgebaute wegnehmen, und auf
diese Weise erhalten wir einen reinen Begriff, wie
weit man mit dem großen Unternehmen gekommen,

das uns schon durch vollkommenen Grundriß und
möglichst kritisch restaurirten Aufriß genugsam be=
kanut geworden. Das Blatt ist von Angelo Quaglio
vortrefflich gezeichnet, von Darnstädt kräftig und
charakteristisch gestochen.   5

Ungern scheiden wir von der Betrachtung dieses
unerschöpflichen Werkes, besonders hätten wir von dem
Texte Rechenschaft zu geben gewünscht, in welchem
Herr Dr. Sulpiz Boisserée seine durchdachten gründ=
lichen Ansichten der christkirchlichen Bauart bei Ge=   10
legenheit dieses Musterbaues eröffnet; wie wir denn
schon vor einigen Jahren das Manuscript auszuziehen
angefangen. Denn hier ist hauptsächlich darum zu
thun, daß wir uns belehren, wie derjenige, der sein
Leben auf eine solche Angelegenheit verwendet, selbst   15
davon denke, und was er aus langen Erfahrnissen
für Folgerungen gezogen, bei welchem Abschluß end=
lich er zu verharren sich genöthigt gesehen.
　　Da uns jedoch zu unserer Absicht Zeit und Ge=
legenheit gebricht, so ist es desto angenehmer, daß die   20
aufgeregte Theilnahme, deren sich das deutsche Werk
in Paris erfreut, durch einen trefflichen Mann, Raoul=
Rochette, kund gethan, und das, was der beharrliche
Unternehmer sich vorgenommen und wie er es geleistet
hat, klar und deutlich ausgesprochen worden. Wir   25
leuken daher mit Vergnügen die Aufmerksamkeit

unserer Leser auf Nr. 198 der Beilagen zur All=
gemeinen Zeitung von 1823, wo das äußere Verdienst
und der innere Gehalt des unschätzbaren Werks auf
eine geistreiche Weise dem Theilnehmenden entgegen=
5 gebracht werden. _____

Es ist ein artig heiterer Zufall, daß in dem
Augenblick, da wir von dem tüchtigsten, großartigsten
Werk, das vielleicht je mit folgerechtem Kunstverstand
auf Erden gegründet worden, dem Dom zu Cöln
10 gesprochen, wir sogleich des leichtesten, flüchtigsten,
augenblicklichst vorüberrauschenden Erzeugnisses einer
frohen Laune, des Carnevals von Cöln mit einigen
Worten zu gedenken veranlaßt sind.

Warum man aber doch von beiden zugleich reden
15 darf, ist, daß jedes, sich selbst gleich, sich in seinem
Charakter organisch abschließt, ungeheuer und winzig,
wenn man will; wie Elefant und Ameise, beide
lebendige Wesen und in diesem Sinne neben einander
zu betrachten, als Masse sich in die Luft erhebend,
20 als Beweglichkeit an dem Fuße wimmelnd.

In den ältern Zeiten waren solche Volksfeste auch
in Köln herkömmlich; sie mögen dem Schönbartlaufen
der mittägigen deutschen Städte sich gleichgehalten
haben. Zu Ende des vorigen Jahrhunderts, zur
25 Zeit der französischen Invasion, verlor sich mit der
Geistesfreiheit auch Lust und Scherz, sodann aber im
Jahr 1823 regte sich das neckische Leben wieder. Hier=

auf trat eine Gesellschaft heiter-verständiger Männer
zusammen, welche durch die läßliche Fiction, daß die
Königin Venetia, geneigt auch einmal auswärts
nach einem Spaße sich umzusehn, dem König Carneval zu Cöln einen Besuch abstatten werde, gar 5
schickliche Einleitung fand, worauf denn alles sorgfältig vorbereitet und zuletzt musterhaft ausgeführt
wurde.

Sehr treffend war der Gedanke, alles in drei
Tage und eigentlich auf einen zu concentriren. Der- 10
gleichen rauschartige Freuden müssen auch als ein
leichter Rausch vorüber gehen.

Durch freundliche Mittheilung ist uns genauste
Kenntniß dieses merkwürdigen Ereignisses geworden,
und wir hoffen zu guter Stunde davon ausführliche 15
Darstellung zu geben; denn merkwürdig ist's auf alle
Fälle, daß in den jetzigen Tagen ein solcher Humor
sich hervorthut, den man geistreich, frei, sinnig und
gemäßigt nennen kann. Alle Mitwirkende sind zu
bewundern, die ersten Unternehmer, die Beitretenden, 20
die Einstimmenden und Zuschauenden; alle Hochachtung verdienen die Civil- und Militärbehörden, welche
mit freisinniger Würde die Sache geschehen ließen,
Ordnung und Zucht von ihrer Seite befördernd, so
daß dieses ganze excentrische Unternehmen mit un- 25
gewöhnlicher Wichtigkeit, Ernsthaftigkeit und Pracht
begangen werden konnte. Der Gedanke, die Einholung
und Verlobung der Prinzessin Venetia mit dem

König Carneval zu begehen, hatte sich aller Köpfe
bemächtigt, die Reiseroute der fahrenden Prinzessin
war ein wichtiger Zeitungsartikel geworden, Programm und Gedichte hatten die Einbildungskraft in
gemessener Folge genährt, und man glaubte in der
That zuletzt selbst an die Zauberdame, welche sogar
die öffentlichen Behörden nicht verläugneten. Endlich
erschien sie mit großem Gefolge und ward sammt
ihrem edlen Freunde in verschiedenen Aufzügen auf's
anständigste und mit würdigem Ernst zu aller Freude
wirklich öffentlich sichtbar.

Von dem sittlich-ästhetischen Werth eines Sym-
ptoms dieser Art mag künftig die Rede sein; soviel aber
ist gewiß, man darf dem Fürsten Glück wünschen,
unter dessen Schutz und Schirm sich etwas der Art
ereignen konnte.

Der Oppenheimer Dom.
Sechste Lieferung.

Die Bemühungen des Herrn Galeriedirectors Mül=
ler zu Darmstadt, das Andenken auch dieses bedeutenden
Documentes altdeutscher Baukunst zu erhalten, finden
wir treulich fortgesetzt, und freuen uns das Arbeiten
in Zink zu diesem Zwecke in so hohem Grade förderlich
zu sehen. Ist die architektonische Ausführung höchst
befriedigend, so setzen die gemahlten Fenster mit ihren
alleräußersten Einzelnheiten in Verwunderung; hält
man sie gegen das Licht, so thuu sie eine überraschend
anziehende Wirkung. Mit zwei Lieferungen soll noch
zu Ausgang dieses Jahres das Werk geschlossen sein.
Schreitet nun das Boisserée'sche über den Cölner Dom
und das Mollerische über den Freiburger seiner Voll=
endung zu, so werden wir endlich zu dem klarsten
Anschauen gelangen, wie in einer düster=unruhigen
Zeit die colossalsten Conceptionen zu den höchsten
Zwecken und dem frömmsten Wirken sich in der Bau=
kunst hervorthaten, und in der ungeeignetesten Welt=
epoche Maß und Harmonie ihr Reich zu befestigen
und zu erweitern trachteten.

Pentazonium Vimariense,
dem dritten September 1825 gewidmet,
vom Oberbaudirector Coudray gezeichnet,
gestochen
vom Hofkupferstecher Schwerdgeburth.

Das seltene und mit dem reinsten Enthusiasmus
gefeierte Fest der funfzigjährigen Regierung Ihro des
Herrn Großherzogs von Sachsen-Weimar-Eisenach
Königliche Hoheit zu verherrlichen, fühlten auch die
Künste eine besondere Verpflichtung; unter ihnen that
sich die Baukunst hervor in einer Zeichnung, welche
nunmehr in Kupferstich gefaßt dem allgemeinen An=
schauen übergeben ist.

Zu seiner Darstellung nahm der geistreiche Künst=
ler den Anlaß von jenen antiken Prachtgebäuden, wo
man zonenweise Stockwerk über Stockwerk in die Höhe
ging und, den Durchmesser der Area nach Stufenart
zusammenziehend, einer Pyramiden= oder sonst zu=
gespitzten Form sich zu nähern trachtete. Wenig ist
uns davon übrig geblieben, von dem Trizonium des
Quintilius Varus nur der Name, und was wir noch
von dem Septizonium des Severus wissen, kann

unsere Billigung nicht verdienen, indem es vertikal
in die Höhe stieg und also dem Auge das Gefühl
einer geforderten Solidität nicht eindrücken konnte.

Bei unserm Pentazonium ist die Anlage von der
Art, daß erst auf einer gehörig festen Rustica = Basis
ein Säulengebäude dorischer Ordnung errichtet sei,
über welchem abermals ein ruhiges Massiv einer
jonischen Säulenordnung zum Grunde dient, wodurch
denn also schon vier Zonen absolvirt wären, worauf
abermals ein Massivaufsatz folgt, auf welchem korin=
thische Säulen, zum Tempelgipfel zusammengedrängt,
den höheren Abschluß bilden.

Die erste Zone sieht man durch ihre Bildwerke
einer kräftig = thätigen Jugendzeit gewidmet, geistigen
und körperlichen Übungen und Vorbereitungen mancher
Art. Die zweite soll das Andenken eines mittleren
Manneslebens bewahren, in That und Dulden,
Wirken und Leiden zugebracht, auf Krieg und Frieden,
Ruhe und Bewegung hindeutend. Die dritte Zone
gibt einem reich gesegneten Familienleben Raum.
Die vierte deutet auf das, was für Kunst und Wissen=
schaft geschehen. Die fünfte läßt uns die Begründung
einer sichern Staatsform erblicken, worauf sich denn
das Heiligthum eines wohlverdienten Ruhms erhebt.

Ob nun gleich zu unserer Zeit Gebäude dieser
Art nicht leicht zur Wirklichkeit gelangen dürften,
so achtete der denkende Künstler doch für Pflicht, zu
zeigen, daß ein solches Prachtgerüste nicht bloß phan=

taftifch gefabelt, fondern auf einer innern Möglichkeit
gegründet fei; weßhalb er denn in einem zweiten
Blatte die vorfichtige Conftruction deffelben fowohl
in Grundriffen als Durchfchnitten den Kenneraugen
5 vorlegte, woneben man auch umftändlicher als hier
gefchieht, durch eine gedruckte Erklärung erfahren
kann, worauf theils durch reale, theils durch allego=
rifche Darftellungen gedeutet worden.

Und fo wird denn endlich an dem Aufriß, welchen
10 die Hauptplatte darftellt, der einfichtige Kennerblick
geneigt unterfcheiden und beurtheilen, in wiefern die
fchwierige Übereinanderftellung verfchiedener Säulen=
ordnungen, von der derbften bis zu der fchlankeften,
gelungen, in wiefern die Profile dem jedesmaligen
15 Charakter gemäß beftimmt und genügend gezeichnet
worden.

Kehrt nun das Auge zu dem bei'm erften An=
fchauen empfangenen Eindruck nach einer folchen
Prüfung des Einzelnen wieder zurück, fo wünfchen
20 wir die Frage günftig beantwortet, ob der allgemeine
Umriß des Ganzen, der fo zu nennende Schatten=
riß, dem Auge gefällig und nebft feinem reichen In=
halte dem Geifte faßlich fei, indem wir von unferer
Seite hier nur eine allgemeine Anzeige beabfichtigen
25 konnten.

Wenn nun der Künftler in einer genauen, zum
fauberften ausgeführten Zeichnung das Seinige ge=
leiftet zu .haben hoffen durfte, fo kann die Arbeit

des Kupferstechers sich gleichfalls einer geneigten Auf=
nahme getrösten. Herr Schwerdgeburth, dessen Ge=
schicklichkeit man bisher nur in kleineren, unsere
Taschenbücher zierenden Bildern liebte und bewunderte,
hat sich hier in ein Feld begeben, in welchem er bis= 5
her völlig fremd gewesen, deßhalb eine Unbekannt=
schaft eines Kupferstechers mit dem architektonischen
Detail vom Kenner mit Nachsicht zu beurtheilen sein
dürfte. Ferner ist zu bedenken, daß bei einer solchen
Arbeit die geschickteste Hand ohne Beihülfe von mit= 10
leistenden Maschinen sich in Verlegenheit fühlen kann.

Eines solchen Vortheils, welcher dem Künstler in
Paris und andern in dieser Art vielthätigen Städten
zu Hülse kommt, ermangelt die unsrige so gut wie
gänzlich; alles ist hier die That der eigenen freien 15
Hand, es sei, daß sie die Radirnadel oder den Grab=
stichel geführt. Hiedurch aber hat auch dieses Blatt
ein gewisses Leben, eine gewisse Anmuth gewonnen,
welche gar oft einer ausschließlich angewandten
Technik zu ermangeln pflegt. 20

Eben so waren bei dem Abdruck gar manche
Schwierigkeiten zu überwinden, die bei größeren, den
Fabrikanstalten sich nähernden Gelegenheiten gar
leicht zu beseitigen sind, oder vielmehr gar nicht zur
Sprache kommen. 25

Schließlich ist nur noch zu bemerken, daß dieses
Blatt für die Liebhaber der Kunst auch dadurch einen
besondern Werth erhalten wird, daß der löbliche

Stadtrath zu Weimar dem Kupferstecher die Platte
honorirt und die sorgfältig genommenen Abdrücke als
freundliche Gabe den Verehrern des gefeierten Fürsten
zur Erinnerung an jene so bedeutende Epoche zu=
5 getheilt hat, welches allgemein mit anerkennendem
Danke aufgenommen worden. Sie sind erfreut dem
Lebenden als Lebendige ein Denkmal errichtet zu
sehn, dessen Sinn und Bedeutung von ihnen um
so williger anerkannt wird als man sonst dergleichen
10 dem oft schwankenden Ermessen einer Nachkommen=
schaft überläßt, die mit sich selbst allzusehr beschäftigt
selten den reinen Enthusiasmus empfindet, um rück=
wärts dankbar zu schauen und gegen edle Vorgänger
ihre Pflicht zu erfüllen, wozu ihr denn auch Ernst,
Mittel und Gelegenheit oft ermangeln mögen.

Fassaden zu Stadt= und Landhäusern von C. A. Menzel.

4 Hefte. Berlin 1828.

Dieses Werk, in dessen letztem Hefte auch Ent=
würfe zu Kirchen enthalten sind, macht uns mit dem
geistreichen Zögling einer geistreichen Schule bekannt.
Es wird Meistern und Jüngern willkommen sein.
Bei einer unläugbaren Gründlichkeit gewährt es hei=
tere Blicke auf das, was in Städten und auf dem
Lande wünschenswerth wäre; und wir dürfen es den
Bau= und Verzierungskünstlern zu Beurtheilung und
Anwendung gar wohl empfehlen.

Sodann bemerken wir, daß für die innere Aus=
stattung solcher Häuser jene durch Herrn Zahn neuer=
lich wieder lebhaft angeregte Verzierungsweise römi=
scher Privatgebäude höchst passend würde erfunden
werden.

Granitarbeiten in Berlin.

Die Granitgeschiebe mannichfaltiger Art, welche
sich bald mehr bald weniger zahlreich in den beiden
Marken beisammen oder vertheilt finden, wurden seit
ungefähr acht Jahren bearbeitet und architektonisch
angewendet, und der Werth dieser edlen Gebirgsart,
wie sie von den Alten hochgeschätzt worden, auch nun=
mehr bei uns anerkannt. Der erste Versuch ward
bei dem Piedestal von Luthers Standbilde gemacht;
sodann verfertigte man daraus die Postamente an der
in Berlin neuerbauten Schloßbrücke. Man sing nun
an weiter zu gehen, große Geschiebe zu spalten und
aus den gewonnenen Stücken Säulenschäfte zu be=
arbeiten, zugleich Becken von sechs Fuß Diameter;
welches alles dadurch möglich ward, daß man sich
zur Bearbeitung nach und nach der Maschine bediente.
Die beiden Steinmetzmeister Wimmel und Trippel
haben sich bis jetzt in diesen Arbeiten hervorgethan.
Piedestale, Grabmonumente, Schalen und dergleichen
wurden theils auf Bestellung, theils auf den Kauf
gefertigt.

Vorgemeldete Arbeiten waren meistens aus den
Granitmassen, welche sich um Oderberg versammelt
finden, gefertigt.   Nun aber unternahm Herr Bau=
inspektor Cantian eine wichtigere Arbeit.   Der
große Granitblock auf dem Rauhischen Berge bei 5
Fürstenwalde, der Markgrafenstein genannt, zog die
Aufmerksamkeit der Künstler an sich, und man
trennte von demselbigen solche Massen, daß eine für
das Königliche Museum bestimmte Schale von zweiund=
zwanzig Fuß Durchmesser daraus gefertigt werden 10
kann.   Zum Poliren derselben wird man hinreichende
Maschinen anwenden und durch die Vervollkommnung
derselben es dahin bringen, daß die zu edler Möb=
lirung so nothwendigen Tischplatten um einen billigen
Preis können gefertigt werden. 15

Von allen diesen liegen umständliche Nachrichten
in unsern Händen; wir enthalten uns aber solche
abdrucken zu lassen, weil wir hoffen können, daß
das Berliner Kunstblatt uns hievon nach und nach
in Kenntniß setzen werde. Indessen fügen wir zu 20
näherem Verständniß des Vorhergehenden Folgendes
hinzu.

Der Markgrafenstein
auf dem Rauhischen Berge bei Fürstenwalde,
von
Julius Schoppe an Ort und Stelle gezeichnet
und von Tempeltey lithographirt.

———

Es ist von nicht geringer Bedeutung, daß uns dieser Granitfels in seiner ganzen colossalen Lage vor Augen erhalten wird, ehe man ihn, wie jetzt geschieht, zu obgedachten Arbeiten benutzte. Er liegt auf dem linken Spreeufer, sechs Meilen von Berlin aufwärts, Fürstenwalde gegenüber und, verhältnißmäßig zu jenen Gegenden, hoch genug, bei 400 Fuß über der Meeresfläche, und zwar nicht allein, sondern es finden sich in dessen Nähe noch zwei andere, ein schon bekannter und ein erst neuerlich entdeckter. Der Gipfel der Rauhischen Berge, ungefähr dreihundert Schritte nördlich von dem Markgrafenstein, erhebt sich 450 Fuß über das Meer.

Das Dorf liegt niedriger, auf einem lettenreichen Plateau, dessen Boden gegen den Fluß nicht allmählich abhängend ist, sondern ungefähr auf halbem Wege sehr bestimmt und scharf über dem mittlern Wasser-

stand des Flusses absetzt. Diese untere Ebene besteht
aus echt märkischem Sand. Dieses linke Ufer ist auf=
und abwärts reich an kleineren Granitblöcken.

Diese Gegend ist höchst merkwürdig, da eine so
bedeutende Höhe hier vorwaltet und die Spree von 5
ihrem Weg nach der Oder zu dadurch abgelenkt scheint.

Hierüber dürfen wir nun von Herrn Director
Klöden, in Fortsetzung seiner Beiträge zur minera=
logischen und geognostischen Kenntniß der Mark
Brandenburg, die sichersten Aufklärungen erwarten, 10
wie wir ihn denn um Plan und Profil jener Gegenden
ersuchen möchten. Glücklich würden wir uns schätzen,
wenn Granit hier wirklich in seiner Urlage anstehend
gefunden würde, und wir uns der bescheidenen Auf=
lösung eines bisher allzustürmisch behandelten wich= 15
tigen geologischen Problems näher geführt sähen.

Nachtrag
zu
Maximen und Reflexionen.

Alles Prägnante, was allein von einem Kunst=
werke vortrefflich ist, wird nicht anerkannt, alles
Fruchtbare und Befördernde wird beseitigt, eine tief
umfassende Synthesis begreift nicht leicht jemand.

Wer's nicht besser machen kann, macht's wenigstens
anders; Zuhörer und Leser in herkömmlicher Gleich=
gültigkeit lassen dergleichen am liebsten gelten.

Versuche, die eigne Autorität zu fundiren: sie ist
überall begründet, wo Meisterschaft ist.

Paralipomena.

Vorarbeiten und Bruchstücke.

Der neunundvierzigste Band, dessen beide Abtheilungen ein zusammengehöriges Ganzes bilden, schliesst sich an den achtundvierzigsten an, indem er die Schriften zur Kunst behandelt, welche in der Zeitschrift „Kunst und Alterthum" erschienen oder während des Erscheinens dieser Zeitschrift 1816—1832 entstanden sind. Er entspricht damit im Allgemeinen dem neununddreissigsten Bande der Ausgabe letzter *H*and und dem vierten Band der Nachgelassenen Werke. Die Anzeige über „Kunst und Alterthum" beginnt programmatisch den Band; ihr ist — nach Bestimmung der Redactoren-*C*ommission — als „Manifest der Weimarer Kunstfreunde" der Aufsatz Meyers über „Neudeutsche religios-patriotische Kunst" beigefügt. Im Übrigen folgt der Band im Allgemeinen der Anordnung Goethes im 39. Bande, indem er die dort nicht abgedruckten Schriften an ihrem Platze in die passenden Rubriken einfügt. Eine grössere Anzahl dieser Schriften findet sich im vierten Band der Nachgelassenen Werke abgedruckt; doch ist dieser Band, soweit möglich, unserer Ausgabe nicht zu Grunde gelegt, weil er wegen der häufigen Änderungen Eckermanns und Riemers keine Gewähr der Authentizität gibt. Für uns gilt der letzte zu Goethes Lebzeiten erschienene Druck oder wo ein solcher mangelt, die *H*andschrift. Die Frage der Autorschaft bei zweifelhaften Stücken wird auch hier in einem besondern kritischen Nachwort behandelt werden.

*H*erausgeber ist Otto *H*arnack, Redaktor Bernhard Suphan.

Vorarbeiten und Bruchstücke.

Philostrat.
Tragisch hochheroisch.

1. *Αντιλοχος* Antilochos *II.* 7. getödteter Held mit großer Umgebung von Trauernden.

2. *Μεμνον* Memnon. *I.* 7. Getödteter Held mit liebevoller Bestattung.

4. *Μενοικευς.* Menoikeus. *I.* 4. Sterbender Held als patriotisches Opfer.

5. *Ιππολυτος II.* 4. Hippolütos Jüngling ungerecht durch einen Gott verderbt.

6. *Αντιγονη II.* 30. Schwester zu Bestattung des Bruders sich wagend.

7. *Ευαδνη II.* 31. Helden Weib dem Tode sich weihend.

8. *Πανϑια II.* 9. Gemahl Todt Gattin sterbend.

9. *Αιας ὁ Λοκρος II.* 13. Unbezwinglicher Held dem Untergange trotzend.

   Schäumende Meereswogen umgäschen den unterwaschenen Felsen. Darauf steht Ajas furchtbar anzusehen und blickt wie ein vom Rausche sich sammelnder umher. Ihm entgegnet Neptun fürchterlich mit wilden Haaren, in denen der

---

H: 85 Blätter klein Octav in einem Pappumschlag, worauf (nicht eigenhändig) Philostrat. Die Blätter sind durch umgelegte Streifen, die Überschriften tragen, in Gruppen gesondert, welche im Allgemeinen der Eintheilung des Textes Antike Gemählde-Gallerie entsprechen. Auf jedem Blatt links oben die durchgehende Nummer des Textes (g^1), rechts oben mit römischer und arabischer Ziffer die im Text Seite 67 erläuterte Zählung. Durchweg eigenhändig, meist *g*.

2 Auf der Rückseite des Streifens Hochheroisch und tragisch. 15. 16 Unbezwinglicher — trotzend auf übergeklebtem Blatt 17 Schäumende — 207,2 danach der Text von Abtheilung I, S. 82,12—21 mit Blei durchstrichen. 18 furchtbar anzusehen *g* üdZ 20 fürchterlich *g* über furchtbar

anstrebende Sturm saust. Das verlassene Schiff, dessen Mitte brennt, wird fortgetrieben, in die

10. *Φιλοκτητης Jun.* 17. Gränzlos leidender Held.

11. *Φαετων I.* 11. Phaeton. Jüngling, verwegen sich den Tod zuziehend.

12. *Υακινθος Jun.* 14.

13. *Υακινθος* Hiakinthos *I.* 24. Todt durch Zufall von Geliebten Neid.

13ª. Cephalus und Procris *Jul.* Rom.

13ᵇ. Jcarus.

14. *Αμφιαρεως* Amphiareos *I.* 27. Prophet Orakel Plan

15. *Κασανδρα* Kasandra *II.* 10.

16. *Ροδογυνη* Rodogüne *II.* 5.

17. *Θεμιστοκλης II.* 32.

Liebes Annäherung.

18. *Ερωτες I.* 6. Erzeugung

19. *Ποσειδων η Αμυμωνη* Poseidon und Amümone. *I.* 7. Theseus und gerettete Kinder.

20. *Αριαδνη* Ariadne. *I.* 15.

21. *Πελοψ* Pelops *I.* 30. Als Bräutigam oder Freyer wie man will.

22. *Πελοψ* als Bräutigam. *Jun.* 9.

23. *Πελοψ η Ιπποδαμεια* Pelops oder Hippodameia. *I.* 17.

24. *Αθυφοντες. Jun.* 8. Ganymedes Eros und die drei Göttinnen.

25. *Γλαυκος ποντιος. II.* 15.

26. *Μηδεια εν Κολχοις. Jun* 7.

27. *Αργο. Jun.* 11.

28. *Περσευς* Perseus. *I.* 29. Werbung.

29. *Κυκλωψ. II.* 18. *Amor irritus.*

30. *Πασιφαη.* Pasiphae. *I.* 16. Von Julius Roman Villa Madama.

31. *Μελης κ. Κριθηϊς. II.* 8. Meles (Homers Eltern).

32. *Αθηνας γοναι.* Athenes Geburt. *II.* 27.

---

1 anstrebende aus heranstrebende über *g* mitbegleitende
12 10 aus 19.   15 auf der Rückseite Achilleus   19 *g*¹ auf
unpaginirtem Blatt

33. Σεμελη Semele Dionyſos Geburt. I. 14.

34. Ερμου γοναι Hermes Geburt. I. 26.

35. Αχιλλεως τροφαι. II. 2.

36. Αχιλλευς Achilleus auf Sküros. Jun. 1.

37. Κενταυριδες. II. 3.

38. Ηρακλης εν σπαργανοις. Jun. 5. Als Kind ein Wunder. „Denn die Dichtkunſt beſchäftigte ſich vorher nur mit Götter= ſprüchen, und entſtund erſt mit dem Herkules, Alkmenens Sohn."

39. Ηρακλης η Αχελωος. Jun. II. 4. Kampf wegen Dejanira.

40. Νεσσος. Herakles. Jun. 16. Dejanira.

41. Ανθαιος. II. 21. Ringer und Boxer.

41ᵃ. Herkules und Pygmäen. Jul. Roman.

42. Ησιονη. Jun. 12. Durch Herkules befreyt.

43. Ατλας. II. 20. Trägt den Himmel.

43ᵃ. Hylas untergeduckt (?) von Nymphen. Hylas von Jul. Rom.

44. Αβδηρου ταφαι. II. 25. Abderus. Todt. Gerochen.

45. Ηρακλης Μαινομενος. Schlecht belohnte Grosthat.

45. Heracles Bey Admet.

46. Θειοδαμας. Herakles und Theiodamas. II. 24. Unter den Eigenſchafften des Herakles wird noch eine unerſättliche Freßluſt mit Verwunderung erzählt in verſchiedenen Bey= ſpielen. Aber auf Rhodus in dem ſteinreichſten felſigſten Theil deſſelben, das die Lindier bewohnen, trifft er abends den Landmann Thiodamas der mit zwey Ochſen einen kärg= lichen Boden durchpflügt. Sogleich erſchlägt der hungrige Halbgott einen Stier, zerlegt ihn und weiß ſich Feuer zu verſchaffen und ihn auf der Stelle zu braten. — Bild. Her= kules an der Erde ſitzend iſt aufmerkſam auf das gar werdende Fleiſch, er ſcheint mit großer Luſt es ...; ſeine Heiterkeit wird nicht geſtört obgleich der entrüſtete Landmann gegen ihn auftritt und ihn mit Steinwürfen anfällt.

47. Ηρακλες εν Πυγμαιοις. II. 22.

---

1 Dionyſos unter Bachus 3 Von 35 ab ohne Überſchrift; unzweifelhaft iſt der zuſammenhaltende Streifen verloren gegangen. 7 „Denu — 9 Sohn." von Schreiberhand. 22 in üdZ 23 nach ſpielen folgt kann es 29 nach iſt folgt heiter 30 er — es üdZ 32 auftritt und über eifert

Kampfspiel.

48. *Παλαιστρα.* *II.* 33. Überschwänglich groß. Wer den Be=
griff dieses Bildes fassen kann ist auf sein Leben in der
Kunst geborgen.

5 49. *Αρριχιων.* *II.* 6.

50. *Φορβας.* *II.* 19. Apoll faustkämpfend.

Jagdstücke.

51. *Μελεαγρος.* *Jun.* 15. Heroische Jagd.

52. *Συοθηραι.* Schweinsjagd. *I.* 28. Von unendlicher Schönheit.

10 53. *Κυνεγεται.* Gastmahl nach der Jagd. *Jun.* 3. Liebenswürdig.

54. *Ναρκισσος.* Narkissos. *I.* 23.

Cantus Poesis.

55. *Pan.* Pan. *II.* 11.

56. *Μιδας.* Midas. *I.* 22.

15 57. *Ολυμπος.* Olympos. *I.* 21.

58. *Σατυροι.* Olympus zum zweitenmal. *I.* 20.

59. *Μαρσυας.* *Jun.* 2.

60. *Αμφιων.* Amphion. *I.* 10.

61. *Μυθοι.* Äsopos und die Thiere. *I.* 3.

20 62. *Ορφευς.* *Jun.* 6.

63. *Πινδαρος.* *II.* 12.

64. *Σοφοκλης.* *Jun.* 13.

65. *Υμνητριας.* *II.* 1.

Landschaften.

25 66. *Διονυσος και Τυρρηνοι.* Dionysos und die Thyrrener. *I.* 19.

67. *Ανδριοι.* *I.* 25.

68. *Παλαιμων.* *II.* 16.

69. *Βοσπορος.* *I.* 12. Wasser und Laub.

70. *Νειλος.* Der Nil. *I.* 5. Landschaftlich bedeutend. Das
30 　　Mosaick von Palestrina.

70ᵃ. Mosaick von Palestrina. — Der sinkende Nil.

71. *Νησοι.* *II.* 17. Im Sinn von Palestrina.

72. *Θετταλια.* *II.* 14. Ganz mit Palestrina einstimmig.

73. *Ελη.* *I.* 9. Zum Sumpfwerk

---

3 nach Leben folgt geborgen　19 61 aus 62　22 13 aus *XI.*
24 Auf der Rückseite Land= und Wasserlandschaften.

74. *Αλιεις. I.* 13. *ad* 12.
75. *Δωδωνη. II.* 34.
76. *Κωμος.* Das Ständchen. *I.* 2. Nächtlicher Schmaus.
                                                    Stilleben.
77. *Ξενια. I.* 31.
78. *Ξενια. II.* 26.
79. *Ιστοι. II.* 29.   ───────────

Entwurf zum Schluss des Aufsatzes über Philostrats Gemälde.

So viel für diesmal. Verziehen sey es uns, wenn eine vor vielen Jahren begonnene Arbeit zuletzt doch nur versuchsweise erscheint: möge sie demohngeachtet nicht ohne Nutzen bleiben. 10 Das Verfahren dabey werden diejenigen beurtheilen, die den Text mit unserer Behandlung zusammenhalten. Philostrat hatte die Bilder vor sich, und indem er sie auslegte, konnte er mit einiger Freiheit und Willführ darüber sprechen; wir aber sollten die Gemälde wieder herstellen, darstellen, in der Einbildungskraft hervor= 15 rufen und wir bedurften hierzu ganz anderer Mittel, weshalb wir den Vortrag des alten Redner umbilden und den von ihm beliebten Gang umändern mußten.

Eigentlich aber geben wir die Beurtheilung unserer Arbeit anheim, die sie als eine Selbständige ansehen und sich fragen 20 mögen, ob denn bey Lesung unserer Darstellung die Bilder vor den Augen ihres Geistes wirklich wieder aufleben, wovon das beste Zeugniß der Künstler ablegen könnte, der eins oder das andere wirklich wieder hervorbrächte.

Wir sind vom Text manichmal abgewichen, weil er die Dar= 25 stellung trübte, wir haben uns Conjekturen erlaubt, die wir nicht alle billigen wollen, noch manches wäre zu thun gewesen, wenn man die zarten und ausgesuchten Ausdrücke der Ursprache mehr hätte beherzigen können.

───────────

1 *ad* 12 *g*¹   2 75 aus 67   3 76 aus 66.

Folioblatt, auf beiden Seiten von Färbers Hand halbbrüchig beschrieben. Auf der Rückseite aR So viel für diesmal inwiefern eine vor vielen Jahren unternommene Arbeit gelungen werden diejenigen beurtheilen welche sie zu benutz

Diesen andern frommen Wünschen wird man in der Folge=
zeit sich zu nähern im Stande seyn, da zu einer kritischen Aus=
gabe des Originals Hoffnung gemacht wird, zu welchem Zweck ein
junger in diesem Fache viel versprechender Deutsche in Paris
5 mehrere Handschriften zu vergleichen beschäftigt ist.

Professor Zahns Pompejische Mittheilungen.

I.

1830.

Ins Einzelne zu gehen wären, wenn auch nur flüchtig, die
10 Verdienste dieser Blätter nach ihren verschiedenen Gegenständen
zu bezeichnen.

1. Landschaftliche Gegenstände und Aufrisse. 2. Ganze
Wände. 3. Ganze Decken. 4. Einzelne Figuren als Mittel=
zierde der Wände. 5. Zusammengesetzte Bilder. 6. Arabesken
15 ähnliche Zierrathen mit Ungeheuern und Unbildungen. 7. Zier=
rathen und Streifen.

Herankommen der Stadt

Hafen Handelsstadt

Also auch eigener gesetzlichen Einrichtung folgend
20 Anfechtung von

H: Ein Folioheft in blauem Umschlag, das sowohl
Vorarbeiten zu dem Aufsatz über Zahns Pompeji als auch
die einschlägige Correspondenz enthält; die obige Überschrift auf dem Umschlag. Darunter von Eckermanns Hand:
„Das in diesem Heft enthaltene ist als Vorarbeit anzusehen, das in den späteren Aufsatz eingeflossen.“ Über
Heft II siehe: Lesarten.

9—16 von Johns Hand Blatt 1 Seite 1; mit Blei durchstrichen; aR zu 4. auch wohl mit einer andern oder einem Thier
unmittelbar gruppirt (mit Blei durchstrichen); die Reihenfolge
von 1.—3. corrigirt aus 3, 2., 1.   17 Herankommen — 212, 10
Erdbeben aR und am Fusse des eben beschriebenen Blattes,
g^1 sehr schwer leserlich. Nach der zweiten, achten und
elften Zeile folgen einige nicht zu entziffernde Worte.

Nucerier

Rom angerufen

Dadurch ihr Zustand Erhalten
Auf mannigfaltige Weise möglich

Als Verbündete
Im Bürgerrecht
aufgenommen

Fruchtbare Gegend
Lebhafter Verkehr

Erdbeben   10

Schnell rekolligirt
Wahrscheinlich ein Heer von Künstlern
Wieder aufgebaut
Wieder geschmückt

Dadurch erklärlich, daß alles auf gleiche Art, nicht aber aus 15
einem Sinn entstanden, sondern wie von Einer Hand gezeichnet,
wie aus Einem Topfe gemahlt sei.

Große Congruenz.

Zeugniß dieser zehn Hefte.

Nächstes Erforderniß — Allgemeine Einleitung — Stadt — 20
Lage — Heranwachsen — Erdbeben — Erneuerung — Untergang — Zeugniß jener gleichzeitigen Congruenz diese Hefte.

Verständniß der alten Autoren durch überbliebene Bildwerke. siehe *fol.* 18. *C. II.*

Zahns Leben und Verfahren am Ende.   25

Wer geneigt ist in dem merkwürdigen Foliobande die französische Übersetzung der philostratischen Bilder nachzuschlagen ver-
faßt von Artus Thomas Sieur D'Embry, mit Noten und leider
auch mit den Kupferstichen versehen, der wird seine Einbildungs-

---

20—25 Fol. 2, erste Seite *g*¹; auf der zweiten Seite *g*¹
Verständniß der Autoren, durch über Kenntniß der bildenden
Kunst   26 Blatt 3, 4 und Anfang von 5 des Fascikels; von
John's *H*and halbseitig beschrieben, corrigirt *g*¹. Blatt 4
und 5 von Doch hätte man an mit Blei durchstrichen.

kraft wirklich beschädigt, finden wenn er gewahr wird, wie man
in der Hälfte des Siebzehnten Jahrhunderts sich jene merkwür=
digen wörtlichen Nachbildungen vorgestellt hat. Dagegen wird
er sich erfreuen, wenn er sieht, wie die späteren Unternehmungen
5 des Grafen Caylus, die Bilder des Polygnots zu versinnlichen,
durch unsern wackern Riepenhausen sind übertroffen und dem
eigentlich zu Fordernden näher gebracht worden.

Wenden wir unsre Gedanken auf dasjenige was die kritischen
Philologen an dem Texte der alten Schriftsteller gethan, so finden
10 wir es höchst dringend kennen zu lernen, wie sich die Alten im
Bilde dasjenige vorgestellt was ihre Dichter ihnen so nah an die
Wirklichkeit herangerückt haben. Hierzu gaben uns denn freylich
schon seit mehreren Jahren die aufgefundenen Herkulanischen und
Pompejischen Bilder Gelegenheit die Fülle, obgleich der eigentliche
15 Sinn dieser Darstellungen kaum irgend einen Künstler ergriffen
hat. Die Richtung der Deutschen, zurück in das Mittelalter, ist
seit mehreren Jahren so groß daß der kühne Sprung bis in die
Zeit vor Christi Geburt wohl schwerlich so bald zu erwarten
sein möchte.

20 Doch hätte man Unrecht auf dieser gewissermaßen hypochon=
drischen Ansicht zu verweilen. Geben die bildenden Künstler einer
gewissen Überlieferung sich hin, so bleiben die Bewohner großer
Städte, die doch eigentlich nur eine starke Anregung geben können,
dem echt=lebendigen antiken Kunst=Sinn immer treu. Wer ent=
25 hält sich des Freuden=Anblicks großer theatralischen Ballette, wer
trägt sein Geld nicht Seiltänzern, Luftspringern und Kunstreitern
zu? Und was reizt uns diese flüchtigen Erscheinungen immer
wiederholt zu sehen, als das vorübergehende Lebendige, was die
Alten an ihren Wänden festzuhalten trachteten. Der bildende
30 Künstler übe sich darin das reizende Bewegte aufzufassen, das
Verschwindende festzuhalten, ein Vorhergehendes und Nachfolgen=

---

12 gaben aus haben   14 die Fülle g^1 aR statt gegeben
16 zurück üdZ   17 Sprung über Schwung   21 bildenden g^1
aus bildnerischen   23 die — können aR g^1 24 Sinn g^1 über
Dingen   25 g^1 aus der Freuden des Anblicks großer Nach
Ballette enthalten   30 übe g^1 aus übte   Bewegte g^1 aus Be=
wegung

des simultan vorzustellen und er wird schwebende Figuren vor's
Auge bringen, bei denen man weder nach Fußboden noch Seil,
Drath und Pferd fragt.

Doch was das Letzte betrifft, so durchdringe er sich von den
hohen geistreichen Gebilden welche die Alten durch Centauren　5
hervorgebracht haben. Diese Forderungen sind um so natürlicher
als der Künstler jene allgemeinen Volksvergnügungen nicht meiden
wird, aber solche dem vergnüglichen Schauen gewidmete Stunden
nicht ungenutzt für seine Kunstzwecke vorüberlassen soll.

Haben wir denn doch, inwiefern dies möglich und thunlich　10
sey, ein glückliches Beyspiel an den flüchtig-geistreich aufbewahrten
anmuthigen Bewegungen der Viganos, zu denen sich Herr Dir.
Schadow seiner Zeit angeregt fühlte, und deren manche sich, als
Wandgemählde, im antiken Sinn behandelt, recht gut ausnehmen
würden.　15

––––––––––

Ein Problem scheint es zu bleiben, wie eine mittlere Stadt,
vielleicht von sieben, acht Tausend Einwohnern durchaus nicht
nur in gleichem Sinne gebaut, sondern auch in gleichem Sinne
alle Wohnungen verziert seyn könnten; man muß sich ganze Ge=
spanschaften von Künstlern denken, die das untere Italien gleich=　20
sam überschwemmt und eingenommen und außer einem von ihnen
geliebten und geübten Styl nichts aufkommen laffen.

Freylich sind diese Malereyen, sowohl die Wände im Ganzen,
als die einzelnen Verzierungen betrachtet, durchaus einem heitern
fröhlichen Sinn gemäß, einem Volke das meist unter freyem Himmel　25
den Tag zubringt und wenn es nach Hause kommt, auch etwas
freyluftiges der Gegend ähnlich auf die Sinne wirkendes zu finden
geneigt waren. Und so sind die fast überchinesisch=leichten Archi=
tekturstäbe, Säulchen, Gesimse und wunderliche Contignationen nur
als Gerüste zu betrachten, woran die Nachbildungen alles wirklich　30
oder phantastisch Organisirten Raum finden könnten.

––––––––––　　––––––––––

Auf Blatt 6 des Fascikels _g_¹ Landsch. Prospekte.　16 Ein
— 31 könnten auf Blatt 7 des Fascikels, von Johns _Hand._

5 Gebilden welche _g_¹ über was　8 solche _g_¹ über jene
20 nach die folgt sich　21 einem über dem den

Auch sind wir weit entfernt gleichsam eine Revolution der
Kunst zu Gunsten dieser Überlieferungen zu verlangen oder zu
erwarten; nur bemerken wir Folgendes:

Durch die erste authentische Herausgabe der Herkulanischen
5 Alterthümer wurden wir schon bedeutend genug in jene Gegenden
und Vorzeiten versetzt; ferner haben Reisende auf verschiedene
Art uns noch nähere Kenntniß gebracht, seit einer in der letzten
Zeit schleunigeren Ausgrabung scheint man auch ausländischen
wackern Künstlern die Vortheile des Studiums daselbst nicht ver=
10 sagt zu haben. Daburch ist nun für uns unendlich viel gewonnen
worden daß wir durch sorgfältige Durchzeichnungen und nach den
Originalen colorirten Blättern in den eigentlichen Sinn der Frey=
heit und Lauterkeit jener Kunstepoche mehr eindringen können.
Jene aufmunternden Gegenstände sind uns dadurch unmittelbar in
15 die Nähe gebracht·und wir hierdurch näher bekannt und verwandt
mit dem was uns aus dieser großen Erbschaft zusagt und angehört.

Der ernsten Kunst unbeschadet führt uns vielmehr diese Heiter=
keit in ihre Vorhöfe, durch die unschätzbaren farbigen Kopien des
Herrn Gallerie=Inspector Ternite ist uns ein neues Licht über die
20 alten ersten Bilder aufgegangen, von welchen jene pompejanischen
als annähernde Nachbildungen können angesehen werden. In
gleichem Sinn nähert uns nun durch seine anhaltenden Bemühungen
Herr Professor Zahn abermals jenen Schätzen; sie liegen uns
nun so nah daß wir uns des Wunsches nicht entbrechen können
25 ein anmuthiges Sommerhaus, wo nicht zu bewohnen, doch daselbst
klassisch heiter aufgenommen zu werden.

Zur Pompejanischen Angelegenheit.

I.

Hier ist die Gegenwart zu betrachten und zu berücksichtigen.
30   a) Umfang der Stadt
      Vergleichung mit dem früheren Plan.

---

1 Auch — 26 werden, Fol. 9 und 10 des Fascikels (8 ist
leer), von Johns Hand.   27 Zur — 218, 21 zieht. Fol. 11—14
des Fascikels, von Johns Hand halbseitig beschrieben.

4 erste üdZ   7 seit über mit   8 schleunigeren aus schleu=
nigsten   scheint man aus scheinen   21 als üdZ

Lebhaftere Ausgrabungen der neueren Zeit
　　Ihr Umfang verglichen mit einen Plan von Wien.
　b) Perspectivische Zeichnungen von den ausgegrabenen Ruinen.
　　Begriff der wunderbaren Enge und Gedrängtheit der alten
　　　　Städte, 　　　　　　　　　　　　　　　　　　　　　　　5
　　Wie man ja noch nicht begreift, wie alles auf dem *forum*
　　　　Romanum gestanden was davon überliefert worden.
　　Die Kleinheit der Häuser trifft mit der Anlage der Stadt
　　　　zusammen, alles deutet auf ein Volk das im Öffentlichen
　　　　lebt, und nur um der nothwendigsten Bedürfnisse willen 10
　　　　sich zu Hause aufhält.

II.
Ganze Wände.　Vierzehn Platten.

In diesem Sinne sprechen sich auch die Wände aus.
Auch sie deuten auf ein gütliches einer gebildeten Umgebung be= 15
　　dürftiges Volk.
Die gemalte Architektur wäre nicht begreiflich, wenn man sie nicht
　　dadurch zu rechtfertigen suchte daß sie nur eigentlich ein
　　leichtes Sparren und Lattenwerk ausdrücken soll, woran sich
　　das Übrige Teppichartig, sodann aber auch einzeln humoristisch 20
　　verziert anschließen soll.
Die äußere Architektur zeigt nichts dergleichen, sie ist zwar nicht
　　im strengen aber doch in einem sinnigen Styl gedacht, behält
　　ihre zweckmäßige Würde und überläßt das innere Poetische
　　Phantastische dem Maler der alles leicht anlegen verändern 25
　　und herstellen kann.

III.
Ganze Decken.

Im aller leichtesten und heitersten Sinn, als wenn man über sich
　　nur Latten und Zweige nur sehen möchte wodurch die Luft= 30
　　striche die Vögel hin und wieder hüpften und flatterten.
　　　　　　　　Vier Platten.

―――――――――――

2—5 aR *g*[1] Plan Ansichten und Übersichten der ausgegrabenen
Ruinen sechs Platten　12—32 mit Blei durchstrichen　13 *g*[1] aR
17 gemalte *g*[1] üdZ　19 nach leichtes folgt und　32 *g*[1] unter
dem Dictat

IV.
Drey und dreyßig Platten.

Einzelne und gepaarte Figuren.

Wichtiger Punct von welchem nur das nothwendigste mitzutheilen ist.

5 Die Malerey kann ihre Abkunft von der Plastik nicht verläugnen.

Daher sie sich in einzelnen und höchstens gepaarten Figuren vorzüglich erweist.

Die Plastik mußte ihren Gestalten Grund und Boden geben.

Die Malerey erhob sie zu Schwebenden.

10 Sie schweben unwidersprechlich und sogar nicht allein.

Sie tragen noch andere Gottheiten und Eigenschaften mit empor.

V.
Vollständige Bilder.
Sieben Platten an den ganzen Wänden dargestellt.

15 Verzeihung wird gebeten wegen einer nöthigen Ableitung um sie
zu verstehen.

Hauptbegriff den Raum zu verzieren,

Der in der ältesten Zeit bey der Vasenmalerey hervortritt

Und bis in die neusten bey höchst wichtigen Angelegenheiten ge-
20 fordert wird.

Sobald der Raum gegeben ist, fragt sich nicht weiter um Stellung
der Figur und Composition, das Werk ist durch den Raum
bedingt.

Ein Dreyeck nach oben oder nach unten, ein gleichseitiges oder
25 längliches Viereck, eine Gränze rund oder oval, hierin liegt
die Bedingung welche wir so oft erfüllt sehen, hauptsächlich
wo von architektonischen Räumen die Rede ist.

VI.
Einzelne Mahlerische Zierathen. Dreyzehn Platten.

30 Candelaber

Arabesken

Ungeheuer

Umbildungen

---

2 g^1 aR   14 aR g^1, darunter noch zwei unleserliche
Zeilen   25 aR g^1 Rafaels Farnesina Dominichino   29 g^1 aR
und oben.

In allen eine geniale phantaſtiſche Metamorphoſe welche immer
geiſtreicher erſcheint, je näher ſie ſich den geſetzlichen Umbil=
dungen der Natur anſchließen.

VII.

Auf Architektur ſich beziehende Mahlerey.　Zweyundzwanzig
Platten.

Moſaik

Zierrathen in Baugliedern und Streifen

Gemalte Bauglieder aus der älteſten Zeit

Große Luſt der Menſchen zur Farbe

Neigung alles ans Wirkliche heranzubringen.

Hohe Abſtraction
　Durch den penthelaiſchen Marmor
　Durch den Erzguß erworben

Kann im Leben nicht lange beſtehen.

Hierin nehme man alſo die höchſte Kunſt nicht als muſterhaft,

Es ſey denn daß ſie Elfenbein und Gold verbindet,

Erz und Marmor, Augen einſetzt und was ſonſt noch mag vor=
gekommen ſeyn.

Es iſt ein menſchliches Beſtreben das wie ſo viele andere den
Geiſt aus dem Höheren ins Tiefere zieht

Dieſe mäßige Landſtadt war an dem Meerbuſen von Neapel
angelegt .... Meilen von Neapel und .... Capua. Die Ge=

---

5. 6 g^1 aR und oben.

Auf der Rückſeite von Fol. 14 g^1 Landſch Wände Per=
ſpektive. Auf Folio 15 eine Tabelle, welche die einzelnen
Bilder, doch nur der Zahl nach, durch Striche bezeichnet,
unter die obigen ſieben Rubriken vertheilt.

Das Folgende in einem grauen Papierumſchlag, be=
zeichnet Profeſſor Zahn. Zwei Folioblätter ſignirt 2, 3; von
Johns Hand halbſeitig beſchrieben. Auf der erſten Seite der
Text von Bd. 49 I, S. 165 bis geſprochen; auf beiden Innenſeiten
der obige Entwurf, mit Blei durchſtrichen. Am Rande g^1
Iſt nochmals zu ſchematiſiren und umzuſchreiben. Auf der letzten
Seite das folgende Schema, auch mit Blei durchſtrichen.

schichte meldet uns wenig davon, weil das gränzenlose Interesse
durch das römische Reich verbreitet immer nur der Hauptpuncte
und merkwürdigsten Begebenheiten gedenken könnte. Und so be=
schäftigt auch Capua damals nur die Aufmerksamkeit des herrschen=
5 den Roms. Nur etwa 72. Jahre vor unsrer Zeitrechnung wird
eines wenig bedeutenden Rechtshandels erwähnt, wegen welches
die Stadt sich vor dem römischen Senat zu verantworten hatte.

Was daher ihren Ursprung betrifft, wäre es ein Wagniß be=
sonderes davon zu sagen; im allgemeinen aber behaupten die
10 Kenner der dortigen Gegner, bis hierher und etwa bis Capua sey
griechischer und südlicher Ursprung und Einfluß nachzuweisen, da
hingegen weiter hinauf schon alles mehr auf römische Einwirkungen
zu deuten schien.

Lassen wir jedoch dies dahingestellt seyn und bringen das=
15 jenige dessen allenfalls noch zu erwähnen ist, in der Ordnung vor,
in welcher wir das vorliegende Werk zu betrachten am dienlichsten
finden. Und so gedenken wir denn dem Plan, wie er auf der
ersten Tafel vorliegt, unsre Aufmerksamkeit zu widmen.

Lage der Stadt im allgemeinen. Campania Felix. Anlockung
20 der Gegend. Gefahr derselben. Die Ansiedelung früherer Zeit,
wahrscheinlich griechische Colonie. Handelstadt von Bedeutung.
Größe in der neusten Zeit ausgemittelt. Verglichen mit einer
neuen Stadt. Befestigung, Mauer und Thürme. Selbstständig=
keit. Streit mit den Nachbarn den Noceriern. Rom wird zu
25 Hülfe gerufen. Verhältniß zu dem größeren Staate. Wahr=
scheinlich als Bundesstadt. Behält seine Verfassung. Wird durch
ein Erdbeben sehr beschädigt. Sechzehn Jahre darnach vom
Vesuvianischen Auswurf zugedeckt. In dieser Zwischenzeit wahr=
scheinlich wieder hergestellt wie wir sie jetzt finden. Bedeutende
30 Stadt mit großen Hülfsmitteln. Auferbaut und ausgeschmückt
nach einem Plan von denselben Künstlern. Stellung der Kunst
damaliger Zeit. In Gefolg der Mode. Übergang zum Ein=
zelnen was besonders die Zahnischen Hefte bringen.

———————

Auffindung dieser Bilder zu Verständniß der alten Autoren.

Pompeji

Weniges Geschichtliche — Dunkler Ursprung der Stadt und
unbekannter Zeitverlauf — Ältere erste Anlage — Problem, daß
alles was man bisher gefunden in gleichem Sinne gebaut, in
gleicher Art decorirt sey. Architectur — Verzierung der Zimmer
in einer Art wie sie Vitruv mißbilligt, wodurch diese Erbauung
und Verzierung in neuere Zeit hingewiesen würde.

Große Leichtigkeit und Heiterkeit der Umgebung — Bedeut=
samkeit der Muster welche diese so vorzüglichen subalternen Künstler
vor sich gehabt. Haupt= und Mittelgemälde, deren mehrere ein=
gesetzt, andere auf die Wand gemalt sind. Laconisch = symbolischer
Vortrag des Darzustellenden — Ältere aus Herculanum durch
das große Werk bekannte, mittlere, sodann durch Ternite in
Bezug auf das schon Gesagte — Ferner durch Zahn, neuste und
höchst schätzbare Entdeckung.

Zum
Abendmahl von Leonard da Vinci
zu Mailand.

Agenda hiezu Leonards Tractat Italiaenisch *Lomazzo*.

Unter den mannigfaltigen Schätzen welche S. K. H. der
Großherzog von Ihrer Reise mitgebracht, und Ihre Bibliotheken,

---

1—15 Foliobogen im Fascikel Professor Zahn; erste Seite
gebrochen, signirt 5 und 9. Überschrift *g* in der Mitte,
das Übrige unter 9 von Schuchardts *Hand*.

16—221, 10 *H* : Fascikel in blauem Umschlag, auf der
Aussenseite in Zierschrift Das Abendmahl zu Mahland —
November 1817; auf dem ersten unpaginirten Blatt von
Färbers Hand die Worte Agenda — *Lomazzo*; das zweite
Blatt ist leer, mit dem dritten beginnt die Signatur. Fol. 1
enthält von Kräuters *Hand* die Niederschrift vom 20. November; Fol. 2—5 von Färbers *Hand* den Entwurf, Fol. 11—14
denselben in vorgeschrittener Redaction; eine dritte Form,
die abschliessende, vom 4. Dezember ist für Sulpiz Boisserée

Museen, Anstalten durch neue Gaben verherrlicht, beschäftigt uns in gegenwärtigem Heft nur die merkwürdige Sammlung von Durchzeichnungen, welche der leider schon abgeschiedene Joseph Bossi, nach drei Copien des Abendmals von L. da Vinci, ge=
5 fertigt, zum Behuf des großen ihm aufgetragenen Gemäldes, welches in Mosaik gesetzt werden sollte und gesetzt ward. Nach= stehender Entwurf deutet auf die Absicht die man hegt und man wird in gegenwärtigem Fascicul alles versammlen was zur Auf= klärung dieses wichtigen Gegenstandes dienen kann.

10 Weimar den 20. Novbr 1817.

Vorhergehendes ⎱ hier Ruhe Freundschaft
Nachfolgendes ⎰ Unruhe Mißtrauen
Johannes hat es geahndet
und war Cristo viel zu *avvitichiato*
15 nahe verwandt als daß *incrocichiato*
er dessen Schicksal nicht *Ristauratore primo generale*
hätte mitempfinden sollen

Analogie mit der Stellung
Christi — Es ist nun nicht anders!
20 *più d'un secolo o mezzo*
senza ritocchi

angefertigt worden und schliesst mit den Worten Lassen Sie diese Blätter niemand sehen und gedenken mein dabey. C Jena d. 4 Dec. 1817. Diese Form *C* ist dem obigen Druck zu Grunde gelegt; die älteren Entwürfe bezeichnen wir mit *A* und *B*.

11—21 Folioblatt, lose eingelegt in den Fascikel, auf einer Seite quer beschrieben *g*[1]; wahrscheinlich von der italiänischen Reise stammend; Notizen bei erster Betrach= tung des Bildes niedergeschrieben; vgl. Goethe an Karl August, Mailand 23. Mai 1788: Dagegen ist das Abendmahl des Leonard da Vinci noch ein rechter Schlußstein in das Gewölbe der Kunstbegriffe. Obige Notizen sind offenbar Meyer bei seiner Aufzeichnung über das Bild (1797) bekannt ge= wesen (vgl. Vierteljahrschrift zur Litteraturgeschichte III, 376. 377), und beide Niederschriften 1817 von Goethe für seinen Aufsatz benutzt worden.

Entwurf.

Bossi
über Leonards da Vinci Abendmahl zu Mayland.

Einleitung.

Bossis Leben und Talent.   5
Sein Beruf, durch ein Gemählde der Verewigung des Abend=
    mahls in Mosaik vorzuarbeiten.
Er schreibt, nach vollbrachter Arbeit, genanntes Werk.
Dessen Verdienst gewiß allgemein anerkannt wird.
Warum man vorzüglich in Weimar Ursache habe darüber zu 10
    sprechen?
Documente, worauf das Werk sich gründet, sind hier niedergelegt.
In den sämtlichen Durchzeichnungen älterer Copien, worauf sich
    Bossis Urtheil und die Behandlung seiner Arbeit bezieht.
Welche *Sereniss.* mit aus Italien gebracht.   15

Herrn Cattaneo zu Mayland wichtige Bemerkungen.
Abhandlung selbst.

Aus Leonard da Vinci Leben.
Desselben Kunstcharakter.
Seine öffentlichen Werke.   20
        Das Modell zum Pferde in Mayland.
        Der Carton zu Florenz.
        Der Carton der heiligen Anna daselbst.
        Das Abendmahl zu Mayland.

Lokalität des Abendmahls, *alle Grazie*   25
An der vierten Wand des Refectoriums, die vorhandenen Tische
    wiederholend.

───────────

1 Entwurf fehlt *C*, gestrichen *B*   4 Einleitung fehlt *A*,
eingefügt *g¹ B*   15 Welche — gebracht fehlt *A*; aR *g* Von
Jhro Königl. Hoheit dem Großherzog bey Jhro Anwesenheit in
Mayland angeschafft.   16 Herrn — Bemerkungen aus Herr Cat=
tanio zu Mayland fügte wichtige Bemerkungen hinzu *A*   21 in
Mayland *g* eingefügt *B* fehlt *A*   23 daselbst *g* eingefügt *B*
fehlt *A*   25 *alle Grazie g* eingefügt *A Grazia BC*   26 Re=
fectoriums *BC*

Hauptgedanke des Abendmahls.

Durch Christi Worte: einer ist unter euch der mich ver=
räth! wird im Augenblick große Bewegung unter den
Jüngern hervorgebracht.

5 Michel Angelo in seinem jüngsten Gericht, und in seinem Carton
für Florenz, bedient sich ähnlicher Aufregungsmittel.

Wirkung auf einzelne Apostel.

Abstufung der Charaktere.

Bezweckte reine Natürlichkeit.

10 Zugleich mit tiefer Bedeutsamkeit.

Wodurch individuelle Gestalten und Gesichtsbildungen entstehen.

Technik, deren sich der Künstler bedient.

Das Bild ist in Öl auf Wand gemahlt.

Vortheile dieser Behandlung.

15 Nachtheile derselben.

Verwendete Zeit. Sechzehn Jahre.

Das Werk macht großes Aufsehen.

Andere Klöster wünschen etwas gleiches, oder ähuliches.

Markus von Oggionno gleichzeitig copirt *circ:* 1500 das Bild im
20 kleinen in Öl.

Aber willführlich, ohne auf Farbe der Gewänder und sonst große
Acht zu haben.

Er arbeitet darnach ein Bild nicht ganz Lebensgröße an der
Wand, zu Castellazo 1514=1514.

25 Ferner findet sich eine Copie zu Capriaska von 1565.

Das Originalbild fängt an zu verderben.

Ursache in der Lokalität.

Ursache in der Technik.

Aufmerksamkeit des Cardinal Borromeo.

30 Er läßt 1612 eine Copie in Öl durch Vespino fertigen.

Sie befindet sich noch jetzt auf der Ambrosianischen Bibliothek.

---

3 unter den *g* aus untern *A*   19 gleichzeitig fehlt *A g* ein=
gefügt *B*   *circ:* 1500 fehlt *A g*[1] eingefügt *B*   23—25 Er
arbeitet darnach zwey Bilder nicht ganz Lebensgröße an der
Wand. Zu Caspriaka und Castellazzo *A* umgeändert *g*[1] in die
obige Form *B*   26 nach fängt folgt bald *A* bald *B*

Fortdauernde Bewunderung des Bildes.

Schriftsteller die darüber geschrieben.

Was Rubens darüber geäußert.

Dessen Ehrfurcht für Vinci.

Die Schlacht von Anghiari durch Rubens scizzirt, durch Edelink 5
    gestochen.

Fortschreitendes Verderbniß des Bildes.

Restaurationen.

Kriegsläufte.

Es bleibt zuletzt fast nichts übrig als daß man beurtheilen kann, 10
    wie die Personen gegen einander gestanden.

Absicht der Regierung das Andenken des Bildes für ewige Zeiten
    zu erhalten.

Es deshalb in Mosaik setzen zu lassen.

Auftrag an Bossi.   15

Arbeiten desselben.

Seine Beurtheilung der übrig gebliebenen Copien.

Gefertigter Carton.

Gemählde. Wo dasselbe gegenwärtig befindlich?

Mit der Mosaik in dem Studio des Raphaeli.   20

Vorhandener Kupferstich von Morghen.

Woher derselbe sein Detail genommen, wird nach Anleitung des
    obigen entwickelt.

Dieses Kupfer ist ein Leitfaden an welchem man die Durchzeich=
    nungen obgenannter drey Copien beurtheilt.   25

Man muß vor allen Dingen, wie Bossi gethan, sich erst selbst in
    Leonard einstudiren.

Bei tiefem Nachdenken war ihm die große Ausführlichkeit und
    Wahrheit nur nach der Natur, nach der Wirklichkeit möglich.

Der Künstler suchte zu den manigfaltig geforderten Charakteren 30
    sich Individuen auf und gab ihnen die Bedeutung.

----

4 Dessen — Vinci fehlt *A g* eingefügt *B*   20 vor mit
Wahrscheinlich *A* dasselbe gestrichen *B*, daneben aR So ists
24 Dieses Kupfer *g* aR statt Es *A*   28 ihm *g* eingefügt *A*
31 sich *g* aus sichre *A*

Die Individualität ging in den Copien verlohren, deßhalb man
sich in die Bedeutung nicht recht finden kann.

Legende daß Vinci den Christuskopf nicht fertig gemacht.
Vortrefflicher Kopf auf blaues Papier copirt von Bossi, Studium
5   des Leonard nach der Natur, in Annäherung an Gestalt
und Ausdruck wie er sie Christo geben wollte.
Kurze aber gehaltreiche Noten des Herrn Cattaneo zu Mayland,
welcher mit Recht bedauert, daß Bossi sich bey seiner Arbeit
so sehr an den Carton des Vespino gehalten.
10 Nachtrag einiger Gedanken, deren sich der Kunstfreund bey dieser
Arbeit nicht erwehren kann.

Nachstehend sind sowohl die Bemerkungen des Herrn Cattaneo
auf den Tekturen, worin die Köpfe angelangt, als auch Stellen
eines Briefs an Serenissimum abgeschrieben. Wie man denn
15 alles was diesen Gegenstand betrifft, hier vereinigen wird.
           G   Jena den 24ten November 1817.

Die Zeitungen bringen uns in diesen Tagen die unerfreu=
liche Nachricht, daß ein mißwollender frevelhafter Mensch in der

1 ben *g* eingefügt *A*   3 Legende] Sage *g* über Legende *A*
Legende *g* über Sage *B*   Vinci *g* über er *A*   4 copirt — Bossi
fehlt *A g* aR Bossis Copie eines *A*   blaues *g* aus blau *A*

12—16 Fol. 7 des Fascikels von Färbers *Hand* beschrieben; Fol. 5 und 6 enthalten einen einschlägigen Brief
Goethes an den Grossherzog, Fol. 8 die italiänischen Bemerkungen Cattaneos, Fol. 9 und 10 zwei Briefe desselben;
Fol. 15 noch einen Entwurf zu Goethes Brief an den Grossherzog; ein unpaginirter Bogen einen Brief Goethes an
Professor von Münchow, alles auf das Abendmahl bezüglich.

17—226, 16 Folioblatt, lose in den Fascikel eingelegt,
von Johns *Hand* halbseitig beschrieben. Steht in Zusammenhang mit 224, 5. 6 des Entwurfs. Ob diese Aufzeichnung von Goethe herrührt, ist fraglich; vermuthlich enthält sie eine Information, die sich Goethe (durch Meyer?)
hatte geben lassen. Oben am Rande von Eckermanns *Hand*
Nachträgliches zum Abendmahl von Leonardo da Vinci.

Parifer Gemälde Gallerie nach vorhergegangener Drohung ſich erkühnt ein Rubensiſches Gemälde durch Beſpritzung mit einer ätzenden Feuchtigkeit zu verderben.

Zu einigem Troſt fügen wir hinzu, daſſ dieſer Unfall kein bedeutendes Bild des genannten Meiſters betroffen habe; inwie= 5 fern aber doch die Folge dieſer Beſchädigung für einen Verluſt zu achten, halten wir uns veranlaßt gegenwärtig näher zu er= klären.

Von dem herrlichen Original Carton des Leonard da Vinci, für das republikaniſche Florenz beſtimmt, iſt nichts übrig ge= 10 blieben. Allein in Florenz befindet ſich ein Ölbild nach jenem Carton, als er noch exiſtirte, gearbeitet; dieſes Gemälde muß Rubens copirt haben, indem Edlings Blatt darnach geſtochen iſt; inſofern alſo kann man dieſes Bild einen Verluſt nennen, daß uns das Andenken eines der unſchätzbarſten Werke, welches die 15 neuere Kunſt hervorgebracht, abermals verkümmert worden iſt.

Die Durchzeichnungen von Boffi ſind auf durchſcheinend Papier, mit Rothſtein nicht etwa blos als Umriſſe, ſondern voll= kommen ausgeführt in Licht und Schatten und Ausdruck aller Geſichtszüge. In unſrer Behandlung des Abendmahls konnten 20 wir nicht fehl gehen, da wir erſt Boffi ſelbſt auf ſeinem Wege folgten; ſodann aber wo wir von ihm abweichen, Herrn Kajetan Cattaneo, deſſen Anſichten mit unſerm eigenen Anſchauen der vor uns liegenden Blätter vollkommen übereinſtimmen, unbedingten Beifall geben. Im Ganzen gingen wir um ſo ſicherer als unſer 25 alter Freund Mahler Müller den Weg vor uns ſchon gemeſſen hatte.

Das Abendmahl von Vinci. In dieſem Aufſatze, ob gleich unmittelbaren Anſchauens nicht überall theilhaft, glauben wir uns dennoch dem Ziele genähert zu haben. Denn erſt folgten wir Boffi ſelbſt und ſeiner treuen Zuverſicht im Urtheilen und 30 Handeln, wo uns jedoch die vorliegenden Durchzeichnungen an

3 dieſer Unfall aR statt es		15 uns über es

17—227,7 Zwei Folioblätter, in den Fascikel lose ein-gelegt, von Färbers Hand halbseitig beschrieben, mit eigen-händigen Correcturen. Bezieht sich auf S 247 und 248 des Textes.

20 züge g über theilen		unſrer g über der

etwas anders mahnten, durften wir uns auf des Herrn Caetano
Cattaneo schriftliche Noten verlassen, die mit unsrer Überzeugung
durchaus übereintreffen. Und so wäre fürs Gegenwärtige gesorgt,
für die Folge thut sich die schönste Hoffnung auf. Denn wie
5 allen denen die es ernstlich meinen, auch Zufälligkeiten müssen zu
Gute kommen, so wäre es uns bey unserm redlichen Bemühen um
Leonard da Vinci.

Zum
Triumphzug von Mantegna.

Triumphzug Cäsars
10 Auf Anregung Franziskus Gonzaga.
Gemalt von Mantegna,
Für den Pallast zu S. Sebastian.
Nicht auf die Wand.
Sondern transportabel.
15 Nach England gelangt
Aufbewahrt in dem Pallaste Hampton=Court
In demselben welches auch mit sieben Kartonen von Rafael aus=
geschmückt ist, hängen in einem Zimmer welches *the Queens
drawing room*, oder das Gesellschaftszimmer der Königin
20 genannt wird.
Es sind neun Stücke, alle von gleicher Größe, völlig quadrat,
jede Seite 9 Fuß.

---

2 Noten *g* über Bemerkungen   unsrer Überzeugung aus
unsern Überzeugungen   3 treffen *g* über traf   7 nach Vinci.
folgt und seine Verlassenschaft   Es schliesst sich an der
Text von Seite 248, vgl. die Varianten dazu unter „Lesarten".

8—228, 35 *H*: In einen blauen Umschlag, der in Zier=
schrift den Titel trägt Den Triumphzug des Mantegna be=
treffend 1820, sind neben bezüglichen Correspondenzen drei
Foliobogen eingeheftet, von Johns *Hand* halbseitig be=
schrieben, mit eigenhändigen Correcturen. Neben der Über=
schrift *g* Mantegna geb. 1451. gest. 1517.

8—228, 19 mit Blei durchstrichen.   16 bewahrt *g* über ge=
henkt   Court *g* hinter Crurt   17 welches — mit über wo auch
die 7   18 hängen nach Sie

Sie sind mit Wasserfarben auf Papier gemalt, welches
mit Leinwand unterzogen ist, wie bey den Raphaelischen
Cartonen.

Die Farben sind höchst mannigfaltig.

Die Hauptfarben in allen ihren Abstufungen Mischungen und 5
Übergängen, Scharlach, hellroth, Tiefroth, Hellgelb, Dunkel=
gelb, Himmelblau, Blaßblau, Braun, Schwarz, Weiß, Gold.

Die Farben sind wohl erhalten und lebhaft.

Die Gemälde überhaupt in gutem Zustande.

Besonders die sieben ersten, die zwei letzten ein wenig verbleicht. 10

Scheinen hie und da etwas von der Zeit gelitten zu haben, oder
abgerieben zu seyn.

Doch ist dies auch nicht bedeutend.

Sie hängen in verguldeten Rahmen 9 Fuß hoch über dem Boden,
drey und drey auf drey Wände vertheilt, die östliche ist eine 15
Fensterseite. Sie sind mit verguldeten Rahmen umgeben,
deßhalb man geglaubt hat sie seyen auf Leinwand gemalt,
weil der Rand verdeckt ist, bey näherer Betrachtung bemerkt
man jedoch das aufgezogene Papier ganz deutlich.

Erwähnung derselben thut Hampton Court *Guide* S. 19 mit 20
wenigen Worten.

Nicht viel umständlicher

welches Prachtwerk gerade diesem Zimmer keine bildliche
Darstellung gegönnt hat.

Vasari spricht mit großem Loben von diesem Werk.   25

Wie es hier auszuführen. Mißverständniß der Motive.

Über Motiv überhaupt.

Entwicklung derselben in einer Folge

Die neun Bilder

könnten sich von einer zehenten durch Mantegna's eigenhändige 30
Kupfer.

Nachbildungen derselben.

Von Andreas Andreani

Eigenhändige Behandlung des Ersten

Weitere Nachbildungen   35

---

14 in — Rahmen *g* aR   nach Boden folgt und sind   15 nach
Wände folgt des Zimmers   vertheilt aus getheilt *g*   30 könnten
sich wohl Hörfehler für Kenntniß vgl. S. 230, 27. 28.

Über Mantegna und seine Werke zu Beurtheilung des Gegen=
wärtigen

_____

Schema
zur Recension des Triumphzugs

_____

5 Gewalt
Von Mantegna
Zu Mantua
Auf Anregung Franziskus Gonzaga
In einem Klostergang von St. Sebastian
10 Farb in Farb
Höh und Breite
Was Vasari davon sagt
Motive.
Posaunen und Hörner als kriegerische Ankündigung
15 Auf den Fahnenstangen Glücksgötter.
Abbildung von berennten, belagerten zerstörten Städten.
Statuen und Büsten.
Modelle von Tempeln von Coloßalen Kriegsmaschinen
Trophäen in unübersehlicher Mannigfaltigkeit.
20 Schätze,
Vasen
Offne Gefäße mit Münzen vorübergetragen.
Posaunen
Opferthiere, Camillen und Popen Weyhrauch flammende Cande=
25 laber auf vier Elephanten.
Edlere Schätze, Münzen in kleineren Gefäßen, kleinern Urnen
wahrscheinlich alles von Gold gedacht.
Einzelne Rüstungstrophäen von bedeutenden Personen Feldherrn
und Königen.
30 Gefangene.
Mißgebildete Schalksnarren ihrer spottend.
Musik.
Eigentliche Römische Adler und sonstige.
Die Büste der Stadt Rom wiederholt auf vielen Stangen.
35 Der Triumphwagen.

Problematischer Widerstreit in Mantegnas Werken.

Vorzüglich auch im Triumphzug.

Kenntniß der Antike, sowohl an Körpern als Nebenwerken.

Entschiedene Portraitmäßige Natürlichkeit.

Aufklärung dieser Erscheinung.　　　　　　　　　　　　　　　　5

Sein Meister und adoptirender Vater, weißt ihn an die Antike,
　　die er sorgfältig studirt.

Als beyde sich entzweyen, macht der Meister, der ihn auf diesen
　　Weg gewiesen, dies ihm grade zum Vorwurf und schilt seine
　　Arbeiten.　　　　　　　　　　　　　　　　　　　　　　10

Mantegna, der sich fühlt auch die Natur sehen und nachbilden zu
　　können, wirft sich auf einmal herum, bringt seine Freunde
　　und Bekannte, so wie auffallend und mißgestaltete Personen
　　in die Bilder, ohne seinen ersten höhren Sinn zu verleugnen,
　　dadurch erhalten sie eine Art von Doppelleben, welches seine 15
　　Werke besonders auszeichnet.

Und in diesem Sinne kann besonders der Triumph als eine Arbeit
　　seiner besten Zeit angesehen werden.

―――――――

Bey dem großen Umfange der Kunst thut der Einzelne wohl,
sich einen besonderen Theil zu Betrachtung und Behandlung aus= 20
zuwählen. Auf unserm Standpuncte halten wir immer fest an
der Lehre von den Motiven; sie ist der Grund aller Kunst, und
wir werden nicht aufhören uns darüber zu erklären. Die Ein=
zelnheiten des herrlichen Triumphzugs zu entwickeln, beginnen
wir nun, und wir sind mit den neun gedachten Bildern durch 25
Holzdrucke bekannt, welche Andreas Andreani zu Ende des 16. Jahr=
hunderts geliefert hat. Die Absicht eines zehnten abschließenden
kennen wir durch ein eigenhändiges Kupfer des Meisters.

―――――――

12 sich] sie *H* durch Hörfehler　　17 nach Triumph folgt zur
19—28 *H*¹: Folioblatt signirt 7. Halbseitig beschrieben
von Compters Hand, roth durchstrichen. (Der übrige Theil
des Blatts bedeckt von eigenhändigem, nicht zugehörigem
Bleistiftconcept.) Der Inhalt Beginn der Ausführung von
Seite 228 Zeile 29 ff. des Schemas.　　28 kennen] können *H*

10.

Was aber kann auf den Triumph=Wagen folgen:

N. 1. Da der Wehrstand sich so gut gehalten, den Nähr=
stand gesichert und bereichert hat, so muß der Lehrstand folgen,
5 wie es auch hier geschieht. Auch folgen hier colossale, dumpf
und tüchtig vor sich hinblickende Professoren, als rechte Pfeiler
dogmatischer Schule, andere etwas leichter beweglicher, vielleicht
Dialectiker, aber vertrackt einer wie der andere. Sie schreiten vor
sich hin, ich weiß nicht was sie bedenken. Die Schüler sind be=
10 zeichnet durch jüngere leichte Gestalten, und wenn jene alles unter
ihrem Schädel zu tragen wähnen, so haben diese noch Bücher in
den Häuden, als ein trauriges Zeichen, daß noch etwas zu lernen
ist. Zwischen jene Ältesten und Jüngeren ist ein Knabe von
etwa acht Jahren eingeklemmt, der vielleicht die ersten Lehrtage
15 bezeichnen soll; wunderlicher ist seine Situation und anmuthig
natürlicher in solcher Lage nicht zu denken. Den ganzen Schluß
macht wie billig wieder das Militär, von welchem denn doch
zuerst und zuletzt die Herrlichkeit des Reichs von außen und die
Sicherheit nach innen ausgeht.

———————

20 Nachdem wir nun Blatt für Blatt die inneren und beson=
deren Verdienste mit Worten auszusprechen versucht so kommen
wir zuletzt auf eine Betrachtung welche mitzutheilen bedenklich ist.

Die Meister des fünfzehnten Jahrhunderts, welche freylich
nicht mehr nackte griechische Wettläufer und Ringer, keine römische
25 Kämpfer beschauen und also Kraft und Schönheit sich nicht voll=

———————

1—19 *Handschrift H*[3], vgl. Lesarten. Ältere kurze Form
der Deutung des zehnten Bildes.

13 zwischen üdZ

20—235, 17 Die folgenden Aufzeichnungen blieben un=
gedruckt. Sie existiren in zwei *Handschriften* (vgl. Lesarten): drei Folioblättern, signirt 13—15, halbseitig beschrieben von *Compters Hand*, roth durchstrichen, (*H*[3])
vier Folioblättern, signirt 19—22, halbseitig beschrieben
von *Johns Hand* (*H*[4]). Der obige Druck nach *H*[4].·

20—22 fehlt *H*[3] roth durchstrichen *H*[4] darüber *g*[2] An=
regung 23 mitzutheilen über auszusprechen 24—232, 1 griechische
— genossen *g* corrigirt aus griechische und römische Kämpfer be=

kommen aneignen konnten, genoſſen doch des großen ſüdlichen
Vortheils, deſſen wir Nordländer gänzlich entbehren, auf Markt
und Straßen mit dem eigentlichen Volk zu verkehren, mit der
Maſſe die leben will und leben läßt, ſich fügt und ſchickt wie ſie
kann, und eine Veränderung des Zuſtandes nur gewaltſam an= 5
geregt zufällig hervorbringt.

Da findet ſich nun, daß gar manches Natürliche in guter Ge=
ſellſchaft verpönte ſich gelegentlich einmal, beſcheiden oder un=
beſcheiden, hervorthut. Da macht man von natürlichen Bedürf=
niſſen kein ſonderliches Hehl, einige Frechheit läuft auch mit 10
unter, und ein ernſter Moment wird durch ein Zufällig=Poſſen=
haftes erheitert. Alle dieſe Volksmaler, wie ich ſie nennen möchte,
des ſechzehnten Jahrhunderts erlaubten ſich bey den ernſteſten
Gelegenheiten einen Spaß, um ſich den religioſen, oder despotiſchen
Druck zu erleichtern. Beyſpiele laſſen ſich in Menge anführen, 15
gegenwärtig nur die Späße in Mantegnas Triumphzuge.

Wir finden, daß er ſich in dieſen Bildern, ſich drey poſſen=
hafte Motive erlaubt. In der dritten Nummer iſt der voran=
gehende Träger der mit Münzen angefüllten Urne ein ſchöner
Jüngling, und der hinterdrein gehende faunenartige Kerl droht 20
jenem gewiſſermaßen mit dem langen Halſe eines Gefäßes, das
er unter dem linken Arme trägt. Seine Miene zeigt auch daß er
etwas ausſpricht, worüber der ſchöne Jüngling ärgerlich zurück
ſieht.

Den zweyten Spaß glauben wir in der ſiebenden Nummer 25
zu entdecken. Die ſchöne bekränzte mit vollem Angeſicht uns an=

ſchauen und alſo die Schönheit und Erfreulichkeit ſich nicht an=
eignen konnten, hatten aber *H*⁴ nackten griechiſchen Kämpfern
und Ringern zuſehen und alſo die Schönheit und Erfreulichkeit
der menſchlichen Geſtalt ſich nicht aneignen konnten, hatten aber *H*³

1. 2 des—Vortheils *g* aus den großen ſüdlichen Vortheil *H*⁴
so auch *H*³   2 Nordländer fehlt *H*³   3 verkehren] leben *H*³
9 hervorthut] zeigt *H*³   10 ſonderliches fehlt *H*³   auch fehlt *H*³
11 ernſter] tragiſcher *H*³   11. 12 Poſſenhaftes] Abſurdes *H*³   12—16
Alle — Triumphzuge fehlt *H*³   13 ernſteſten über ärgerlichſten *H*⁴
14 den üdZ *H*⁴   17 Wir — er] Wir finden nun das Mantegna *H*³
18 der — Nummer] Nro. Spatium *H*³   19 der—Urne fehlt *H*³
25—235, 1 Den — anſchauende] Der zweyte Spaß iſt der Nro.

ſchauende Braut, wird von der älteren ärmeren Frau die das
Kind auf dem rechten Arme hat, gegen die Zuſchauer verdeckt,
und beym erſten Anblick iſt nicht zu unterſcheiden, ob das Wickel=
kind der lieblichen Braut, oder der kinderreichen Mutter gehöre.

5 Nun kommt zwar bey untergeordneten Künſtlern gar wohl
vor, daß ein Glied zwey Figuren zugehören könne, aber von Man=
tegna, deßen Meiſterſchaft und Geſchmack ſich in Bezug der ein=
zelnen Theile und ihrer Verhältniſſe aufs höchſte bewährt, ſo wie
durchaus, alſo auch beſonders in dieſem Triumph, dürfen wir be=
10 haupten, daß an einer ſo bedeutenden Stelle keine Nachläßigkeit
zu ſchelten, vielmehr eine Schalkheit zu vermuthen iſt.

Der dritte Spaß, den wir zu den unſchuldigſten, ſcherzhafteſten,
undarſtellbarſten und doch für den allergelungenſten halten, iſt in
No. 10 zu bemerken. Zwiſchem dem unmäßigen Hintertheile des
15 coloſſalen Lehrers, der im zweyten Gliede dem Triumphwagen
mit Behaglichkeit nachtritt, und dem friſch folgenden Schülerchor
iſt das arme Kind ſchon geklemmt genug, aber es wendet ſich ab

---

(Spatium) die ſchöne im vollen Angeſicht bekränzte *H*³ daraus
g corrigirt in den obenſtehenden Text *H*⁴
3. 4 Wickelkind] Kind *H*³   4 kinderreichen] abgelebten *H*³
Statt 5—11 Dergleichen Verwechslung zergliedert für den äußern
Sinn, [kommt] ſchon bey untergeordneten Künſtlern gar wohl vor,
Mantegna jedoch, deſſen Meiſterſchaft und Geſchmack in Bezug der
einzelnen Theile bewährt ſich, ſo wie durchaus als auch beſonders in
dieſem Triumphzug aufs höchſte, ſo daß an einem höchſt bedeuten=
den Orte keine Nachläſſigkeit, ſondern eine Schalkheit zu ver=
muthen iſt. *H*³   6 zugehören *g* aus zukommen *H*⁴   von *g* üdZ *H*⁴
9. 10 Triumph — behaupten *g* aus Triumphzug und wir behaupten
daher *H*⁴   10 nach ſo folgt ſehr *H*⁴   14—16 *Nro* 11 [unleſer=
liches Wort]. Zwiſchen dem Hintertheile des coloſſalen Pro=
feſſors, der unmittelbar hinter dem Triumphwagen hergeht mit
einem dunkeln Ausdruck von Zufriedenheit, daß dieſer große
Triumph ihm nun vor wie nach verſchaffe, daß er ungeſtört reden
und raiſonniren könne, zwiſchen dieſem alten Hintertheil und dem
friſch antretenden Schülerchor *H*³   15 im — Gliede *g* über un=
mittelbar hinter *H*⁴   16 nachtritt *g* über einhergeht *H*⁴ folgen=
den *g* neben antretenden *H*⁴   17—234, 1 es — Vorgänger] nun
wendet ſich's ab, trennt ſich weg ſo wenig es nur kann *H*³

es trennt sich so viel als nur möglich von seinem Vorgänger und läßt in der lieblichsten Wendung den Abscheu sehen vor der Atmosphäre die diesen Triumphzug beschließt.

Wir halten den Ausdruck dieses Figürchens für das Vollkommenste was wir je in dieser Art gesehen, und müßten unsere Lehre von den Motiven zurücknehmen, wenn es sich nicht gerade hier auswiese, daß der große Künstler auch das Niederträchtigste beherrschen kann.

8.

Hier ist nun der schickliche Platz etwas zu sagen was mir auf der Zunge schwebt. Man hat mir vorgeworfen daß ich bey Auslegung von Bildern, z. B. des Abendmals von Leonard da Vinci, zu viel hineingetragen habe und in der Deutung zu weit gegangen sey. Ich weiß recht gut zu unterscheiden, was ich sehe, denke und sage; das Sehen ist ein Zusammenfassen unendlicher Mannigfaltigkeit, das Denken ein Versuch des Zerlegens; in wiefern das Sagen aber mit Sehen und Denken zusammentrifft, das hängt vom Glück ab. Ich habe die Darstellung des Triumphes nochmals durchgesehen und alles genauer bestimmt wie ichs meinte.

Aber was kann ich dafür, daß die Menschen nicht mit Augen sehen und daß sie Gläser brauchen, wo die natürliche Gesichtskraft sehr wohl hinreichte, wenn sie dem Geist zu Gebothe steht.

Und dann noch eins, wie der Künstler die Natur überbieten muß, um nur wie sie zu scheinen, so muß der Betrachtende, des Künstlers Intentionen überbieten, um sich Ihnen nur einigermaßen anzunähern, denn da der Künstler das Unaussprechliche

1 soviel — möglich g aus soviel u. wenig als nur kann H⁴ 6 sich fehlt H³ s beherrschen nach Motiv H³ 9 8 g 10 nun — Platz] es nun gerade am Platz H³ nach nun folgt gerade H⁴ schickliche g aR H⁴ 12 von Bildern] der Bilder H³ 13. 14 habe — sey] , und die Deutung sehr übertrieben habe H³ · 14 zu unterscheiden fehlt H³ 15—20 das — meinte fehlt H³ statt dessen und ich will alles, besonders auch den Triumphzug Mantegna's verantworten H³ 23. 24 wenn — steht. fehlt H³ 28 anzunähern H³ anzunähren H⁴ nach Künstler folgt schon H⁴

schon ausgesprochen hat, wie will man ihn denn noch in einer
andern und zwar in einer Wortsprache aussprechen?

Geschrieben Jena den 31. October 1820.

Erneuert Jena ben 1. October 1821.

5 Abgeschlossen Weimar b. 21. May 1822.

Hier können wir nun zum Schluß uns nicht enthalten zu
bemerken, daß die Künstler des fünfzehnten und sechszehnten Jahr=
hunderts immer mit Gelehrten und Alterthumsforschern, die damals
auch von ihrer Seite künstlerisch arbeiteten, in genauer Verbin=
10 dung standen. Dieses beweist vorzüglich auch der Triumphzug des
Mantegna, denn es ist offenbar daß er den Triumph des Paulus
Ämilius über Perseus König von Mazedonien vor Augen gehabt
und aus diesem dreytägigen endlosen und grausamen Zug einen
gedrängten faßlichen, menschlichen Auszug gebildet; deßwegen wir
15 denn auch eine Übersetzung beyfügen, wovon die Vergleichung mit
unsern Bildern einem jeden sinnigen Beschauer ein erfreuendes
Nachdenken gewähren muß.

[Männliches Bildniss.]

Das Bildniß eines alten frommen halbnackten einsiedlerischen
Mannes, der mit der rechten ein Crucifix hält mit der linken
20 ein Paternoster abzählt, geistreich radirt führt die Unterschrift:

[fehlt]

Bartsch *Vol. XVIII.* S. 361 ff. führt jedoch dieses Blatt
nicht an; in unserer Sammlung wird es doppelt merkwürdig,

---

2 und — einer fehlt *H³*   4. 5 fehlt *H³*   6—17 fehlt *H³*
6 nun zum Schluß *g¹* üdZ *H⁴*   14 gedrängten über kurz=
gefaßten *H⁴*, am Rande unleserlich gewordene eigenhändige
Bleistiftzüge, in denen der Name Plutarch noch zu er=
kennen. Die nachfolgende Übersetzung, welche Fol. 23—25
füllt, zeigt weder Goethes Sprache noch irgendwelche eigen=
händige Correcturen und ist wohl von Riemer angefertigt
(vgl. das Tagebuch vom 17. und 24. Mai 1822).

18—236, 12 Foliobogen, das erste Blatt von Johns *H*and
halbseitig beschrieben.

21 *Vol. — ff.* aR

indem wir eine unstreitig von Guercinos Hand angefertigte Zeich=
nung besitzen, welche für das Original jener Radirung gehalten
werden kann, es sei nun daß der Meister wie es die Unterschrift
sagt selbst jenen mit der Feder kräftig und trefflich behandelten
Gegenstand mit der Nadel wiederholt, oder daß der geschickte
Schüler sich dieser Arbeit unterzogen hätte, welcher sich doch unter
den vielen nach seinem Meister gearbeiteten Blättern jederzeit
treulich unterschreibt und deßhalb wohl hier sich nicht einer Ver=
fälschung unterzogen hätte. Bey Vergleichung der beyden Blätter
läßt sich folgendes bemerken

    Weimar den   [Die Fortsetzung fehlt.]
24. Jan. 1826.

[Fragment.]

von einem Drachen als dem bösen Prinzip umschlungen sind,
welche, da die beyden Grundkräfte einander das Gleichgewicht
halten, kaum durch das obere große Opfer zu retten seyn möchten.
    Auf alle Fälle ist es dankenswerth, daß dieses bisher Wenigen
zugängliche merkwürdige Bild den Kunst= und Alterthumsfreunden
gegenwärtig mitgetheilt worden.

Zu
Nehrlichs Darstellungen aus Faust
Von J. H. Meyer

    Der Folge von Zeichnungen von Herrn G. Nehrlich ist der
Vorwurf zu machen, daß dieselbe als Cyklus mangelhaft ist; die

---

13—18 Fragment, auf einem quer durchschnittenen Folio=
blatt, signirt 3, die Vorderseite von Johns Hand halb=
seitig beschrieben, mit Blei durchstrichen.
    14. 15 da — halten g¹ aR   16 bisher g¹ aR   18 gegen=
wärtig g¹ aR neben sorgfältig
    19—237, 19 Folioblatt, halbseitig von J. H. Meyer be=
schrieben. Die Aufzeichnung ist hier aufgenommen, weil
Goethe sie, zum Theil wörtlich für seine Besprechung ver=
wendet hat und sie ein interessantes Zeugniss ist, wie er

verſchiedenen Darſtellungen haben keine anſchauliche Beziehung
unter ſich, und wer nicht mit dem Gang des Gedichts genau be=
kannt iſt, wird vieles mißverſtehen, anderes gar nicht faßen.

An Empfindungsgabe fehlt es dem Künſtler nicht, ſeine Bilder
ſind reich von Figuren und Nebenwerken, zum Theil gut erfunden
und motivirt, am lobenswürdigſten iſt indeßen der Ausdruck, man
könnte eine Menge von dieſer Seite wohlgerathene, mit Geiſt und
Leben ausgeſtattete Köpfe anführen. Die Gebärden der Figuren
ſind faſt immer der Handlung angemeßen und die Glieder von
guter Geſtalt, doch bemerkt man nicht ſeltene Verſtöße gegen die
Proportion oder vielmehr im Ganzen zu wenig begründetes
Studium dieſes wichtigen Theils der Kunſt; auch geſchieht es daß
die Glieder unter ſich nicht übereinſtimmen ſo wie im Charakter
zu den Köpfen nicht allzu wohl paßen; doch gilt dieſes nur in ſo
fern man ſtrenge, von einem hohen Standpunkt ausgehend ur=
theilen will. Mit dem Faltenſchlag kann der Beſchauer zufrieden
ſeyn, die Anlage der Gewänder iſt meiſtens gut, einiges ſogar
auffallend zierlich. Endlich iſt noch die ſaubere Ausführung
ſämmtlicher Blätter mit der Feder zu loben.

Zu
Charon. Neugriechiſch.

Was wir oben von der Symbolik in den einfachſten Fällen
an den Alten gerühmt, dieſes hat Herr Leybold in einem ſehr

von Meyers Urtheil ſich leiten liess, zugleich aber es zu
mildern pflegte.

20—238,5 Foliobogen, die erſte Seite von Schuchardts
Hand halbbrüchig beſchrieben; dem Inhalt nach zweifellos
von Goethe. Dagegen iſt ein weiterer dem Charon-Faſcikel
beigelegter, von Johns Hand beſchriebener Bogen die Rein-
ſchrift eines Manuſcripts von J. H. Meyer, das mit geringen
Abweichungen im Original erhalten iſt. Es wird hier eine
nachträglich eingereichte Preiszeichnung bedingt günſtig,
in der für Meyer charakteriſtiſchen Art beurtheilt; Unter-
ſchrift WKF Weimar d. 3. Junius 1829. Anzeichen für eine
Betheiligung Goethes fehlen.

complicirten Falle geliefert, indem er viele Figuren vorführt, doch
mit der größten Sparsamkeit zu Werke ging. Der alles dahin=
raffende, die menschlichen Geschlechter ohne Unterschied mit sich
wegreißende, Charos treibt, einem berittenen Hirten gleich, seine
Schafe vor sich her und reißt sie nach.   5

Betrachtungen zu Charon.

S. 1. Hier entsteht die Frage, ob man des früheren an uns
eingesendeten Bildes auch nur gedenke oder solches ganz übergehen
solle.

S. 1ᵇ. Wie soll man die Art charakterisiren, womit Charon 10
aufgehalten wird. Es wäre doch gut sie irgend mit einem Bey=
wort zu bezeichnen.

S. 2. § vermuthlich. Hiezu ist der Künstler wahrscheinlich
durch Erinnerung an den griechischen Fährmann verleitet worden,
den man aber nicht mit dem gegenwärtigen wilden Reiter ver= 15
mischen muß, welcher ganz an und für sich und ohne Bezug auf
jenen zu denken und darzustellen ist.

Russische Heiligenbilder.

In der Stadt *Souzdal* welche ehemals der Mittelpunct eines
Gouvernements gewesen, gegenwärtig aber zum Gouvernement 20
Wladimir gehört, werden sowohl in der Stadt als in den Dörfern
des umliegenden Bezirks diejenigen Bilder verfertigt, welche, nicht
sowohl der Gegenstand als die äußere Veranlassung des russischen
Gottesdienstes genannt werden können. Diese heiligen Bilder
werden auf Holz=Täfelchen gemalt, in Metall halb erhaben ge= 25

6—17 Eine Seite des Charon-Manuscripts *H* (s. Lesarten),
von derselben *H*and halbbrüchig beschrieben, später über-
klebt. Die Verweisungen beziehen sich auf Meyers Manuscript *H*¹ (s. ebenda).

18—239, 27 Folioblatt in Quart gebrochen, von Johns
*H*and beschrieben, mit eigenhändigen Correcturen. Eingelegt ein durchweg eigenhändig beschriebenes Quartblatt.

20 gewesen *g* über war   25 Holz *g* üdZ

goſſen, mit dem Grabſtichel eingegraben, emaillirt, wahrſcheinlich
auch in Holz geſchnißt. Ob daſelbſt auch freyſtehende Bildniſſe
der Heiligen verfertigt werden? iſt zweifelhaft, weil Peter der
Große die Statuen in den Kirchen verboten.

5 Von jenen Gegenſtänden wünſchte man eine detaillirtere Nach=
richt, ſowohl in Abſicht auf deren Fabrikation, die Anzahl der
Menſchen die ſich damit beſchäftigen, als auch inwiefern dieſe
Arbeiten für einen bedeutenden Handelszweig gelten können?

Könnte man erfahren wie lange ſolch eine Anſtalt ſich an
10 dieſem Orte befindet? Ob noch alte Griechiſche Bilder vorhanden
ſind, nach welchen als Muſtern fortgearbeitet wird? Ob vor=
züglicche Künſtler unter den *Souzdalern* ſich ausgezeichnet? Ob
alles daſelbſt in dem alten heiligen Styl gearbeitet wird? oder
ob auch andre Gegenſtände und auf eine modernere Weiſe be˙
15 handelt werden?

Am angenehmſten wäre es Muſterſtücke von jeder Art dieſer
Bilder, wenn auch nur im kleinſten Format, zu erhalten, wo=
möglich von den jeßtlebenden beſten Künſtlern, weil es belehrend
für den Kunſtfreund ſeyn müßte, wie ein, aus den älteſten Zeiten
20 von Conſtantinopel her abgeleiteter Kunſtzweig, bis auf unſere
Tage ſich unverändert durch eine ſtetige Nachahmung erhalten,
da in allen andern Ländern die Kunſt fortgeſchritten und ſich
von ihren erſten religioſen ſtrengen Formen entfernt hat.

In dieſem Bezirke werden zwar keine Roſenkränze verfertigt,
25 ſondern dieſes geſchieht in den Klöſtern, einige Muſter hiervon
wünſcht man auch, beſonders, wenn es möglich wäre, von denen
welche die Mönche vom Berge Athos bringen.

[Landſchaftsmalerei.]

Die Folge der Landſchaftsmalerey zu beachten. Beyſpiele als
bedeutende Nebenſache.

9—15 eigenhändig   11 als *g* üdZ   17 wenn — Format *g*
unter dem Text   19 aus über von   21 erhalten *g* aus ge=
halten

28—240, 19 Foliobogen, die beiden erſten Seiten halbbrüchig von Färbers *Hand* beſchrieben, ohne Correcturen

Loslösung unter Paul Brill — Jodokus Momper — Mucian — Hondekonder — Heinrich von Klebe.

Verbindung mit dem Einsiedlerwesen, oder mit Ruinen und dergleichen.

Fortgehende Erhebung bis zu Rubens.

Höchst künstlerisch gewaltsamer Gebrauch aller Elemente. Italiänische horizontale Anmuth.

Carraccische Schule. Claude Lorrain. Dominichin. Eingreifen der Franzosen. Poussin. Dughet. Glauber. Eingreifen der Niederländer. Insofern sie sich in Italien bildeten. Insofern sie zu Hause blieben und sich an der Natur mit Geschmack ausbildeten.

Einwirkung der Rheingegenden durch Sachtleben.

Nachwirkung aller dieser Vorstellungen und Studien bis über die Hälfte des 18. Jahrhunderts.

Eintreten der Veduten durch englische Reisende verursacht. Im Gegensatz Nachklang von Claude Lorrain, durch Engländer und Deutsche.

Jena den 22ten März 1818.

Landschaftliche Malerei.

In ihren Anfängen als Nebenwerk des Geschichtlichen.

Durchaus einen steilen Charakter, weil ja ohne Höhen und Tiefen keine Ferne interessant dargestellt werden kann.

Männlicher Charakter der ersten Zeit.

Goethes; daher sind Schreibfehler im Druck stillschweigend berichtigt.

7 Anmuth] Langmuth *H*, das Richtige aus der folgenden ausführlicheren Niederschrift zu entnehmen.   16 Eintretenter Vituten *H*

20—245, 6 Folioheft von zehn Blättern, von Schuchardts Hand beschrieben, mit Ausnahme des achten und zehnten Blattes; mit eigenhändigen Correcturen, sowie mit zahlreichen Zusätzen Meyers für die posthume Veröffentlichung in Kunst und Alterthum VI, 3, 442—453; diese Zusätze sind hier fortgelassen.

Die erste Kunst durchaus ahnungsreich, deshalb die Land=
schaft ernst und gleichsam drohend.

Forderung des Reichthums.

Daher hohe Standpunkte, weite Aussichten.

5 Beispiele.

Breughel.

Paul Brill; dieser schon höchst gebildet, geistreich und mannig=
faltig. Man sehe seine zwölf Monate in sechs Blättern und die
vielen anderen nach ihm gestochenen Blätter.

10 Jodokus Momper, Roland Saverh.

Einsiedeleyen.

Nach und nach steigende Anmuth. Tizian.

Die Caraccis.

Dominichin.

15 Claude Lorrain.

Ausbreitung über eine heitere Welt — Zartheit — Wirkung
der atmosphärischen Erscheinungen aufs Gemüth.

Poussin der Historienmaler.

Caspar Poussin.

20 Heroische Landschaft.

Genau besehen eine nutzlose Erde. Abwechselndes Terrain
ohne irgend einen gebauten Boden.

Ernste, nicht gerade idyllische, aber einfache Menschen.

Anständige Wohnungen ohne Bequemlichkeit.

25 Sicherung der Bewohner und Umwohner durch Thürme und
Festungswerke.

In diesem Sinn eine fortgesetzte Schule, vielleicht die einzige,
von der man sagen kann, daß der reine Begriff die Anschauung
der Meister ohne merkliche Abnahme überliefert habe.

30 Glauber.

Seb. Bourdon.

Francisque Milet.

Nebe.

Die Niederländer berühren wir nicht.

35 Übergang aus dem Ideellen zum Wirklichen durch Topo=
graphieen.

---

10 Jodokus *g¹* üdZ   12 Tizian *g* aR   22 ohne *g¹* über
um   31 Seb. Bourdon *g¹* aR

Merians weit umherschauende Arbeiten.

Beide Arten gehen noch neben einander.

Endlich, besonders durch Engländer, der Übergang in die
Veduten.

So wie beym Geschichtlichen die Porträtform.   5

Neuere Engländer, an der großen Liebhaberey zu Claude und
Poussin noch immer verharrend.

Sich zu den Veduten hinneigend, aber immer noch in der
Composition an atmosphärischen Effecten sich ergötzend und übend.

Die Hackertsche flare, strenge Manier steht dagegen; seine 10
merkwürdigen, meisterhaften Bleistift= und Federzeichnungen nach
der Natur auf weiß Papier, um ihnen mit Sepia Kraft und
Haltung zu geben.

Studien der Engländer auf blau und grau Papier mit
schwarzer Kreide und wenig Pastell, etwas nebulistisch, im ganzen 15
aber gut gedacht und sauber ausgeführt.

I.

Als sich die Malerey im Westen, besonders in Italien, von
dem östlichen byzantinischen mumienhaften Herkommen wieder zur
Natur wendete, war bey ihren ernsten großen Anfängen die 20
Thätigkeit bloß auf menschliche Gestalt gerichtet, unter welcher
das Göttliche und Gottähnliche vorgestellt ward. Eine kapellen=
artige Einfassung ward den Bildern allenfalls zu theil, und zwar
ganz der Sache angemessen, weil sie ja in Kirchen und Kapellen
aufgestellt werden sollten.   25

Wie man aber bei weiterem Fortrücken der Kunst sich in
freier Natur umsah, sollte doch immer auch Bedeutendes und
Würdiges den Figuren zur Seite stehen, deßhalb denn auch hohe
Augpunkte gewählt, auf starren Felsen vielfach übereinander ge=
thürmte Schlösser, tiefe Thäler, Wälder und Wasserfälle dar= 30
gestellt wurden. Die Umgebungen nahmen in der Folge immer
mehr überhand, drängten die Figuren ins Engere und Kleinere,
biß sie zuletzt in dasjenige, was wir Staffage nennen, zusammen=
schrumpften. Diese landschaftlichen Tafeln aber sollten, wie vorher
die Heiligenbilder, auch durchaus interessant sein, und man über= 35
füllte sie deßhalb nicht allein mit dem, was eine Gegend liefern

---

20 bey aus wie bey allen   ernsten *g*[1] üdZ

konnte, sondern man wollte zugleich eine ganze Welt bringen, damit der Beschauer etwas zu sehen hätte und der Liebhaber für sein Geld doch auch Werth genug erhielte. Von den höchsten Felsen, worauf man Gemsen umherklettern sah, stürzten Wasser-
5 fälle zu Wasserfällen hinab durch Ruinen und Gebüsch. Diese Wasserfälle wurden endlich benutzt zu Hammerwerken und Mühlen; tiefer hinunter bespülten sie ländliche Ufer, größere Städte, trugen Schiffe von Bedeutung und verloren sich endlich in den Ozean. Daß dazwischen Jäger und Fischer ihr Handwerk trieben und
10 tausend andere irdische Wesen sich thätig zeigten, läßt sich denken; es fehlte der Luft nicht an Vögeln, Hirsche und Rehe weideten auf den Waldblößen, und man würde nicht endigen, dasjenige herzuzählen, was man dort mit einem einzigen Blick zu über-schauen hatte. Damit aber zuletzt noch eine Erinnerung an die
15 erste Bestimmung der Tafel übrig bliebe, bemerkte man in einer Ecke irgend einen heiligen Einsiedler. Hieronymus mit dem Löwen, Magdalene mit dem Haargewande fehlten selten.

II.

Tizian fing, insofern er sich zur Landschaft wandte, schon
20 an mit diesem Reichthum sparsamer umzugehen; seine Bilder dieser Art haben einen ganz eigenen Charakter. Hölzerne, wunder-lich über einander gezimmerte Häuser, mittelgebirgige Gegenden, mannigfaltige Hügel, anspülende Seen, niemals ohne bedeutende Figuren, menschliche, thierische. Auch legte er seine schönen Kinder
25 ohne Bedenken ganz nackt unter freyen Himmel ins Gras.

III.

Breughels Bilder zeigen die wundersamste Mannigfaltig-keit: gleichfalls hohe Horizonte, weit ausgebreitete Gegenden, die Wasser hinab bis zum Meere; aber der Verlauf seiner Gebirge,
30 obgleich rauh genug, ist doch weniger steil, besonders aber durch eine seltnere Vegetation merkwürdig; das Gestein hat überall den Vorrang, doch ist die Lage seiner Schlösser, Städte höchst mannig-faltig und charakteristisch; durchaus aber ist der ernste Charakter des sechzehnten Jahrhunderts nicht zu verkennen.

---

17 gewande *g*[1] über schmuck   28 hohe nachträglich von Meyer eingefügt.

Paul Brill, ein hochbegabtes Naturell. In seinen Werken läßt sich die oben beschriebene Herkunft noch wohl verspüren; aber es ist alles schon froher, weitherziger und die Charaktere der Landschaft schon getrennt: es ist nicht mehr eine ganze Welt, sondern bedeutende, aber immer noch weitgreifende Einzelnheiten.　5

Wie trefflich er die Zustände der Localitäten, des Bewohnens und Benutzens irdischer Örtlichkeiten gekannt, beurtheilt und gebraucht, davon geben seine zwölf Monate in sechs Blättern das schönste Beispiel. Besonders angenehm ist zu sehen, wie er immer zwei auf zwei zu paaren gewußt und wie ihm aus dem　10 Verlauf des einen in den andern ein vollständiges Bild darzustellen gelungen sei.

Der Einsiedeleien des Martin de Vos, von Johann und Raphael Sadeler in Kupfer gestochen, ist auch zu gedenken. Hier stehen die Figuren der frommen Männer und Frauen mit wilden　15 Umgebungen im Gleichgewicht; beide sind mit großem Ernst und tüchtiger Kunst vorgetragen.

IV.

Das siebzehnte Jahrhundert befreit sich immer mehr von der zudringlichen ängstigenden Welt: die Figuren der Carache erfordern weitern Spielraum. Vorzüglich setzt sich eine große, schön　20 bedeutende Welt mit den Figuren ins Gleichgewicht und überwiegt vielleicht durch höchst interessante Gegenden selbst die Gestalten.

Dominichin vertieft sich bei seinem Bolognesischen Aufenthalt in die gebirgigen und einsamen Umgebungen; sein zartes　25 Gefühl, seine meisterhafte Behandlung und das höchst zierliche Menschengeschlecht, das in seinen Räumen wandelt, sind nicht genug zu schätzen.

Von Claude Lorrain, der nun ganz ins Freie, Ferne,　30 Heitere, Ländliche, Feenhaft-Architektonische sich ergeht, ist nur zu sagen, daß er ans Letzte einer freien Kunstäußerung in diesem Fache gelangt. Jedermann kennt [ihn], jeder Künstler strebt ihm nach, und jeder fühlt mehr oder weniger, daß er ihm den Vorzug lassen muß.　35

V.

Hier nun entstand auch die sogenannte heroische Landschaft, in welcher ein Menschengeschlecht zu hausen schien von wenigen Bedürfnissen und von großen Gesinnungen. Abwechselung von

Feldern, Felsen und Wäldern, unterbrochenen Hügeln und steilen Bergen, Wohnungen ohne Bequemlichkeit, aber ernst und anständig, Thürme und Befestigungen, ohne eigentlichen Kriegszustand auszubrücken, durchaus aber eine unnütze Welt, keine Spur von
5 Feld- und Gartenbau, hie und da eine Schafherde, auf die älteste und einfachste Benutzung der Erdoberfläche hindeutend.

[Künstlerische Behandlung landschaftlicher Gegenstände.]

Den größten Fehler unterlassener Mittheilung habe begangen, daß ich geglaubt, es müsse alles recht folgerecht einem jeden zukommen; anstatt daß aus dem folgerechtesten sich jederman
10 doch nur zueignet was ihn anmuthet.

Und so mögen Einzelnheiten hier gegeben seyn wie ich sie vor gegenwärtigen und abwesenden Freunden mitgetheilt oder von ihnen empfangen.

Toro Farnese = Hieron.

15 Titian kennend die Philostrate

Tiepolos Pest.

Isaac Major Einen gewissen grandiosen obgleich nicht geläuterten Sinn. Knüppel-Brücke und schlechten Forsthaushalt.

Der Künstler peinliche Art zu denken.
20 Woher abzuleiten.

Der ächte Künstler wendet sich aufs Bedeutende, daher die Spuren der ältesten landschaftlichen Darstellungen alle groß, höchst mannigfaltig und erhaben sind.

Hintergrund in Mantegnas Triumphzug.
25 Tizians Landschaften.

Das Bedeutende des Gebirgs, der Gebäude beruht auf der Höhe; Daher das Steile.

Das Anmuthige beruht auf der Ferne:

7—246,34 Foliobogen, die erste Seite eigenhändig, die übrigen von Johns *Hand* beschrieben.

11 gegeben seyn *g* aR statt folgen

Daher von oben herab das Weile.

Hiedurch zeichnen sich aus alle, die in Tirol, [im] Salz=
burgischen und sonst mögen gearbeitet haben.

Breughel, Jodokus Momper, Roland Savery, Isaak Major
haben alle diesen Charakter.

Albrecht Dürer und die übrigen Deutschen. Sie haben alle
mehr oder weniger etwas Peinliches, indem sie gegen die un=
geheuern Gegenstände die Freiheit des Wirkens verlieren oder
solche behaupten, insofern ihr Geist groß und denselben ge=
wachsen ist.

Daher sie bey allem Anschauen der Natur, ja Nachahmung
derselben ins Abentheuerliche gehen, auch manierirt werden.

Bei Paul Brill mildert sich dieses, ob er gleich noch immer
hohen Horizont liebt und es im Vordergrund an Gebirgsmassen
und in dem Übrigen an Mannigfaltigkeit es fehlen läßt.

Eintretende Niederländer.

Vor Rubens.

Rubens selbst.

Nach Rubens.

Er als Historienmahler suchte nicht sowohl das Bedeutende,
als daß er es jedem Gegenstand zu verleihen wußte, daher seine
Landschaften einzig sind. Es fehlt auch nicht an steilen Gebirgen
und grenzenlosen Gegenden, aber auch dem ruhigsten, einfachsten,
ländlichen Gegenstand weiß er etwas von seinem Geiste zu ertheilen
und das Geringste dadurch wichtig und anmuthig zu machen.

Rembrandts Realism in Absicht auf die Gegenstände.

Licht, Schatten und Haltung sind bei ihm das Ideelle.

Bolognesische Schule.

Die Caracci.

Grimaldi.

Im Claude Lorrain erklärt sich die Natur für ewig.

Die Poussins führen sie ins Ernste, Hohe, sogenannte Heroische.

Anregung der Nachfolger.

Endliches Auslaufen in die Portraitlandschaften.

---

8 verlieren gestrichen und wiederhergestellt.   15 es in
Kunst und Alterthum VI, 438, 4 nie   33. 34 Anregung — land=
schaften fehlen im Manuscript; da sie aber von Meyer mit

Georg Friedrich Schmidt,
geboren Berlin 1712, abgegangen daselbst 1775.

Der Künstler, dessen Talent wir zu schätzen unternehmen, ist einer der größten, dessen sich die Kupferstecherkunst zu rühmen hat; er wußte die genauste Reinlichkeit und zugleich die Festigkeit des Grabstichels mit einer Bewegung, einer Behandlung zu verbinden, welche sowohl kühn als abwechselnd und manchmal mit Willen unzusammenhängend war, immer aber vom höchsten Geschmack und Willen.

Von dem regelmäßigen Schnitt, worin er den ernstesten Chalkographen nacheiferte, ging er nach Belieben zur freien Behandlung über, indem er sich jenes spielenden Punctirens der geistreichsten Radirkünstler bediente und das Urtheil ungewiß ließ, ob er sich in einer oder der andern Art vorzüglicher bewiesen habe.

Doch es ist kein Wunder, daß er sich in diesen einander so entgegengesetzten Arten des Stiches vollkommen gleich erwiesen, weil ihm die gefühlteste Kenntniß der Zeichnung und des Hellbunkels, die feinste Beurtheilung und ein unbegrenzter Geist beständig zum Führer dienten.

In der ersten Art zog er vor, Portraite zu behandeln, ob er gleich auch einige geschichtliche Gegenstände geflochen hat und

---

den Anführungszeichen gedruckt sind, in welches er alle Goethischen Sätze dieses Aufsatzes eingeschlossen hat, so stammen sie zweifellos von Goethe.

1—248, 34 Zwei Foliobogen, auf der ersten Seite der Name des Künstlers; die 2.—6. von Johns *H*and beschrieben, mit eigenhändigen Correcturen. Gedruckt zuerst im vierten Band der Nachgelassenen Werke. Da der Aufsatz bloss Übersetzung aus dem Italienischen ist, wurde er in die Paralipomena eingereiht. Gedruckt nach der *H*andschrift; Bleistiftcorrecturen Eckermanns blieben unberücksichtigt.

5 genauste *g* über größte   zugleich die *g*¹ aR   7 sowohl als *g* üdZ statt zugleich   11 Chalkographen *g*¹ über Grabstichlern   12 indem — spielenden *g* aR statt durch ein scherzhaftes   jenes über eines   13 bediente *g* aR   15 Doch *g* aR statt denn   18 nach Geist folgt ihm   19 dienten *g* aus gedient haben

alles, was er gestochen, vorzüglich ist. Aber jenes Portrait von
La Tour, welches dieser Maler von sich selbst gefertigt hatte, ist
bewundernswürdig durch die Vorzüge, welche in allen übrigen sich
finden, mehr aber durch die Seele und die freie Heiterkeit, die
in diesem Gesichte so glücklich ausgedrückt sind. Sehr schön ist 5
auch das Bildniß von Mounsey und außerordentlich die der Grafen
Rasumowsky und Esterhazy; auch die Kaiserin von Rußland,
Elisabeth, gemahlt von Tocqué, wo besonders die Beiwerke mit er-
staunender Meisterschaft behandelt sind.

Nicht weniger schätzenswerth ist das Portrait von Mignard 10
nach Rigaud, welches ich jedoch nicht, wie andere wollen, für sein
Hauptstück halte.

In der zweiten Art behandelt er ebenso gut Portraite als
historische Vorstellungen, worunter einige von eigener Erfindung
sind, die ihm zu großem Lobe gereichen. 15

Er ahmte, doch nicht knechtisch, die weise malerische Un-
ordnung Rembrandts und Castigliones nach und wußte sich sehr
oft mit der kalten Nadel der geistreichen und bezaubernden Leichtigkeit des Stefano della Bella anzunähern. Bei ihm ist alles
Wissen, alles Feuer und, was viel mehr bedeuten will, alles der 20
Wahrheit Stempel.

Man kann von diesem wundersamen Manne sagen, daß zwey
der trefflichsten Stecher in ihm verbunden sehen. Wie er auch
irgend die Kunstart eines andern nachahmt, tritt er immer, von
seinem außerordentlichen Geiste begleitet, als Original wieder hervor. 25

Hätte er die Geschichte im großen Sinne wie das Portrait
behandelt, und hätte ihn die Überfülle seines Geistes nicht manchmal irre geleitet, so könnte er die erste Stelle in unsrer Kunst
erreichen. Ist ihm dieß nicht gelungen, so bleibt er doch, wie gesagt, einer der trefflichsten Meister und der erfahrenste Stecher. 30

Wer seine schönen Kupferstiche zu Rathe zieht, wird von vielen
Seiten in seiner Profession gewinnen.

Siehe *la calcografia da Giuseppe Longhi. Milano. 1830.
Vol. 1. pag. 195.* _____

---

2 gefertigt *g* über gemacht　6 die *g* aR　7 und Esterhazy
g aR　8 gemahlt *g* über nach Gemählden　13 als *g* über
und　24 tritt *g* neben bleibt　28 irre geleitet *g* neben verführt
29 bleibt er *g* neben ist ihm　29. 30 gesagt *g* aus ich gedacht habe

[Copien pompejanischer und herculanischer
Gemälde von Ternite.]

[Drei weibliche Figuren.]

Den allgemeinen Begriff dieses Bildes hatten wir schon aus
dem Kupfer gewonnen (*Pitture d'Ercol. T. II. S. 71*); hier aber
in der eigentlichen Größe, zwey Leipziger Fuß ins Gevierte und
colorirt, erschien es als etwas ganz Neues. Der ruhige Sinn,
5 welcher aus dem Zusammenseyn der drey Frauen uns anspricht,
ließe sich nur als ein Gefühl des *dolcissimo far niente* einiger=
maßen ausdrücken, oder wenn man es höher nehmen dürfte, würden
wir sagen, sie behaben sich so ernst als gelassen, so ruhig und
leidenlos wie die epikurischen Götter, deren Nachbild und Gleichniß
10 sie zu seyn scheinen. Eben diese himmlische Ruhe, dieses Ver=
harren in sich selbst, nicht etwa auf Leidenschaft und Sehnsucht
hindeutend, geht auch durch alle übrigen Bilder durch und gibt
uns die Anschauung einer andern Welt.

———

1—250, 15 Zu Meyers Besprechung der Terniteschen
Bilder (Kunst und Alterthum VI, 1, 169—179) steuerte Goethe
nach Ausweis der Handschriften die folgenden Abschnitte
bei. Handschriften: *H*¹ Eigenhändig mit Blei beschriebenes
Quartblatt, mit Röthel durchstrichen, *H*² Folioblatt von
Schuchardts Hand mit eigenhändigen Correcturen (zum
Theil zuerst mit Blei, dann mit Tinte überfahren) oben
eigenhändig mit rother Tinte 1) zu Seite *a*. Lin. 6 v. u.
Hier gedruckt nach Kunst und Alterthum S 170. 171. 178. 179.

3 nach Größe folgt (Fuß Zoll) *H*¹ 3. 4 zwey — colorirt
fehlt *H*¹ aR *H*² in's Gevierte] hoch und breit *H*² und] auch
über und *H*¹ 4—13 fehlt *H*¹ 5 welcher] in dem welchem *H*²
uns anspricht] aufgefaßt ist *H*² 6 ließe] läßt *H*² als] durch *H*²
7 dürfte] darf *H*² würden — sagen fehlt *H*² 8 sie behaben
aus schienen stellen sie sich die drey Frauen *H*² 9 wie nach
der üdZ *H*² 10 dieses Verharren] diese Versunkenheit *H*² 11 etwa]
aber *H*² 12 auch üdZ *H*² nach alle folgt die *H*² übrigen
üdZ *H*² und üdZ *H*² 13 die üdZ *H*² In *H*¹ folgt auf
4 Sinn: *b.* Am Ende Nachricht Tern wolle zu jeder Lieferung
eine gemalte *fac* Simile geben. *c.* Notiz der kleinen Venus

Hiernach nun können wir die Abſicht des Künſtlers nicht anders als billigen: eine ſucceſſive Herausgabe dieſer unſchätzbaren Werke anzukündigen. Verfährt er auf die eben von uns angedeutete Weiſe, und fügt er ſogar jeder Lieferung das colorirte Facſimile eines dieſer Bilder hinzu, ſo dürfen wir hoffen, daß er, 5 ohngeachtet des Überdrangs ſolcher Anerbietungen, dennoch Glück machen werde. Denn nicht allein der ernſte Künſtler, der gründliche Kenner, der Freund einer heitern Kunſt und der Kunſtgeſchichte wird hieran Theil nehmen; der Sammler wird eine geſchichtliche Lücke ausfüllen, auch alle praktiſchen Maler heiterer 10 Zimmerverzierungen werden Anlaß finden, nicht allein mit Copiren ſolcher Werke Glück zu machen, ſondern auch im Sinne derſelben gar manches aus dem Alterthum zur Freude wohlhabender lebensluſtiger Beſitzer anzuwenden und anzuführen, nicht weniger auch den eignen Erfindungsgeiſt dadurch zu beleben. 15

Jakſon, der Formſchneider.

J. B. Jakſou ein Engländer, Formſchneider arbeitet ſeit 1739 in Venedig unter dem Schutz ſeiner dortigen Landsleute. Vor

(vgl. Kunſt und Alterthum S 184). Wird nun Hr. Ternite die feſte Herausgabe dieſer Arbeiten ankünfigen und mit jeder Lieferung ein kolorirtes facſimile Eines Bildes verſprechen, ſo zweifeln wir nicht daß er ohngeachtet des Überdrangs ſolcher Anerbietungen genugſam finden werde, welche unſern eifrigen Wü Wir begleiten ſein Unternehmen mit den eifrigſten Wünſchen für weitere Verbreitung

dolcissimo far niente

(Es folgt ein nicht zugehöriges Brieffragment.)

1 Vor dem Text 2) zu Seite *c* am Schluß *g* mit rother Tinte aR   Hiernach nun üdZ ſtatt daher *H²*   3 nach Werke folgt zunächſt *H²*   4 ſogar üdZ *H²*   7 der — Künſtler aR *H²* 10 auch über und *H²*   praktiſche aR *H²*   14. 15 nicht — beleben aR ſtatt Daher iſt eine weitere Verbreitung ſolcher und ähnlicher Werke für die gute Sache, wir möchten ſagen für den wahren Glauben in Kunſt und Geſchmack *H²*

16—252, 14 Foliobogen von Färbers Hand halbſeitig beſchrieben.

allen ist der Consul Smith zu beherzigen und dessen Kunstein=
wirkung zu würdigen. Die Nahmen der Landsleute denen er
seine Blätter widmet, sind folgende.

(Inserantur)

5 Die Ursache, warum man hier die Nahmen der Gönner vor
dem Verdiensten des Künstlers nennt, ist die daß er besonders be=
günstigt seyn mußte um sein Talent zu üben.

Die erste Formschneidekunst ergab sich ganz natürlich aus
entschiedenen Umrißen und wenigen Schutten, sie steigerte [sich]
10 sodann an höhern und vollkommenen Zeichnungen die mit zwey
und drey Platten recht erfreulich nachzuahmen waren; weil aber
das technische Bestreben niemals euden kann, so ging es immer
weiter

(Wir überspringen die Mittelstufen)

15 Jakson ein Formschneider unterwindet sich in Venedig die
ausgeführtesten Gemählde von Titian, Paul Verones, Tintoret,
Bassan mit geschnittenen Holzstöcken nachzuahmen.

Niemand ist zu verdenken, wenn er diese Blätter zum ersten
mal erblickend einiges Mißvergnügen empfindet; denn wie sollte
20 uns derjenige gleich anmuthen der unmögliches unternimmt, er
mag so viel leisten als er kann.

Wenn wir aber diesen Arbeiten die billige Aufmerksamkeit
schenken, so finden wir darinnen ein Verdienst, von dem der Kunst=
freund doch eigentlich keinen Begriff hatte; die allerhöchsten Bilder
25 neuerer Zeit werden uns überliefert durch einen talentreichen
Mann auf dem Weg einer beschwerlichen und gefährlichen Technik,
wie eine Art von Räthsel das wir erst entziffern sollen, das uns
aber zuletzt, wenn wir uns bey diesen Nachbildungen der großen
Urbilder einigermaßen erinnern, mit Dank erfüllt für den Mann
30 der ohne großen Gewinn und Ruhm sich versprechend so treu
sein Geschäft verfolgte.

Sein erstes Blatt ist von 1739 die Ermordung
vorstellend Näher betrachtet verdient es alle Bewunderung was
der Techniker hier geleistet; was will denn aber der Druckerstock
35 gegen Titian's Pinsel, was das Helldunkel gegen Farben und
Färbung!

---

2 denen] deren   9 sich fehlt   32 wahrscheinlich die des
Petrus Martyr.   33 vorstellend g^1 aus vorstellen   35 gegen g^1
über den

Es ist Schade daß er nicht allen seinen Blättern die Jahres=
zeit hinzugesetzt; er scheint nicht weit in die Vierzige des vorigen
Jahrhunderts in Venedig gearbeitet zu haben.

Der Liebhaber welcher des Meisters Blätter nur einiger=
maßen genießen will, muß vor allen Dingen den weißen Rand 5
derselben herunter schneiden, innerhalb dessen sich das durch die
Druckerstöcke gequälte Papier in runzlichen Wannen niedersenkt;
alsdann giebt sich das Bild ehr ins Gleiche und wie man sich
die Mühe nimmt das Blatt gehörig aufzuziehen, so besitzt man
allerdings ein sehr respectables Kunstwerk. 10

Wenige Liebhaber bedenken, daß man nicht gerade alles wie
die Bratwurst in der Garküche vom Rost in den Mund nehmen
kann; sondern daß Vorbereitung verlangt wird sowohl unserer
als des Gegenstandes.

[Über Delaroches Faustdarstellungen.]

Beyde Blätter sind zwar bloß flüchtig und Skizzen, etwas 15
roh behandelt, aber voll Geist, Ausdruck und auf gewaltigen Effect
angelegt. Wahrscheinlich gelingen dem Künstler die übrigen wilden
ahnungsvollen und seltsamen Situationen gleichfalls, und wenn
er sich dem Zärtern auf irgend eine Weise zu fügen versteht, so
haben wir ein wundersames, in jenes paradoxe Werk harmonisch 20
eingreifendes Kunstwerk nächstens zu erwarten.

[Zur Besprechung der Kupferstiche
nach Gemälden der Belvedere-Gallerie zu Wien.]

Im 34sten Hefte haben wir die Apfelschälerin nach Ther=
burg von Robatsch, im 35sten das Grab der Cäcilia Metella

---

1. 2 Jahreszeit wohl verhört für Jahreszahl

15—21 Blättchen von Schuchardts Hand beschrieben;
nach *Carl* Rulands Bestimmung auf die Faustzeichnungen
von Delaroche bezüglich.

22—253, 8 In Meyers Besprechung ersetzte Goethe nach
Ausweis der *H*andschriften den nicht genügend anerkennenden Schluss durch obigen Text; *H*andschriften zwei eigenhändig mit Blei beschriebene Blätter *H*[1] und *H*[2]. Gedruckt
Kunst und Alterthum V, 3, 68. 69, danach auch hier.

22 Hefte fehlt *H*[1]   22. 23 Therburg von fehlt *H*[1]

nach Pynacker von Tobler vorzüglich zu rühmen, aber auch von allen übrigen Blättern Gutes zu sagen und uns der allgemeinen Theilnahme willig anzuschließen.

Auch die Erklärungen der Bilder sind schätzenswerth, des
5 Verfassers Urtheil in Lob und Tadel einsichtig und mäßig; weicht auch hie und da unsere Ansicht von der seinigen ab, so ist es auf eine Art, die sich im Gespräch leicht ausgleichen würde und von der also hier die Rede nicht seyn kann.

Zur Besprechung von Zelters Porträt
(Nach *C.* Begas Gemählde lithographirt von L. *Heine*)
von J. *H.* Meyer fügte Goethe die Worte hinzu:

So daß es als ein willkommnes Bild bey jedem frischen An=
10 blick den Freunden und Verehrern des vorzüglichen Mannes er= scheint.

Zur Besprechung der Sechs Ansichten
von Frankfurt a. M.
(gezeichnet von Radl und Delkeskamp)
von J. *H.* Meyer fügte Goethe den Abschluss hinzu.

.... es ist keineswegs zu bezweifeln, dass
nicht allein das allgemeine Publicum, welches auf die anmuthigste

1 aber auch fehlt *H*¹   2 uns über in die *H*² in die *H*¹
3 willig anzuschließen] mit einzustimmen *H*¹, ebenso *H*² daraus corrigirt der Text *H*²   4 die] in die über mit den *H*² eben= so *H*²   sind schätzenswerth] hat man alle Ursach zufrieden zu seyn *H*¹ ebenso ursprünglich, aber corrigirt in findet man sich bewogen im allgemeinen einzustimmen *H*²   8 der — kann fehlt *H*¹

Handschrift Meyers auf Foliobogen, hierzu 9—11 Goethes Zusatz eigenhändig mit Blei.   Gedruckt Kunst und Alter- thum VI, 2, 307.

Handschrift Meyers auf Foliobogen; statt der vier letzten Zeilen 12—254, 6 Goethes eigenhändiger Zusatz mit Blei. Gedruckt Kunst und Alterthum VI, 2, 308. 309.

Weise mit dem Wachsthum einer der wichtigsten Städte Deutsch=
lands bekannt oder zu vergnüglicher Erinnerung aufgefordert wird,
sondern auch der wahre Liebhaber der Kunst durch gründliche ge=
schmackvolle Behandlung ſo bedeutender Gegenstände befriedigt
und deßhalb das Werk ohne Unterbrechung fortgesetzt werden   5
könne.

Bemerkungen über bildliche Darstellungen.

Die Hirten dringend anbetend in der Höhle. Joseph, im
Begriff Wasser einer Quelle aufzufangen, scheint überrascht und
incommobirt. H
v Sch   .   10
Rembrandt.
Christi Hand, der die Kaufleute zum Tempel hinaustreibt, ist von
der Glorie umgeben. Da ist für den Augenblick des Weisen Geist.

Püchlerische Familie.

Johann Anton Püchler, ein Tyroler geboren um Siebenzehn=   15
hundert, lernte bei einem böhmischen Glasschleifer, zog nach
Italien, arbeitete in Neapel und Rom, lebte noch 1769 berühmt
und geliebt.

Johann der Sohn, geboren zu Neapel 1731, starb zu Rom
1791, der ganzen mitlebenden Kunst= und Liebhaberwelt rühm=   20
lichst bekannt.

---

1. 2 Deutschlands üdZ   2 oder nach was

7—13 Foliobogen, auf der ersten Seite halbbrüchig mit
Blei eigenhändig beschrieben.

7—9 Hr. Rochlitz Portef. May 1831. *Cartone a prima
Paul Brill?* g^1 aR   Die letzten drei Worte unleserlich.

11—13 Der Stich Rembrandts nach Carl Rulands Mittheilungen in Goethes Sammlung. Vgl. Maximen und Re=
flexionen Bd. 48, S. 212.

14—255, 3 Quartblatt, auf einer Seite von Färbers Hand
beschrieben.

16 Glasschleifer *g* über Steinschneider

Dessen Söhne Joseph und Ludwig steigern ihre Kunstthätig=
keit bis auf den heutigen Tag, wie das Portrait Pius des 7ten
uns aufs sicherste überzeugt.

Die schöne Anthia
Preisaufgabe
der Ausstellung von Gent im Jahre 1820.

Stelle aus dem griechischen Roman die schöne Anthia betr.
Aufgabe der Academie i. J.   Sie erhält keine Genugthuung im
    Werke.
10 Sie setzt es aufs neue aus.
Nähere Bestimmungen.
Sie erhält . . . Bilder
Sie ertheilt den Preis
Das Bild wie es beschrieben wird
15 Da sie nicht sagt in wiefern ihre Bedingungen erfüllt sind, so
    hält man sich an die Worte.
Romanhafte Beschreibung.
Anthia außerhalb jenes Festes gar nicht zu denken.
Einzeln vorgestellt.
20 Immer nur eine halbwüchsige Diane
Der Dichter spricht zur Einbildungskraft und setzt das Mädchen
    als bedeutend in einem unendlichen Ganzen Aufmerksamkeit
    erregend.
Die Akademie will sie einzeln dargestellt wissen.
25 Wo sie immer nur eine untergeschobene Diane vorstellen kann, wie
   · sie es auch dort ist.
Der Künstler stellt sie wieder vor im romanhaften Kreis.
Was er geleistet hat wissen wir nicht.
Richtig aber hat er gedacht und die Akademie hat es anerkannt.
30 Reinliche Betrachtungen bey dieser Gelegenheit.

    4—30 Foliobogen, von Johns *H*and das erste Blatt halb-
seitig beschrieben, mit eigenhändigen Correcturen.

    14 Das *g* über dem   Bild] Bilde   14 Bedingungen] Bil=
dungen *H* wohl Hörfehler   22. 23 Aufmerksamkeit erregend *g*
zugefügt   29 hat—anerkannt *g* über gedacht rectificirt nach
und folgt hat

Glückliche Gedancken.

Kind unter Gefangenen das den Bogen betrachtet
Sterbender Greis von Julius Roman. — Mulino(?)
Flucht nach Egypten von Feti.

        Darunter von fremder *Hand*
Chevalier de Cabra.

Zu Myron's Kuh.

Das Thier im Menschen

Myron's Kuh.
Meynungen
Widersprechen   10
Darauf bestanden
Früchte davon
Beuths Zusage
Überzeugung des nothwendigen Studiums der Thier=Natur.
Höhe des Styls.   15
Selbst nur zum Zweck heiterer Umgebung.
Landschaft durch weißes Reh
Erhöhte Zierlichkeit
Herr Zahn
Telephus und die Ziege   20
Centaurn Mutter
Erhebung des Thiers zum Menschen
Wodurch die Erhebung des Menschen zum Gott möglich wird.

Beyspiele,
wo Personen iconisch in irgend einem Bezug auf   25
Monumenten dargestellt sind.

Griechisch

    Phidias und Perikles auf dem Schilde der Minerva als
Künstler und Beförderer.

1—5 Quartblatt *g*[1]

6—23 Foliobogen, die erste Seite von Johns Hand beschrieben.

24—257, 8 Foliobogen, die erste Seite von Johns Hand
beschrieben.

Votivbilder im Tempel des Äsculaps.

Vorstellung eines Wassersüchtigen.

Römisch.

Wären Beyspiele von Sarkophagen, wie sie oft genug vor=
5 kommen, anzuführen.

Das Monument von Ygel, wo die Familie . . . . in ihrem
häuslichen Zusammenseyn mit ihren sämmtlichen Kriegs=Comis=
sariatgeschäften persönlich aufgeführt ist.

Homers Apotheose.

10 Altes merkwürdiges Basrelief, gefunden *in agro Ferentino*
zu Marino auf den Gütern des Fürsten *Colonna* in den Ruinen
der Villa des Kayser Claudius.

In der Hälfte des 17. Jahrhunderts?

Zu unsrer Zeit in Rom in dem Palast *Colonna* noch vor=
15 handen. Auf's Neue darauf aufmerksam geworden durch einige
von Freundeshand erhaltene Abgüsse von Figuren derselben.

Eine Abbildung, von dem Florentiner Caleftruzzi im Jahr
1656 gezeichnet und gestochen, giebt uns einen hinlänglichen Be=
griff davon. *Kircher ad fol.* 80. *Cuper ad fol.* 1. Sie findet
20 sich in dem Werke Cuper's über diesen Kunstgegenstand.

Caleftruzzi ist dem Alterthumsliebhaber schon bekannt durch
ähnliche nach Polydor radirte Blätter, z. B. den Untergang der
Familie Niobe.

Eine wahrscheinlich durchgezeichnete, aber sehr schwache und
25 ungeschickte Copie findet sich in Polena's Supplementen zu dem
thesaurus des *Graevius* und *Gronovius* im 2ten Theile zu
S. 298. und einer Abhandlung von Schott, worin mit einigen
Cuperischen Sätzen controvertirt wird.

9—259,29 Foliobogen, von Schuchardts *Hand* halbseitig
beschrieben, mit eigenhändigen Correcturen.

10 *in agro Ferentino g* üdZ   11. 12 in — Claudius zuge=
fügt *g.*   aR *g*[1] *Volckmann Tom. II. p.* 280. Von Bartoli ge=
stochen und von Bellori erklärt.   19 *Kircher*—1 *g* hinzugefügt
24—28 mit rother Tinte durchstrichen

Unseres Geschäffts ist nicht, hievon Relation zu geben; viel=
mehr wollen wir, da in jedem problematischen Falle eines jeden
Meinung sich nach Gefallen ergehen darf, auch die unsere kürzlich
vortragen; und wir sondern was nach prüfender Betrachtung des
Bildes, nach Lesung der darüber verhandelten Schriften klar ge=   5
worden, und was allenfalls zweifelhaft geblieben, sorgfältig von
einander.

Klar ist und zugestanden: die auf einem abgeschlossenen
Vorhangsgrunde als im Heiligthume vorgestellte göttliche Ver=
ehrung Homers auf dem untern Theile des Bildes. Die Ilias   10
und Odyssee knieen demüthig zur Seite; Eumelia und Kronos
stehen im Rücken ihn zu kränzen; vor ihm Mythos als opfernder
Knabe; Historia Weyhrauch streuend; Poesie mit Fackeln vor=
leuchtend, hinter ihr Tragödia und Comödia alle gleichsam vor=
wärtsschreitend, preißend und feyernd; hinter ihnen eine *turba*   15
stehend, aufmerksam, deren einzelne Figuren mehr durch Inschriften
als durch ihre Gestalt bezeichnet werden, und wo man Buchstaben
und Schrift sieht, ist man überall zufrieden.

Aber ohne Namen und Inschrift darf man von oben herunter
die Vorstellung ebenfalls für klar halten. Auf der Höhe des   20
Bergs Zeus sitzend, Mnemosyne hat aber von ihm die Erlaubniß
zur Vergötterung ihres Lieblings erhalten. Er mit rückwärts zu=
gewandtem Gesicht scheint gleichgültig; die Göttin aber, im Be=
griff sich zu entfernen, schaut ihn, mit auf die Hüfte gestützten
Armen, gleichsam über die Schulter an, als wenn sie ihm nicht   25
besonders dankte für das was sich von selbst verstehe.

Eine jüngere Muse, jugendlich munter hinabspringend, ver=
kündets freudig ihren sieben Schwestern, welche hinunterwärts
auf dem dritten und zweiten Plan theils stehen theils sitzen, und
mit dem was oben vorging, beschäftigt scheinen, bis zur Höhe, wo   30
Apollo Musagetes ruhig aufmerksam dasteht. Neben ihm Bogen
und Pfeile über der *Cortina*.

---

4 nach was folgt uns   prüfender *g* neben sorgfältiger
5 der — verhandelten *g* über der obgenannten   6 allenfalls *g*
über uns   11 Eumelia *g* eingefügt   23 nach gleichgültig
g üdZ folgt Beyfall dem Zuschauer zuzusenden offenbar ist
Beyfall zu streichen vergessen worden   29. 30 und — scheinen
g aR   32 der *Cortina g*[1] zugefügt

So weit wären wir also aufgeklärt. Von oben herein wird nämlich das göttliche Patent ertheilt und den zwey mittleren Feldern bekannt; das unterste 4te Feld stellt die wirkliche, obgleich poetisch symbolische Ausführung der zugestandenen hohen Ehre dar.

Problematisch bleiben uns jedoch noch zwey Figuren in dem rechten Winkel der zweiten Reihe von unten. Auf einem Piedestal steht eine Figur, gleichsam die Statue eines mit Unterkleid und anständigem Mantel einfach bekleideten Mannes; Füße und Arme sind nackt, in der Rechten hält er ein Papier oder Pergamentrolle und über seinem Haupte ist ein Dreyfuß zu sehen.

Die früheren Erklärungen dieser Figur können in obgemeldeten Büchern nachgesehen werden; wir aber behaupten, es sey die Abbildung eines Dichters, der sich einen Dreyfuß durch ein Werk, wahrscheinlich zu Ehren Homers gewonnen, und zum Andenken dieser für ihn so wichtigen Begebenheit steht er hier als der Widmende.

Nach etwas Ähnlichem im Alterthume ist zu forschen. Die Bilder des Perikles auf dem Schild der Minerva deuten hierher. In unserm Basrelief hat der Künstler seinen Namen und Vaterland schriftlich ausgedruckt, der Dichter steht bildlich.

Von seiner Seite durch den Sieg berechtigt, tritt seine Lieblingsmuse zu Phöbus heran, diesem eine Rolle überreichend, wahrscheinlich das triumphirende Gedicht.

Daß es später ist, zeigt schon die mehr als sonst im Alterthum gebräuchliche Allegorie, hier sogar durch Inschriften verdeutlicht.

Was sonst allenfalls noch zu beobachten.

Weimar den 3. October 1827.

———

2 nämlich *g* üdZ   2. 3 und — bekannt *g* aR   7 von unten *g* üdZ   8 eine über die   10 oder über und   14. 15 ein — Homers *g* aR statt seine Werke   23 diesem *g* neben ihm

Zum Aufsatz über Das Igeler Monument.

Anordnung der einzelnen Bilder nach ihrem innern Zusammenhang.

A. Staats= und Amts [über Handels]geschäfte im Allgemeinen.

B. Fabrikation.

C. Transport.

D. Familien= und häusliche Verhältnisse.

E. Mythologische.

A. Amtsgeschäfte.

1. Hauptbarelief im Untersatz, zwey Tische, Verhandelnde. Ein Dirigirender Vortragende, Ankömmlinge.

2. In der Atlile, zwey Sitzende, zwey Theilnehmende. Könnte als Rechnungsabnahme angesehen werden.

B. Fabrikation.

3. Hauptbild in der Attike, eine Färberey darstellend.

4. Lauges Gesims im Fries, irgend eine chemische Behandlung vorstellend.

1—262,7 Das handschriftliche Material liegt in einem grauen Umschlag mit der Aufschrift *Das altromische Denkmal der Secundiner bey Igel unweit Trier.* Der Fascikel enthält eine handschriftliche Vorarbeit J. H. Meyers, ferner von Eckermanns *H*and den einleitenden Abschnitt, der im vierten Band der Nachgelassenen Werke (*C*) S 175. 176 abgedruckt ist, und den unsere Ausgabe nicht reproducirt, weil er in der zu Goethes Lebzeiten erschienenen Einzelausgabe fehlt und augenscheinlich ein von Eckermann redigirter Auszug aus Meyers Vorarbeit ist; weiter eine für den Abdruck in den Nachgelassenen Werken hergestellte Reinschrift von Schreiberhand mit Bleistiftnotizen Eckermanns, die in den Nachgelassenen Werken berücksichtigt sind, aber für die *H*erstellung des Goetheschen Textes keinen Werth besitzen; sodann eine Vorarbeit Goethes (*H*), zwei Foliobogen grauen Conceptpapiers, Seite 1, 3—5 halbbrüchig von Johns *H*and beschrieben; endlich eine spätere Stufe der Ausarbeitung (*H*¹). *H* ist hier oben abgedruckt; *H*¹ wird unter den Lesarten verwerthet (s. dort auch die Beschreibung).

C. Transport.

Am vielfachsten und wie man sieht als Hauptgeschäft be=
handelt

5. Wassertransport, sehr bedeutend in den Stufen des Sockels,
die er den Überbleibseln nach sämmtlich scheint eingenommen
zu haben. Häufige Meerwunder, doch deuten die ver=
schiedenen gezogenen Schiffe auf den Flußtransport.

6. Seitenbild im Postamente beladener Wagen mit zwey Maul=
thieren, aus einem Stadtthor ins freye Feld fahrend

7. Ein Jüngling lehrt einen Knaben den Wagen führen. Hin=
deutung daß diese Geschäfte erblich in der Familie gewesen.

8. Berg=Transport, gar artig halbsymbolische Wirklichkeit.

D. Familien und häusliche Verhältnisse.

9. Großes Bild der Hauptseite, drey stehende Figuren, drey
Brustbilder, Halbrelief.

10. Kurzes Bild in der Attike, ein Vorgesetzter, dem Victualien
gebracht werden.

11. Lange Seite im Fries, Tafel. Speisekarte und Trinkende und
sich Unterhaltende. Tisch und Keller zu beiden Seiten.

E. Mythologische.

12. Hauptbild der Rückseite, Zodiak, Herkules auf einem Vier=
gespann, in den Ecken die vier Winde. Es ist nicht denkbar eine
thätige Lebensweise reicher und entschiedener auszudrücken.

13. Im Giebelfelde die Sonne.

14. In dem Giebelfelde daneben Luna.

15. Langes Bild in der Attike. Jüngling mit zwei Greifen.

16. Im Fronton der Hauptseite Hylas von den Nymphen geraubt.

17. Auf dem Gipfel der Adler Ganimed entführend, beides viel=
leicht auf frühverdorbene Lieblinge der Familie deutend,
die im Giebelfelde der Nebenseite . . .

18. Mars zu Reha herantretend.

19. Zur Erklärung und Rangierung der beyden hohen Nebenseiten
wovon vieles ausgelöscht, wird ein umsichtiger Kenner das
Beste beytragen, welcher sich ähnlicher Bilder des Alter=

---

2 vor Am gestrichene 5;   4 5. — 7 Flußtransport aR
10 nach Knaben folgt die man   32 nach Rangierung folgt
und   34 welche H   ähnliche H

thums erinnerte, woraus man mit einiger Sicherheit, diese Lücken restauriren und ihren Sinn erforschen könne. Daß die hier vorhandenen nicht von Erfindung der hier aus= führenden Künstler seyen, sondern daß solche ihre Vorbilder u. Muster von Rom mitgebracht, läßt sich denken und ist 5 auch der Zeit gemäß, wo man schon zum Nachbilden seine Zuflucht nehmen mußte.

Zum Aufsatz über Die Externsteine.

Das auf den Externsteinen bemerkte Motiv, daß des Sohnes Haupt auf das Haupt der Mutter herabhängt, findet sich auch 10 im Dom zu Assisi, gemalt von Cavalini. Wie auch im Dom zu Siena.

Zum Aufsatz über Vorzüglichste Werke von Rauch.

Diese lange reichbegabte Tafel soll nun eigentlich den nach einem zaubernd langen unentschiedenen Feldstreit kühn beschlossenen 15 Marsch nach Paris vorstellen. Die Ungewißheit, worinn das Schicksal bisher schwebte, wird durch einen Fragenden angedeutet, welcher sich bey einem Begegnenden erkundigt, inwiefern hier

8—12 Folioblatt, auf dem grössten Theil von Johns und Kräuters *Hand* einiges zu Maximen und Reflexionen gehörige. Obige Zeilen von Johns *Hand*.

13—263, 27 Auf Grund einer in Johns Abschrift erhaltenen Mittheilung Rauchs ausgearbeitet; vierte Seite eines Foliobogens; beide Seiten eines weiteren Folioblattes von Johns *Hand* halbbrüchig beschrieben. Mit wenigen Correcturen Goethes und zahlreichen Eckermanns, welch letztere hier nicht berücksichtigt sind, da sie für den Abdruck in den Nachgelassenen Werken Bd. IV gemacht wurden. In Kunst und Alterthum fehlt der Abschnitt und ist deshalb hier in die Paralipomena eingereiht worden.

15 zaubernd *g*[1] üdZ *H*

abermals von einem Marsch und Gegenmarsch die Frage sey. Es
wird berichtet, daß das große Unternehmen seiner Entscheidung
entgegen sehe.

In der Mitte ist auf eine anmuthig natürliche Weise ein
5 Bivouak angebracht, man schläft und ruht, man siedet und liebelt,
als wenn die ungeheuren Kriegeswogen nicht umher braußten und
strömten. Die Reiterey strebt um diesen Mittelpunct herum von
schlechtem Boden auf die Chaussee, wird aber zurückbeordert, um
der Infanterie Platz zu machen. Das Auf= und Abstrebende dieser
10 Massen giebt nun dem Ganzen eine symmetrische, gleichsam Cirkel=
bewegung, indeß die Infanterie und Artillerie im Grunde horizontal
einherzieht. Am Ende zur rechten Seite der Zuschauer steht an
das Pferd gelehnt, ein meisterlicher Mann, dießmal die Lanze in
der Hand, einen jüngern belehrend; am entgegengesetzten Ende
15 zur Linken liegt wohlgebildet, halbnackt, ein Erkrankter oder
Todter, damit die Erinnerung an Gefahr und Leiden mitten in
diesem Lebensgewühl nicht fern bleibe. Gewiß sind auf den drey
übrigen Basreliefen correspondirende zum Ganzen sich abrundende
Darstellungen ausgeführt. Es ist nicht möglich ein anmuthigeres
20 Räthsel aufzustellen. Offenbar erkennt man absichtliche Portraite
und wieviele mögen sich noch daraus vermuthen und ahnen lassen!
Warum sollte ein damals Mitwirkender nicht sich selbst erkennen
oder ein Freund? besonders wenn die Montur oder irgend eine
Abzeichnung die Vermuthung unterstützt? In diesem Sinne
25 wünschten wir wohl selbst umherzugehen, um den ganzen Ver=
folg gehörig zu betrachten und zuerst und zuletzt jenem vorwärts=
herrschenden Helden unsere Verehrung mit zu bezeigen.

---

4 ist] sind hier musste die Correctur Eckermanns angenommen werden. 18 Basreliefen von Eckermann hinzugefügt nach correspondirende ursprünglich correspondirenden
folgt drey und abrundende ursprünglich abrundenden 21 nach
und folgt anlaf 26 nach zuletzt folgt mit 27 mit g^1 aR
zugefügt

Gypsabgüsse.

Die seit etwa zehn Jahren lebhaft angeregte Kunstthätigkeit in Berlin hat nicht allein im Fach der Sculptur und Architektur löbliches geleistet und in manchem Anderu mit Erfolg sich versucht, sondern man nimmt auch ein freisinniges preiswürdiges 5 Bestreben wahr, Kenntnisse von der Kunst und den geschätztesten Werken derselben zu verbreiten. Aus diesem Gesichtspuncte betrachtet ist die im Königlichen Lagerhause errichtete Anstalt, wo unter begünstigendem Einfluß der Behörden der Stuccateur Herr Seeger treffliche Gypsabgüsse vorzüglicher antiker und moderner 10 Sculpturen zu billigen Preisen verkauft, aller Aufmerksamkeit werth, geeignet Kunst zu erwecken, den Geschmack zu läutern und auf das wahrhaft Schöne zu leuken. Ein ansehnliches gedrucktes Verzeichniß aller in dieser Anstalt verkäuflichen Gypsabgüsse liegt vor uns; dasselbe enthält blos an Bildern über Antiken geformt 15 zwanzig Statuen, achtzehn Brustbilder und Köpfe, zwölf Basreliefe und zehn Fragmente. Da dieses Verzeichniß schon vor einigen Monaten gedruckt worden, so hat wahrscheinlich jede der genannten Abtheilungen noch Zuwachs erhalten.

Eine reichliche Früchte verheißende Saat von Kunstkennt= 20 nissen und Geschmacksbildung aber ist ausgestreut durch den Beschluß, die sämmtlichen preußischen Universitäten mit zweckmäßig ausgewählten Sammlungen von Gypsabgüssen nach Antiken zu versehen, weil man einsieht, daß wo dergleichen Hülfsmittel mangeln, es unmöglich ist die Geschichte der alten Kunst gehörig 25 gründlich zu lehren. Laut Nachrichten, über deren Zuverlässigkeit kein Zweifel obwaltet, besitzt die Universität Bonn bereits eine solche Sammlung. Für Königsberg ist der Anfang gemacht; auch hat die Landesschule zu Pforta das für sie in dieser Hinsicht Erforderliche schon erhalten. Halle und Breslau sollen noch ver= 30 sorgt werden.

1—31 Folioblatt von Johns *Hand* beschrieben. Es findet sich eine sachliche Correctur Meyer's darin und zwei stylistische von Riemer; trotzdem dürfte nach dem Styl die Aufzeichnung von Goethe herrühren. Das Blatt ist von ihm mit rother Tinte signirt 6. Ungedruckt; hier nach Johns Niederschrift ohne Correcturen.

[Glaspasten
nach der Königlichen Gemmensammlung
in Berlin.]

Den vorgedachten beyden Unternehmungen, Kunstwerke ge=
meinnütziger zu machen, durch sie Geschmack und Bildung zu
fördern, schließt sich auch eine dritte an: nämlich Glaspasten von
den vorzüglichsten Werken der so höchst wichtigen und zahlreichen
5 Königlichen Gemmensammlung [von] Herrn Reinhart verfertigt,
in der Absicht dergleichen künftig den Liebhabern um billige
Preise käuflich zu lassen. Die erwähnte Königliche Gemmen=
sammlung besteht nicht, wie weniger Unterrichtete vielleicht glauben
möchten, blos aus dem ehemals Stoschschen Cabinet welches Friedrich
10 der Große angekauft, sondern viele und zum Theil hochschätzbare
Stücke sind älteres Besitzthum.

Von diesen Glaspasten liegen ungefähr ein Dutzend uns vor
Augen; sie sind durchgängig nett ausgegossen, das Glas auf ver=
schiedene Weise schön gefärbt, nur bemerkt man daß die Pasten
15 von vertieft gearbeiteten Steinen beym Poliren der Oberfläche
da und dort etwas zu sehr angegriffen worden, daher die Umrisse
der Figuren zuweilen undeutlich, und wo Schrift war die Buch=
staben verwischt sind.

[Zu Reinhardts Glaspasten.]

Die zwölf von Herrn Reinhardt in Berlin eingesandten Glas=
20 pasten nach geschnittenen Steinen der vormals von Stoschischen, jetzt

---

1—18 Das eben genannte Folioblatt; dazu als Fort-
setzung ein zweites, von Stadelmanns *H*and beschrieben.
Correctur Riemers und Meyers; neben der ersten Zeile von
Goethes *H*and mit rother Tinte die Signatur 7. Ungedruckt;
hier nach Johns und Stadelmanns Niederschrift ohne spätere
Correcturen.

5 nach Gemmensammlung folgt machen von fehlt Herrn —
verfertigt a*R*   9 möchten] möchte

19—266, 16 Foliobogen, die erste Seite von Schuchardt's
*H*and beschrieben.

19 Reinhardt eingefügt *g*

Königl. Preuß. Gemmensammlung, verdienen unbedingten Beyfall. Die farbigen Glaspasten derselben sind rein und schön, die rubin= farbigen höchst angenehm. Die Bilder haben sich vollkommen scharf ausgedruckt; das Verschneiden, sowie das Polieren der Ober= fläche ist mit nöthiger Sorgfalt behandelt, so daß Abdrücke in 5 Wachs oder Siegellack die Bilder durchaus nett und deutlich zeigen und nirgends der Contour verletzt erscheint. Endlich dürfte der mäßige Preis von 8 Sgr. diese Pasten dem kunstliebenden Publicum durchaus empfehlen.

Deshalb wir denn ganz unbedenklich den Wunsch äußern, 10 daß dergleichen zum Siegeln in häufigen Gebrauch kommen mögen, wozu sie sich, wenn man das Siegellack nur wenig verkühlen läßt, gar wohl eignen. Dabey würde der Geschmack, die Neigung zum Guten und Schönen nur gewinnen und das Unerfreuliche immer entschiedener Unlust und Widerwillen erregen. 15

W. d. 16ten Nov. 1826.

Stoschische Gemmensammlung.

Werth der alten geschnittenen Steine. pp.

Besonderes. Sie erhalten das Andenken verlorner wichtiger Kunstwerke. 20

Die Alten verlangten nicht immer ein anderes, neues, nie gesehenes Gebilde.

War der Character bestimmt, auf's Höchste gebracht, so hielt man an dem Gegebenen fest.

Man wiederholte das Gelungene. Indem man immer wieder 25 zur Natur und dem Hauptgedanken zurückkehrte. Wie man denn auch die Behandlung der besondern Darstellungsart dem Zweck, dem Material anzueignen verstand.

So war es mit Copien und Nachahmungen der Statuen, mit Verwendung derselben zu mehr oder weniger erhabenen Ar= 30

---

5 ist üdZ   11 zum nach Basten

17—268, 16 Foliobogen, von Schuchardt's Hand halb-brüchig beschrieben; mit eigenhändigen Correcturen in rother Tinte.

18. 19 pp. Besonderes zugefügt g

beiten, mit Benutzung im Kleinsten auf Münzen und geschnittenen Steinen.

Diese letzteren machen einen wichtigen Theil des Studiums der Antike. Wenn von Darstellung ganz verlorner Kunstwerke, von Restauration mehr oder weniger zertrümmerter die Rede ist.

Sammlungen geschnittener Steine — Früheres Interesse daran — Als Juwelen betrachtet — Erste Hälfte des vorigen Jahrhunderts — Münzen und Gemmen werden gesammelt.

Stosch als Person merkwürdig
Hinweisung auf das Conv[ersations]=L[exikon] —
Sohn eines Geistlichen — Studirt Theologie — Geht frey=
sinnig in die Welt — Mit Kunstliebe begabt — Auf seinen Reisen überall wohl aufgenommen — Weiß seine Vortheile zu benutzen — Als Reisender — Kunstfreund — Weltmann — Diplomat — Wagehals — Constituirt sich selbst zum Baron — Gelangt zu Kunstschätzen aller Art — Besonders auch zu dieser Sammlung geschnittener Steine.

Frühling der geschichtlichen Kunstkenntniß. Alles ist noch frisches Beschauen der alterthümlichen Gegenstände. Erste geist= reiche Anwendung classischer Schriftsteller auf bildende Kunst. Bey unvollkommner Würdigung —
Erste wahrhaft entwickelnde historisch = folgerechte Methode. Mengs Winckelmann.
Fernere Schicksale der Sammlung. Besondere Aufmerksam= keit auf die Gemmen mit Namen der Künstler. Stosch geht mit Tode ab — Der Winckelmannische Catalog wird gedruckt. Der Neffe des Verstorbenen Muzel=Stosch erbt das Cabinet. Es ist eine Zeit lang verloren. Endlich in Livorno wiedergefunden — Kommt in Besitz des Königs von Preußen.

---

10 Hinweisung — L *g* aR 21 Bey — Würdigung *g* zu= gefügt 22 wahrhaft *g* über wahrhaftig 22 nach entwickelnde folger 23 Mengs Winckel *g* zugefügt

Frühere Abgüſſe der Sammlung. Einzelne Steine kommen im Abdruck in verſchiedene Dactyliotheken. In die Dehniſche — Lippertſche pp. — Kommen auch ſonſt einzeln vor — Vieljähriger Wunſch, dieſe Sammlung zu beſitzen, gegenwärtig erfüllt — Mit allgemeiner Theilnahme zu begrüßen.   5

Geſchichte des Künſtlers Reinhardt — Welcher jetzt ſowohl Glaspaſten als Maſſenabdrücke den Liebhabern gegen billige Preiſe überliefert.

_____

Die Sammlung im Einzelnen ſorgfältig durchzugehen, die vorzüglichen Stücke, ſchon bekannt, kürzlich hervorzuheben. Weniger 10 bekannte gleichfalls ins Licht zu ſtellen — Aufmerkſamkeit auf Nachbildungen wichtiger alter Kunſtwerke — Auf geiſtreiche Ver= mannichfaltigung mythologiſcher Gegenſtände — Auf geſchmack= volle Scherze — Dergleichen in Kinderſpielen — Emblemen — Und ſonſtigen Darſtellungen aller Art.   15

Weimar d. 10. July 1827.

_____

[Aufforderung zur Subscription für eine Jubiläums-
medaille des Ministers von Voigt.]

Das ſo ruhmvoll erlebte und gewiß von allen Staatsbürgern herzlich mitgefeyerte Dienſt=Jubiläum Sr. Excellenz des Herrn Staats=Miniſters von Voigt hat den Wunſch rege gemacht, dieſem frohen Tage auch für die Nachkommen ein bleibendes Denkmal 20 zu errichten.

Man hat daher beſchloſſen eine zweckmäßige Münze mit dem Bruſtbild Sr. Excellenz und einer paſſenden allegoriſchen Rückſeite auf dieſen Tag prägen zu laſſen.

Es hat der Herr Geheimerath und Staats=Miniſter von 25 Goethe gern übernommen, unter ſeiner Leitung die Zeichnung zu

_____

8 nach überliefert folgt Hier müßte

17—269, 26 In einem Fascikel, betitelt _Acta_ (u. s. w. betreffend Jubiläums- und Bestattungsfeier v. Voigts). Foliobogen von Kräuters _H_and beschrieben; Goethes Autorschaft
ist nicht zu erweisen, seine Mitwirkung aber jedenfalls an-
zunehmen.

22 nach hat folgt ſich

dieſer Medaille entwerfen zu laſſen, auch iſt bereits mit dem
Graveur Facius allhier gehörige Rückſprache wegen der Koſten
genommen worden.

Derſelbe hat ſich über dieſen Punkt folgendermaßen erklärt,
5 daß wenn ihm die Abnahme von 200 Stück dieſer Medaille
a. 1 *Rℓ.* 13 *gr.* (an Silber ein Loth ſchwer) verſichert würde, ihm
alsdann aber auch noch erlaubt ſey, auſſerdem dergl. Medaillen
zu verkaufen, er die Ausführung dieſer Münze übernehmen wolle.

Es bliebe alſo blos noch übrig den Werth der goldenen
10 Medaille, welche für Se. Excellenz beſtimmt iſt, und 5 Ducaten
an Gold halten ſoll, auf die Theilnehmer zu vertheilen. Rechnete
man auf die 200 Stück *a.* 1 *Rℓ.* 13 *gr.* welche Facius garantiert
haben will, den Aufwand von *circa* 18 *Rℓ.* auf die goldne
Medaille, ſo würde auf ein Stück noch ohngefähr 2 *gr.* 8 *₰.* ge-
15 rechnet werden müſſen, und alſo der ganze Preiß einer ſilbernen
Medaille auf 7 Kopfſtück oder 1 *Rℓ.* 15 *gr.* 8 *₰. curr.* geſetzt
werden.

Um nun den Graveur Facius wegen dieſes Unternehmens
ſogleich ſicher ſtellen zu können, hat man den Weg der Sub-
20 ſcription gewählt, und erſucht alle Diejenigen, welche Theil zu
nehmen wünſchen, die Anzahl der von ihnen verlangten Exemplare
zu verzeichnen, den Betrag aber an Grosherzogl. Cammercaſſe
praenumerando zu übermachen.

Nach Vollendung der Medaille wird man nicht verfehlen die
25 aufgezeichneten Exemplare denen Herrn Subſcribenten ſogleich ein-
händigen zu laſſen.

[Es folgt die contractliche Verpflichtung des Medailleurs
Pacius von deſſen *Hand*.]

Steinſchneider.

Alte voller Kenntniß

Deshalb in der Ausführung, wenn ſie auch ſelten vorkommt,
30 vortrefflich, und in der ſkizzenhaften Behandlung unſchätzbar, da

6 ein Loth *üdZ* von der *Hand* des Medailleurs Facius
verſichert *aR* neben abgenommen   12 auf über daß

27—270, 2 Folioblatt, von Johns *Hand* halbbrüchig beſchrieben.

man alsdann die Arbeit als gründliches und treffliches Symbol ansehen kann, das alles sagt, wenn es auch nicht alles darstellt.

[Schema über künstlerische Technik.]

Gefordertes Gutachten — Ohne Anmaßung der Sachkennt= nis — Intention — Bisheriger Geschäftsgang — Serenissimus p. b 1 — Während seiner langen Regierung 5
. . . . Höhe der Technik in Farben — Bildung eines solchen Subjetts — Vorbereitung — Absendung . . . . .
Streben. Prüfungen 1 2 3 letzt.

Schon jetzt beachtet — Steigerung und Erfüllung Der erste Anlaß. Das Überflügeln in technischer Hinsicht — Chemisches 10 — Dagegen *Voyage en Angleterre.*

Zu
Vorbilder für Fabrikanten und Handwerker.

Ein jeglicher, in dem sich Sinn und Gefühl für Kunst immer mehr entwickelt, muß gewahr werden, daß in dem großen Ganzen alles nothwendig übereinstimmen müsse; und da arbeitet denn der 15 Baumeister allen übrigen Künstlern und Gewerken vor und über= läßt ihnen das Geschäft vom schmalen Blättchen und Stäbchen an bis zum blanken Fries sie auszuarbeiten und zu verzieren; sollt es aber geschehen, so muß er überzeugt sein, daß sie mit ihm eines gleichen Sinnes und gleicher Schule — — — 20

3—11 Eigenhändige schwer leserliche Niederschrift mit Blei auf ein abgerissenes Blatt; vielleicht bezüglich auf das Gutachten über Restaurationsverfahren S. 141.

5 nach Regierung folgen zwei unleserliche Zeilen   7 nach Absendung folgt ein unleserliches Wort.

12—271,4 Zwei Abschnitte in Columnen halbbrüchig beschriebenen grauen Conceptpapiers; über dem ersten die Überschrift von Kräuters *Hand*, Text von Johns Hand; beide Abschnitte mit Röthel durchstrichen.

— — — nach und nach gereinigt, Plan, Anlage, Ausführung immer faßlicher und gefälliger geworden, so sehen wir auch die untergeordneten Künstler und kunstreichen Handwerker sich zu freyerer und aufgeheiterter Schönheit erheben.

Über Aloys Hirt.

5 Hofrath Hirt.

geboren 1759.

Im Fürstenbergischen

Schulstudien

Trieb nach Rom

10 Aufenthalt in Florenz

Wohlangesehen bey dem Großherzog.

Macht sich in Rom schnell mit den Gegenständen bekannt.

Um Fremde führen zu können.

Erweist mir diesen Dienst aufs Gefälligste.

15 Sein Hauptstudium die Baukuust.

Ohne das Übrige zu vernachläßigen.

Controversen in Rom

Entspringen wie überall aus der Verschiedenheit der Ansichten.

Seine Maxime in der Baukunst.

20 Ruhte auf der Ableitung griechischer und römischer Architektur von dem Holzbau.

Wobey ihm Geschichte und Beyspiele zu Hülfe kamen.

Nur wurden demselben in 10 Jahren Ausnahmen entgegen gesetzt, auf welche der Baukünstler niemals Verzicht thun darf.

25 In Absicht auf die Schönheit lag er auch erst im Streit mit andern Künstlern indem er ihren Grund ins Charakteristische legte.

Da denn insofern diejenigen ihm beipflichteten welche sich über= zeugten daß freylich der Charakter der Grund eines jeden

30 Kunstwerks seyn müsse,

Die Behandlung aber dem Schönheitssinne und dem Geschmacke anempfohlen sey, welche einen jeden Charakter in seiner An= gemessenheit sowohl als seiner Anmuth darzustellen verstehe.

5—33 Folioblatt, von Johns Hand halbbrüchig beschrieben.

[Fragmente über Architektur.]

Zu bemerken, wo die Aufmerksamkeit der Kunst herankommt.
Bey den Italienern Nachbildung der Architektur.

In Restauration der Plane der Profile, der plastischen Reste.

Deutsche und Niederländer haben keine Alterthümer, ihre
eigene heilige Architektur gewann das Übergewicht.　　　　　5

Sonderbar beschränkter Zustand.

Wie er sich aufgelößt durch Reise nach Italien.

Vortheile der Überlieferung — Nachtheile der Überlieferung
— In der Baukunst zwey Überlieferungen — Die griechische der
höchsten Zeit — Die deutsche (sonst gothische) der besten Zeit. 10
Einander ganz entgegengesetzt.

Welche ist auf unsere Bedürfnisse angewiesen(?) Unbequem=
lichkeit beyder.

Zu der Besprechung von

Kirchen, Paläste und Klöster in Italien,

nach den Monumenten gezeichnet　　　　15
von J. Eugenius Ruhl u. s. w.

Wenn nun meine Freunde an der vollkommenen Ausführung
eines so wohl studirten Werkes ihre Freude hatten, so war mir

---

1—7 Foliobogen, von Färbers Hand die erste Seite
halbbrüchig beschrieben.

8—13 Folioblatt, die eine Seite eigenhändig mit Blei
halbbrüchig beschrieben.

14—273, 9 Druck: Kunst und Alterthum Dritten Bandes
Drittes Heft. S. 188.

Am 6. Juni 1820 bittet Goethe brieflich, zu Meyer's
Besprechung der Ruhl'schen Bilder einen Zusatz machen
zu dürfen; am 7. gibt Meyer seine Einwilligung dazu. Dass
es sich dabei nur um den obenstehenden Absatz der Recension (S. 184—188) handeln kann, ist zweifellos. Die
von Goethe angeführte Stelle der Italiänischen Reise bezieht
sich auf dem Tempel zu Assisi und ist datirt Foligno
25. October.

dabey noch ganz anders zu Muthe, indem ich mich der abenteuer=
lich=flüchtigen Augenblicke lebhaft erinnerte, wo ich vor diesem
Tempel gestanden und mich zum erstenmal über ein wohlerhalte=
nes Alterthum innig erfreute. (Aus meinem Leben zweyter Ab=
theilung 1ster Theil. S. 283.) Wie gerne werden wir dem
Künstler folgen, wenn er uns, wie er verspricht, nächstens wieder
an Ort und Stelle führt, und von seinen anhaltenden gründ=
lichen Studien daselbst bildlich und schriftlich den Mitgenuß
vergönnt.

Zu Kunst und Alterthum.

I

1. Betrachtungen bey Medwins Unterhaltungen mit Lord Byron.
   O! hätt er sich gekannt wie ich ihn kannte.
2. Über meinen Briefwechsel mit Schiller das Nähere.
3. Conversation mit dem Conversationsblatt von 1823 auf die
   Dauer.
4. Napoleons Siege in Oberitalien, gemalt von Appiani, ge=
   stochen von trefflichem Kupferstecher. Dem Sammler zu Liebe.
5. Boisserees Steindrucke unschäzbar — wer sie besitzt halte sie fest.
6. Alterthümer von Trier. Wunsch das Monument von Igel
   so dargestellt zu sehen, im jezigen und im ersten Zustand
   restaurirt.
7. Kirche von Oppenheim. Löbliches Aufbewahren vergänglicher
   Denkmale.
8. Tausend und eine Nacht. Breslau. Vortrefflichkeit und
   Schein. Der Wissende und der Unwissende ergözt sich daran.

10—25 Quartblatt; eigenhändig mit Blei beschrieben.
Auf der Rückseite nicht zugehörige Notizen. — Von den
zahlreichen Inhaltsübersichten zu Kunst und Alterthum sind
nur die zwei auf das zweite *Heft* des sechsten Bandes be=
züglichen Entwürfe aufgenommen, weil sie über die Titel=
angaben hinausgehen. 12 Vgl. Gedichte Bd 4, S 18, 12.

II

1.) Deutsche Thatkraft.
2.) Ausbildung der Künstler, besonders Bildhauer
   Rauchs Generale
   Statuen
   Basreliefe im antiken Sinn
   Allegorisch angenähert.
2.) Blücherstatue
   Basrelief, modernes Kostüm
   Befreundung bey täglichem Anschaun.
   Gleichsam wie das vorübergehende Volk.   10
3.) Abdrücke geschnittener Steine durch Reinhard
4.) Anschließende einzelne Sammlungen
   Pasten nach verkleinerten in Wachs bossirten Bildnissen.
5.) Granitarbeiten in Berlin.
6.) Chrystallisirte Edelsteine   15
   Geologische Edelsteine in Massen.
   Umherliegende Granitblöcke
   Großer Fels bey Fürstenwalde
   Geologisches Monument.
   Dasselbe lithographirt   20
   Zeugniß früherer Felsparthieen, zum größten Theil ver-
      wittert, die festesten übrig geblieben.
   Willkommen denen welche mit der Schmetter= und Polter
      Theorie sich nicht befreunden können.
   Namen der Unternehmer   25
   Unternommene Gegenstände.
6.) Gewerbsanstalt
   Unzulänglichkeit des Gewerbes, das sich nicht auf Kunst …
   Musterblätter.
   Aussichten auf alle Art von Technik.   30
   Steigerung aller Handwerke zur Kunstvollendung.
7.) Buchbinder

————————

1—275, 13 Folioblatt, von Schuchardts *Hand* halbbrüchig beschrieben, mit eigenhändigen Correcturen.
   10 aR *g*¹ Tiecks Cassandra   15. 16 *g*¹ eingefügt zum Schmuck
der Frauen und Reichen (?) zu Schmuck und Pracht (?)
23 Schmetter und *g*¹ aus zerschmetternden

Elfenbeinarbeiten

G. Gerber.

Kunstdrechsлен,

Gleichfalls Verkleinerung aller bossirten Porträte.

5 Elfenbein angenehmes Material

Gebrüder Henschel, physiognomische Scizzen.

Wegeilen über diese würdigen Gegenstände.

Hoffnung auf das Berliner Kunstblatt.

Pompeji abermals

10 Roux

Sicilien von Hittorf und Zanth.

Griechen und Philhellenen von Kratzeisen.

Holzschnitte zu Tausend und eine Nacht.

Kurze Geschichte der Kupferstecherkunst als Einleitung eines

15 Urtheils über neuere Meister des Fachs.

1830.

Nachtrag

zu Bd. 48 S 230.

Entwurf einer Ausstellungsschrift.

Inhalt.

I. Diesjährige Ausstellung für bildende Kunst.

II. Aufgabe fürs nächste Jahr.

20 III. Aphorismen, Freunden und Gegnern zur Beherzigung.

1—6 auf der anderen Spalte des Blattes.

10 Roux g^1 aR

14—16 Quartblatt eigenhändig mit Blei beschrieben: auf der Rückseite Fragment eines Briefconcepts. Wohl ein Project für das von Goethe nicht mehr herausgegebene Schlussheft des sechsten Bandes von Kunst und Alterthum.

17—276, 4 Erste Seite eines Doppelfoliobogens, halbseitig von Geists *H*and beschrieben. Nach den gegen Schadow gerichteten Aphorismen (vgl. G.-J. XIX, 128) fällt die Nieder-

IV. Weimarisches Theater.
V. Vermischtes.

————

Beurtheilung in historischer Rücksicht.
Gegenwart.

————

Nachtrag
zu Bd. 49, 1, S 384.

Der gerühmte Blumenmahler heißt Johann Knap, aus 5
Wien gebürtig wo er auch studirte. Im Dienste der hohen Freunde
für Wissenschaft und Kunst, der Östereichischen Erzherzoge, waren
botanische Gegenstände seine treue sorgfältige Beschäftigung. Sein
Aufenthalt ist Schönbrunn. Erst seit acht Jahren wendete er
sich zur Ölmahlerey, die einen jeden gewissenhaften Künstler 10
auf's höchste begünstigt.

————

Nachtrag
zu Bd. 49, 2, S 82.

Fürst Blüchers Denkmal wird vielleicht in sechzehn Monaten
aufgestellt seyn. Und so ist doch etwas bey uns nicht erhörtes
geschehen. In Mecklenburg sind Fürsten und Stände immer gleich
eifrig alles zu leuten und zu befördern. Granitarbeiten und 15
Räumung des Platzes gehen gleichen Schritt. In Berlin hat
der Künstler das Werk dem Gusse ganz nahe gebracht. Eine gar
nicht zu berechnende Folge ergiebt sich aus diesem Unternehmen, daß

————

schrift in das Jahr 1801 und steht wohl in Zusammenhang
mit dem Bd. 48, S 230 entworfenen Plan, wenn sie sich
auch nicht mit ihm deckt.

3 Beurtheilung — 4 Gegenwart g^1 aR   11 auf *H*

· 5—277,4 Foliobogen grauen Conceptpapiers, halbbrüchig
von Färbers *H*and beschrieben. Überschrift Nachtrag (bezieht sich auf Kunst und Alterthum I, 3). Es sind im Ganzen
vier Notizen, von denen die erste und vierte sich auf litte-
rarische Themata beziehen, die zweite und dritte hier abgedruckt sind.

5 vor dem Text zu Seite 91   12 vor dem Text zu Seite 803
(unrichtig statt 103)   17. 18 Eine — Folge *g* aus Ein gar nicht
zu berechnender Vortheil

sowohl Guß als Ausarbeitung nach ihren neusten Vortheilen in Deutschland gäng und gäbe werden. Wozu künftig solche Fertig= keiten anwendbar seyn möchten, bleibt unsern Nachfahren, denen wir sie überliefern, gelegentlich zu bedenken.

Nachtrag
zu Bd. 48 S 250.

Maximen und Reflexionen.

5 Geschmack der aus Gegenständen die eigentlich keine schöne Form haben eine schöne Form zusammensetzt oder hervorbringt. Gemälde in Augsburg bey Reischach.

Holzers Freyheit durch den frohen Begriff, an Häuser auffen zu mahlen, erweckt. ------

10 Das Erhabene durch Kenntniß nach und nach zerpflückt, tritt vor unsrem Geist nicht leicht wieder zusammen, und so werden wir . . . . . um das Hohe gebracht was wir genießen können, um die Einheit die uns in vollem Maße zur Mitempfindung des Un= endlichen erhebt, wogegen wir bey vermehrter Kenntniß immer 15 kleiner werden. Das was vorher mit dem Ganzen als Riese schien, erscheint vor uns als Zwerg gegen die Theile.

Es ist schon genug daß Kunstliebhaber das Vollkommene übereinstimmend anerkennen und schätzen; über das Mittlere läßt sich der Streit nicht endigen.

2 künftig *g* über eine   2. 3 Fertigkeiten — möchten *g* aus Fertigkeit dienen mögte   4 wir — gelegentlich *g* aus es über= liefert wird

5—9 Quartblatt, eigenhändig mit Blei beschrieben; daneben naturwissenschaftliche Aufzeichnungen.

10—16 Quartblatt mit Röthel eigenhändig beschrieben; sehr schwer leserlich.

11 vor — Geist üdZ   12 nach wir ein unleserliches Wort.

16. 17 ein Riese schien über gestrichenem unleserlichem Wort.

17—19 Foliobogen in das Manuscript von *Charon* ein= geheftet; auf der ersten Seite von Johns *H*and beschrieben.

Lesarten.

Lesarten
zur ersten Abtheilung des Bandes.

———

Über Kunst und Alterthum in den Rhein- und Maingegenden von Goethe.

Druck.
J : Morgenblatt. Nr. 60. 61. 62, den 9. 11. 12. März 1816.

Handschrift.
H : Siebzehn Folioblätter, signirt 77—93, in einem Fascikel: Mittheilungen ins Morgenblatt. Entwürfe und Concepte 1815. 1816. Von Kräuters *H*and beschrieben, mit eigenhändigen Correcturen und Streichungen. Die *C*ollation dieser *H*andschrift wurde freundlichst vom Goethe- und Schiller-Archiv besorgt.

Lesarten.
3, 5 nach Goethe folgt Erstes Heft. 6 dieses — Heft *g* aus diese Zeitschrift 6. 7 das — erscheint fehlt *H* 8 Veranlassung nach deren (*g*³ durchstrichen) 9 desselben zu *g* aR für zu 10 kein Absatz *H* 13 gesehen *H* 15 die] der *H* anschließenden *H* 23 einen nach gleichsam 4, 1 breitesten *H* 7 von nach und 9 besuchte der] besuchen *g* aus besucht der 10 kürzer nach er 11 gegeben wird *g* üdZ und aR statt giebt 12 man *g* über er längern oder kürzeren Aufenthalt *H* 13 verweilen nach daselbst dürfen *g* über können 14 dem] den *g* aus dem 15 Nachricht: (Kolon *g*) 17 auf nach wieder zurück *g* aR 18 Mahlerkunst *g* unter Kunst 19 betrachtete *g* aus betrachtet daher *g* üdZ 20 auch *g* üdZ 21 welche *g*

üdZ   23 erwähnt *g* über gedacht   als fehlt *H*   23. 24 der —
kommend *g* aus welche (so!) der Neigung zu Hülfe kommt,
24 sobann nach und   jener nach wird   5, 6 sammlen *HJ*
8 Jochem *H* (dies die richtige Namensform; vgl. Düntzer, Ab-
handlungen zu Goethes Leben und Werken II, 96 ff.) Solche
g aR für Diese   9 auszubessern aus ausbessern   13 den *g* aus
dem   16 den] denen *H*   19 altem *g* aus alten   21 es über sie
23 gewünscht und eine *H*   geistreiche, *H*   6, 1. 2 eine Einrichtung *g* aus den Einrichtungen   3 und Besitzen *g* üdZ   5 einem *H*
9 von] b. *g* eingefügt   12 Beobachter *g* über Reisende vielleicht nach manchen   14 Kunst Akademie *g* aus Akademie
15 nach soll steht theils Kräuter üdZ dann *g* wieder gestrichen
16 Geist nach seinen   Talente nach seine   Charakter *g* zugefügt
18 solchen *g* über diesen   27 Werkes *H*   7, 4. 5 erscheint —
Mittelpunkt *g* aus wird der — Mittelpunkt betrachtet   9 Herr]
H. *g* über der   11 angebornen *H*   12 in — Bruders *g* aR
15 glücklich *g* aR   17 nachdenken erregende aus Nachdenken erregende   24 Absatz durch Klammer ([) bezeichnet *H*   Universität *g* aR für Academie   kommt *H*   26 niederrheinische
g aR für Universität   27 schenkte *H* schenke (Druckfehler) *J*
8, 5 das *g* aR für den   15 Wunsch *H*   15. 16 ihrer Mitte]
ihrem Schoß *H*   18 das] dem *H*   19 genannten wohlgelegnen *H*
9, 5 kein Absatz *H*   8 Ein neues Bibliotheksgebäude *H*
11 hat aus hatte   26 im] in *H*   nach 28 ein Abtheilungsstrich (Röthel)   10, 1 Der] Die *H*   2 des — Städel aR
5 dieser nach sie   6 geräumigen *HJ*   8 An den *g* über Der
der *g* aus des   Crambs *g* aus Crambs   10 auch des *g* aus
des auch   10. 11 fleißig fortarbeitenden *g* aR für fortdauern
Fleißes des   11 Morgensterns *g* aus Morgenstern   11. 12 welcher — darf *g* aus des geschicktesten Wiederherstellers   12 — 14
Auch — besucht *g* aus Einige Kunstsammlungen werden besucht,
so wie die — Zeichenschule   14. 15 Ist — widerrathen *g* aus Eine
Kunstacademie wird widerrathen   17. 18 jeder — praktisch (mit
der Variante: versammelte statt sammelte) *g* aus welche sodann Schüler häußlich um sich her versammelten und practisch
bildeten   17 sammelte] versammelte *J*   22 regelmäßig nach
sehr   24 und Willmannischen *g* aR   und *g* gestrichen,
dann wiederhergestellt   25 Handlungen *g* aus Buchhandlung   27 von Franckfurt *g* aR   27. 28 ähnlicher *g* üdZ

11, 11 einer nach bey   13 ſodann — wahrſcheinl. *g* aR   13—16
daß — werde *g* aus Sodann eine — Gegenſtände angedeutet und
wahrſcheinlich gemacht   16 Hierauf werden *g* aR für und
17. 18 Statt durch — können hiess es zuerst: große Städte durch
Begünſtigung der Wiſſenſchaft gewinnen; daraus machte Goethe:
großen Städten durch — Wiſſenſchaft zu theil w[erden], daraus
endlich die definitive Fassung.   23 ſie *g* über ſich   25 Des
g aus des nach Sodann   25. 26 vortrefflichen] trefflichen *H*
27 wird *g* üdZ   28 Sammlungen *HJ*   12, 2 Belege *HJ*
4 Absatz durch Röthelstrich bezeichnet.   4—17 lauteten
zuerst: Das höchſt vollſtändige (höchſt vollſtändige *g* aR) Mine=
raliencabinet des Hrn Geheimerath Leonhard, die Verdienſte dieſes
unermübeten Mannes (die — Mannes *g* aus ſeiner Verdienſte
um dieſen Zweig des Wiſſens), die (die *g* aR für deſſen) Grün=
dung eines Handels= und Tauſch=Comptoirs für Mineralogie
wird mit vollkommnen Beyfall erwähnt. Der ganze Absatz
(das höchſt — erwähnt) mit Tinte durchstrichen.   4 Geheimen=
rath   12 des Vorkommens nach für Verhältniß   19 trägt über
recht (Hörfehler)   21 der] die *H*   22 Emaille — Juwelen aR
nach 23 Abtheilungsstrich (Röthel)   24 Daß] Da aus daß
25. 26 und — ſpricht *g* aR   25 von nach davon   13, 1 ist
zuerst gestrichen, dann wiederhergestellt geſchätzt nach
und (und mit Röthel durchstrichen)   1. 2 und verehrt *g* üdZ
11 den *g* üdZ   anſtändigen *H*   13 Gemäldeſammlung aus
Gemäldeſammlungen   16 reichen *g* üdZ   zugleich *g* über am
meiſten   20 reich nach gleich (Hörfehler)   27 anſehnliche *g*
über reiche   14, 5 Ihro *H* lange nach ſo   7 und *g* über
daß   11 Absatz durch Klammer ([) bezeichnet   12 Architect
nach als   Beförderer nach auch als   24. 25 unter — Römern
g aR   25. 26 bereben] bedenken *g* aus bereben   28 alle *g*
aus alles Kunſt   15, 1 mumienhaft *g* aus mumienhaftig
Die — welche *g* aR für Was aber   3 werde[n] *g* aR für
wird   eine *g* über ihre   5 an den *g* aus am   8 dort ob=
walteten *g* aR   9 haben *g* üdZ   11. 12 dreyer — Hütte *g* aus
der drey   16 bemerklich gemacht *g* aR für vorgeführt   21 das
zweite die fehlt *H*   16, 4. 5 weichem *g* aR   5 und fehlt *H*
7 ein — gegeben fehlt *H*   8 in gleichem *g* aus im gleichen
ähnlichen   13 vollkommen *g* aR   14 große nach deshalb (ge=
strichen *g*[1])   17 gemacht *g*[1] aR   Es *g*[1] über Dieſes Bild

20 Eyckischen *H*   23 das Dombild ward g^1 aus Vorher war das
Dombild   24 worum g^1 aus worauf   25. 26 betrachtet — Werke
g^1 aus werden die Eyckischen Werke betrachtet   26 als nach
betrachtet   17, 1 manchmals *H*   9 nur] nun *HJ*   11 doch
nach — denn was heißt auch erfinden, und wer kann sagen,
daß er dies oder jens erfunden habe? wie es denn überhaupt
auf Priorität zu pochen wahre Narrheit ist, denn es ist nur
bewußtloser (bewußtloser aR für bloßer) Dünkel wenn man
sich nicht redlich als Plagiarier bekennen will —; der ganze
Absatz g^1 eingeklammert und durchstrichen.   13 gedrängt
g^1 aus getrennt   19 sonst nach jedoch (gestrichen g^1)   21 er=
fordert wird g^1 (später von Kräuter mit Tinte überzogen) für
nöthig ist   22 Absatz durch Klammer ([) bezeichnet   nun
g üdZ   24 gleicherweise *H*   25 den *g* aus denen   26 Quintin
Messis *g* aR   18, 5 Überlieferungen *g* aus Überlieferung   6 hofft
g über verspricht   6. 7 begeben zu können *g* aus zu begeben
8 wünscht nach Er   9 gelinge *g* aus gelänge   9. 10 ja — Gegen=
satz aR   10 beyder *g* aus beiden nach zwischen beyden   zu=
sammen nach beyde   11 erst auch im Kunstfelde ben (auch im
Kunstfelde *g* aR) *H*   14. 15 er — sollte] sie sich gezeigt haben
sollten *g* aus er sich gezeigt haben sollte   15 zu beseitigen] zu
verschmelzen *g* unter aufzuheben   18 verbietet — jene *g* aus
enthält sich gegenwärtig alle die   würdigen *H*   19 voreilig
g aR   23 herab *g* üdZ   24 das nach und   27 der] die *H*
19, 3. 4 umständlich nach zu Cölln   4 auch *g* über und   6 er=
freulicher — Eräugnisse *g* aus von erfreulichen und hoffnungsvollen
Nachrichten   8. 9 Ein — Ganze *g* aus Das Ganze ziert ein —
bezüglich   12 empfangene aus empfangenen   13. 14 Mitte — aus=
gegeben fehlt *H*

Neu=deutsche religiös=patriotische Kunst.

Druck.

Kunst und Alterthum. Von Goethe. Ersten Bandes zweytes
Heft. Stuttgard, in der Cottaischen Buchhandlung 1817. S 5—162.
Da dieser Aufsatz von J. *H.* Meyer herrührt, so erscheint ein
Bericht über die *H*andschrift und eine Angabe der Varianten
hier nicht erforderlich.

Zum Schluß.
Druck.
Ebenda S 214—216.

Handschrift fehlt.

Philostrats Gemählde und Antik und Modern.

Drucke.

J: Über Kunst und Alterthum. Von Goethe. Zweyten Bandes erstes Heft. Mit einem Kupfer. Stuttgard, in der Cottaischen Buchhandlung 1818.. S 27—162. Ohne die beiden Abschnitte Nachträgliches. Von diesen findet sich der erste ebenda Drittes Heft. S 159—169.

C: Goethes Werfe. Vollständige Ausgabe letzter Hand. 8°. Neununddreyßigster Band. Stuttgard und Tübingen, in der J. G. Cotta'schen Buchhandlung 1831. S 1—87. Ferner Nach= trägliches (zweiter Abschnitt): Nachgelassene Werle. Vierter (44.) Band. S 128—134.

C¹: Desgleichen. 16°. 39. Band. S 1—85. Nachgelassene Werle. Vierter (44.) Band. S 132—138.

Handschriften.

Handschriftliche Vorarbeiten s. unter Paralipomena. Niederschrift des Textes nur zu Nachträgliches, zweiter Ab=schnitt, vorhanden.

H: Umschlag grauen Conceptpapiers mit der Aufschrift von Eckermanns *Hand*: Nachträgliches zu Philostrats Ge=mälden. Darin zwei Foliobogen desselben Papiers, halb=brüchig von Johns Hand beschrieben, corrigirt *g*, enthaltend den Text bis zum Schluss von Cephalus und Profris. Ferner blaues Folioblatt halbbrüchig von Geists *Hand* beschrieben, enthält den Abschnitt Äsop (Überschrift *g*). Ferner Folioblatt gelblichen Conceptpapiers (signirt VIII, 67), von Riemers *Hand* halbbrüchig beschrieben, enthält den Abschnitt Die Andrier. Endlich Foliobogen grauen Conceptpapiers, signirt

VII. 62, halbbrüchig von Färbers *H*and beschrieben, enthält den Abschnitt Orpheus. Das von Geist beschriebene
Blatt muss aus einer früheren Zeit der Beschäftigung mit
dem Gegenstande stammen (vgl. Tagebuch vom 17. Januar
1804), da Geist nur bis 1804 für Goethe geschrieben hat.

*H*¹: Reinschrift des Abschnitts Cephalus und Prokris
von Johns *H*and; zwei Foliobogen halbbrüchig beschrieben,
viertes Blatt leer.

*H*²: Quartbogen enthaltend von Johns *H*and eine Reinschrift des Abschnittes Cephalus und Prokris, beigelegt
Goethes Brief an Zelter vom 9. November 1830 (Briefwechsel zwischen Goethe und Zelter 6, 56 ff.).

Lesarten.

64, 5 neueren] neuern *J*   69, 26 eble] ebele *J*   70, 2 Ge=
lingen, Mißlingen mit Minuskel *JCC*¹   6 a) fehlt *JCC*¹
23. 25 b) c)] d) e) *JCC*¹   71, 10 a)] b) *JCC*¹   72, 9 a)] b)
*JCC*¹   12 Antäus] Antheus *JC*¹   74, 11 a) fehlt *JCC*¹   14 b)]
a) *JCC*¹   75, 6 Neugeborne] Neugeborene *J*   76, 5 Bosporus]
Bosphorus *JCC*¹   77, 4 vollkommener] vollkommner *J*   22 un=
gesäumt] ohngesäumt *J*   78, 22 Feldherren] Feldherrn *J*   79, 14
Menöceus] Meneceus *JC*¹   81, 24 andern] andere *J*   25 gott=
ergebne *J*   82, 9 Sammelnder] sammlender *J*   83, 12 Rhodogune
JC   22 aus fehlt *JC*¹   86, 14 Haften *JC*¹   99, 22 stehet *J*
101, 27 diese *J*   105, 1 höheren *J*   114, 23 dichterischem] dichte=
rischen *JC*¹   115, 14 Amphitruo *JC*¹   118, 13 Ageloos *J*
119, 2 Euenus] Ephenus *JC*¹   141, 18 und fehlt *J*   142, 18
Prokris] Propris *H* daraus Prokris *H*¹   20 Der — Jäger
üdZ *H*   21. 22 in — Morgendämmerung aR *g H*   23 auf —
Blatte aR *g H*   143, 1 Wehklagen] Wehklagen *H*   4. 5 mit —
Gebärden aR *g H*   9 ihre — aus *g* aus ihre Theilnahme nach
ihrer Theilnahme deutlich aus *H*   10 Von oben herab aR *g*
statt Eine Dryas *H* eine Tryas *g* über von oben herab *H*
16 Wem] Wen *H*   17 Waldweibern aR *g* statt weibern *H*
18 herangefordert *g* aus herangelockt *H*   23 von der *g* aus die *H*
23. 24 mit — wird *g* aus mit sich heraufreißt *H*   26. 27 der —
Urne] die ausgießende Urne gelehnt *H*²   27 Dreas] *g* aus Tryas *H*
27. 28 verwundert *g* über weiter *H*   144, 5 zupft *g* über
nimmt *H* als — vorginge aR *g H*   6 nach Zweigen folgt und

H aber *g* über denn *H*   7 zutrage] zutrug *g* aus zugetragen *H*
zutrug *H*¹*C*¹*C* zutrage *g*¹ aus zutrug *H*²   8 herbor aus vor *H*
11 Uns — Betrachtung *g* aus Nun darf es uns aber *H*   13 haben
wir *g* über ist *H*   19 findet sich *g* aus finden wir *H*   19. 20
benuzender Menschenhände aus einer benuzenden Menschenhand *H*
nach Hauptgruppe folgt rechts *H*   tiefsten] tiefen *H*²   25 legte
g über hat *H*   an aus angelegt *H*   145, 3 Dienerin *g* über
Symbol *H*   Ceres thätig *g* üdZ *H*   4 zwar *g* üdZ *H*   5 nicht
g üdZ *H*   durchaus gestrichen, dann durch Puncte wiederhergestellt *H*   7 2 fehlt   nach Äsop folgt Fabel *H*
12 Löwe] vorausgeht Bild folgt Wolf *H*   146, 1 3 fehlt *H*
20 gegenwärtig nachträglich eingefügt *H*   147, 10 Augen=
brauen] Augenbrauen *JC*¹   18 inwärts *C*¹ imwärts *H* inn=
wärts *C*   21 4 fehlt   nach Andrier folgt Fabel. Bild. *H*
22 nach einem folgt großen   aR *g* wohlgeschichteten Bette von
Weinreben *H*   23 nach Trauben folgt liegen   26 aufgeschwol=
lenes *CC*¹ aufgeschwollnes *H*   148, 9 ihn fehlt *H*   152, 10
wohlgerathene] wohlgerathne *JC*¹   155, 2 allgemeinem] allgemeinen
*JC*¹   157, 6. 7 ungeheuern] ungeheuren *J*

Die schönsten Ornamente
und merkwürdigsten Gemählde aus Pompeji,
Herculanum und Stabiä.

Drucke.

J: S 163. 164 (Voranzeige): Kunst und Alterthum. Sechster
Band. S 400—401.

*J*¹ S 165—187: Jahrbücher der Litteratur. 51. Band.
Wien 1830. S 1—12.

C: Goethes Nachgelassene Werke. 8°. Vierter Band. (44.)
1833. S 135—158.

*C*₁: Ebenda. 16°. S 139—163.

Da die Änderungen in den Nachgelassenen Werken keine
Gewähr der Authenticität haben, so ist der Abdruck im
Texte nach *J*¹ erfolgt. Die Voranzeige (*J*) hat in *C* und *C*¹
überhaupt nicht Aufnahme gefunden.

Handschriften.

H : Zur Voranzeige ein Folioblatt, eine Seite von Schuchardts *H*and beschrieben, mit Correcturen von Riemers *H*and.

H[1] : Zum Text ein Folioheft in blauem Umschlag, worauf von Johns *H*and geschrieben: Zahns Pompeji II. 1830. (Über *H*eft I. vgl. Paralipomena.) Dreiundddreissig Folioblätter, halbbrüchig von Johns *H*and beschrieben, mit zahlreichen Bleistiftcorrecturen von Riemers *H*and, später bis 173, 17 von Johns *H*and mit Tinte überfahren, vermuthlich bei Vorbereitung des Abdrucks in den Nachgelassenen Werken. Wo im Folgenden nichts anderes angegeben ist, sind immer diese Correcturen von Riemers *H*and, die wahrscheinlich bei gemeinsamer Berathung mit Goethe entstanden sind, gemeint. Zwischen den einzelnen Abschnitten sind Blätter für Nachträge leer gelassen.

Lesarten.

163, 5 Berlin bey Reimer *g* hinzugefügt *H*   9 jetzt aR statt wiederholt *H*   164, 1 Kunstfreunde aus Kunstfreunden *H* 165, 4—8 nebst — Reimer fehlt *CC*[1]   14 macht üdZ *H*[1]   22 Halbkreise] Halbkreis *H*[1]   166, 8 die über ihre *H*[1] der Stadt üdZ *H*[1] 9 einem — Handelsplatz aus einer — Handelsstadt *H*[1]   13 über dem folgenden Abschnitt, der über beide Columnen der Seite hindurchgeschrieben ist, *g*[1] Einzuschalten b. Berechnung *H*[1] 15 ausgegrabenen aus ausgraben *H*[1]   20 Abschnitte] Abschnitt *H*[1] 167, 11 sind fehlt *H*[1]   13 Alsergasse] Elsergasse *H*[1]   26 Die Stadt über sie *H*[1]   27 wovon aR neben wie *H*[1]   168, 5 nachbarlichen nach feind *H*[1]   9 um über zu *H*[1]   13 eigene] eigne *H*[1] 816, *g* aR *H*[1]   17 von nach diese *H*[1]   18 jetzt über ab hier *H*[1] 19 mag nach darin *H*[1]   20 sie üdZ *H*[1]   22 geregelt aus gebaut *H*[1]   23 dieser — dem über diese Stadt der *H*[1]   25 werde fehlt *H*[1]   26 wieder] werde über sich *H*[1] hatte man aus hatten sie *H*[1]   169, 2 man darf aR neben wir dürfen *H*[1]   5 demselben Topfe aus denselben Töpfen *H*[1]   5. 6 jene Annahme über dies *H*[1]   7 nach Künstlern folgt sich *H*[1]   12 heranzuziehen aus in Masse zu versammeln *H*[1]   14 nach welche folgt zwischen *H*[1] 15 religiöse] religiose *H*[1]   20 ihrem nach einigermaßen *H*[1]

Auf der andern Columne über verwischten eigenhändigen
Bleistiftzügen Gebe man zu daß dergl. Männer mit Vorbildern
aller Art versehen gewesen, von der höchsten und besten von der
leichteren und angenehmeren und daß sie zu deren wiederholten
Nachbildung sich der mannigfaltigsten technischen Vortheile zu be=
dienen wußten, um sich solche durch Carione zu erleichtern durch
Patrone ins unendliche zu vervielfältigen. Denn wer zählt und
benennt alle praktische Fertigkeiten wodurch der Handarbeiter sich
dem geistigen Künstler zu nähern trachtet. In diesem Sinne,
wird man obige Annahme einer schnell wiederhergestellten und
verzierten Stadt nicht unwahrscheinlich finden. H Folgt auf
leerem Folioblatt g^1 Größe der Stadt verglichen mit bekannten H
24 landschaftlichen] landschaftlicher CC^1 27 nach insbesondere
folgt sich H 170, 1 unsere] unsre H^1 nach Der folgt
große H^1 5 noch über wieder H 9 stürmisch über gewalt=
sam H^1 11 großentheils verdienstliche fehlt H^1 15 Alles
durch den Sinn gefordert nichts H^1JCC^1 17 aufstehenden]
aufrechtstehenden H^1 20 nach Plätze folgt die H 21 ein=
gerichtet üdZ statt Raum geben H^1 170, 25 die üdZ H^1
26 nach von folgt uns H^1 171, 8 bei mancher über von H^1
9 Naturscene aus Naturscenen H^1 9. 10 entspreche — wohl aus
habe der Erwartung nicht entsprochen und ist denn wohl der
Mensch H^1 13 stehen über übrig H^1 15 Stile] Styl H^1
17 man über sie in H^1 18 deß über und aR neben dem H^1
18 vorbehalten über überlassen H^1 20 sieben g^1 eingefügt H^1
23 vereinbar ist aR neben vereinigen läßt H^1 25 nach ge=
wohnt folgt war, das aber H^1 26 genöthigt war aus sich ge=
nöthigt fand   172, 2. 3 dem — Bekannten aus demjenigen was
wir in dieser Art schon kennen H^1 4 nach bisher folgt schon H^1
vielleicht üdZ H^1 6 unmögliche aus ohnmögliche H^1 8 wieder=
erkennen aus zu erkennen vermögen H^1 11 eine nachherige aR
neben die intentionirte·H^1 als Draperie über teppicartig H^1
12 oder — Auspuß aR statt sodann auch wohl einzeln H^1
15 Buche] Buch H^1 in aus und H^1 fünftem] fünften H^1
entgegen neben zu Hülfe H^1 17 Realist neben Klassiker H^1
19 hingebenden neben überlassenden H^1 20 verschafft neben
giebt H^1 21 Leichtfertigkeiten aR statt Leichtigkeiten H^1
25 Polygnot aus Polygnots H^1 26 Menge über Übermaas H^1
23—173, 1 und —Stelle aR eingefügt (so—Stelle John auf g^1) H^1

2 nach Landschaften folgt wurden angebracht unter dargestellt H^1
3 Hirten g^1 aR H^1 6—8 Mahlereien —vorstellten aR statt edle
Menschenmalerey in ihrer natürlichen Größe H^1 8. 9 ihre Ver=
fertigung aR statt zu ihrer Herstellung H^1 10 nach Daher folgt
kommt H^1 10. 11 phantastischen Malereyen Pluralendungen
g^1 zugefügt   11. 12 was — vermochte) er mochte was [er aR]
konnte vermögen. H^1 13—17 von — entwickeln aR für der
Säulchen [darüber g^1 Pföstchen,] jene schneckenartigen Giebel
und was sich sonst von Blumen, Schnörkeln anschließen und H^1
18 zuletzt über sich H^1 hervortreten über entwickeln H^1
20 unserer] unsrer H^1 22 ward] war H^1 25 und — aus=
zeichnen g^1 aR H 26 geliefert] abgeliefert H^1 27 auch g^1
üdZ H^1 174, 7 Kalk g^1 aR H^1 11. 12 den — Tadel fehlt H^1
16 die fehlt C 24 sämmtlich] Fünfe g^1 in leer gelassenem
Raum H^1 175, 2 Charakter der g^1 aR H^1 4 man g^1 aR H^1
6 strich] striche H^1 23 hier g^1 üdZ H^1 24 dabei aus hiebei H^1
176, 4 dürfte g^1 aus durfte H^1 4. 5 um — machen g^1 aR H^1
6 doch] udZ eingefügt H^1 8 schon üdZ H^1 10. 11 Seiltänzern
aR H^1 11 Kunstreitern] Kunstreutern H^1 16 Hierin aus
Hiezu H^1 unserer] unsrer H^1 26 den aus dem H^1 27 Cen=
taurengeschlechte] Centaurengeschlecht H^1 28—177, 1 im — Frie=
denswesen aR neben im Staat und Militair H^1 Wettrennen
aR eingefügt H^1 6. 7 wenigstens — sind fehlt H^1 9 all=
gemeinen Gelegenheiten aus allgemeine Volksvergnügungen H^1
10 alle die statt jene H^1 einer — Schaulust aus einem —
Schauen H^1 17 Schadow aus Schadows H^1 Sinne] Sinn H^1
18 Auge] Aug' H^1 22 sittlichen Gefühle neben Sittengefühl H^1
Zwischen IV und V auf sonst leerem Foliobogen eine Zeile
unleserlicher Bleistiftzüge (g^1).   178, 4 forscher über kenner H^1
9. 10 nicht allein aR statt sowohl H^1 10. 11 ihrem — Zusam=
menhange aus ihren — Zusammenhang H^1 11 sondern neben
aber H^1 12 der aus mit den H^1 14 unterrichtet sein über
sich überzeugen H^1 16 rhetorisch — Bilder aus rhetorische
Überlieferungen H^1 18 dieser Autoren neben der philostra=
tischen Bilder H^1 23 antiker aR statt alterthümlicher H^1
26 ja neben und H^1 neuern] neueren H^1 179, 1 besprochenen
aus besprochene, ebenso beschriebenen H^1 5 Fache] Fach H^1
5. 6 gebliebenen] gebildeten $H^1 C C^1$ die Lesart von J ist die
einzig sinngemässe.   9 erst g^1 aR   in] durch g^1 aR statt

auf H^1 10 ausgegrabenen g^1 aus aufgefundenen H^1 13 Baud—
27 g^1 eingefügt H^1 wodurch nach wozu H^1 16 genaueste]
genaufte H^1 17 fundenen g^1 über grabenen H^1 25 gelingen]
glücken H^1 28 diesen Künstlern aR. statt ihnen H^1 180, 1
auf unsere Weise] nach unfrer Weise H^1 4 kommt über tritt H^1
besonders zuerst nach Bildern, dann umgestellt H^1 größern]
größeren H^1 5 zum Vorschein neben in die Augen H^1 7. 8
man — daß neben nochmals, indem H^1 9 wünschte aus
wünsche H^1 12 Raumes] Raums H^1 kurzem aus kurzen H^1
17 Dreyzehn Platten g^1 eingefügt H^1 21 Angeeignete aus
Angeeignetes H^1 181, 6 Verzierer= aR H^1 8 sollte über
wenn H 9 nach werden folgt sollte H^1 11 könnte aus
könnten H^1 13 bereit über geneigt H^1 15—23 Ist — her=
rühren 21 nach den folgt angebrachten H^1 27 je mehr g^1
neben denn ehr H^1 182, 1 von fehlt H^1 das — hat nach
scheinet H^1 5 so üdZ H^1 6 uns g^1 üdZ H^1 23 in üdZ
statt durch H^1 27 hier manches g^1 aR statt das H 183, 2
Eigentlich — bemerken g^1 aR H^1 5. 6 zu sehen aR statt aus=
gedrückt H^1 verlangt] wünscht H^1 8 waren g^1 über sind H^1
9 Alterthume] Alterthum H^1 10 sich aR H^1 11 kann] sonnte H^1
16 inneren über höheren H^1 Sinne] Sinn H^1 empirischen
neben Sinnlichkeits H^1 19 dem fehlt H was — anschließt
aR statt sonstigem Anschließenden H^1 184, 4 bei Fußboden=
verzierung fehlt H^1 6 eines Werks aR H^1 13 scheinen aus
scheint H^1 15 werde g^1 über wird H^1 17 nach daß folgt
schon H^1 18 die g^1 über äußere und innere H^1 nach Wände
folgt besonders H^1 18. 19 auch wohl aR H^1 24 Wandbilder]
Wände H^1 26 meist phantastischen g^1 aR H^1 185, 4 Kupfern
nach g^1 statt Nachbildungen der H^1 5 Entdeckungen g^1 über
Nachbildungen H^1 an g^1 üdZ H^1 10 beantworte] beantwort' H^1
12 dem üdZ H^1 13 nicht g^1 üdZ H 15 nach linien folgt
und Flächen H^1 16 entfernenden g^1 üdZ H^1 17 auch] nun H^1
21 so üdZ H^1 24 wird über ist darnach folgt g^1 Wo denn
aber wohl manches schwankende ja falsche zu beobachten ist. [zu —
ist von Riemers Hand geändert in wahrzunehmen ist.] H^1
186, 7 Gesetze] Gesetz H^1 13. 14 mit — Entdeckten aus wie so
manches andere später entdeckte H^1 15 Daneben in der andern
Columne g^1 Nach gefälliger Revision am Schluße zu mundiren H^1
Durch üdZ H^1 16 sollen, kann g über können wird H^1

21 theils üdZ H^1 22 vieler g über der H^1 25 nach werden
folgt deshalb können sich H^1 187, 5 eröffnet John über mitgetheilt H^1

_____

Beispiele symbolischer Behandlung.

Druck.

C: Nachgelassene Werke. Vierter Band. 8°. S 214. 215.
C^1: Desgleichen. 16°. S 222. 223.

Handschrift.

H: Foliobogen; die ersten zwei Seiten halbbrüchig von
Schuchardts Hand beschrieben; die Interpunction völlig ver-
ständnisslos.

Lesarten.

191, 2 Folgendes — Beispiele] Hier sind Beispiele zu schauen H
192, 4 Iphigenia] Iphigenie H 5 durch von Eckermanns
Hand in leer gelassenem Raum ergänzt H 14 nach in
folgt die H

_____

Ein Grab bei Cumä.
(Vgl. Bd. 48, S 143.)

Ungedruckt.

Handschrift.

H: Foliobogen, mit Ausnahme der letzten Seite halbbrüchig von Johns Hand beschrieben, mit eigenhändigen
Correcturen.

Lesarten.

193, 2 eine — M. von g aR statt von H 3 g zugefügt H
5. uns g üdZ H 8 aR g^1 Das gewissenhafte *Fac Simile* H
9. 10 wir — überzeugen g aR H 10 sehen g üdZ H 11 einiger g
über etwas H 13 nach worden aR g^1 zugefügt, schwer leserlich
so daß uns die Bemühungen (?) derselben im hohen Sinn . . . . .
nichts neues geben H 14. 15 nach — vor g aR zugefügt H 17 und
entzückt g aR H 18 in — gestalt g aus im schauerlichen Lemuren-
zustande H 194, 6. 7 umzuthun — unzuthun g aR statt und zu
thun H Es folgen zwei Aphorismen; vgl. S 201.

Roma sotteranea.

Druck.

C: Nachgelaſſene Werke. Vierter Band. 8°. S 200—202.
C¹: Desgleichen. 16°. S 208—210.

Handschrift.

H: Foliobogen, halbbrüchig von Johns Hand beschrieben mit eigenhändigen Correcturen.

Lesarten.

195, 9 Eben ſo wie *g* über Wie H   196, 8 ofteſten HC¹ öfteſten C   11 denen H den C¹C   16 aus ſonſt] aus [auf Rasur] ſonſt aus H   21 da *g* über wie H   23 ferner daß *g* über wie H
197, 2. 3 aR *g*¹ kaum leserlich Karren (?) Landmann mit . . . .
beſp. Faß Zugleich der Gute Hirt H

Abendmahl von Leonard da Vinci zu Mailand.

Drucke.

J: Über Kunſt und Alterthum. Erſter Band. Drittes Heft. 1817. S 113—188.
C: Neununddreißigſter Band. S 89—138.
C¹: Desgleichen. S 87—136.

Handschriften.

Vgl. Paralipomena.

U: Ausserdem möchte ich hier auf die von Goethe eigenhändig durchcorrigirte handschriftliche französische Übersetzung des Aufsatzes hinweisen; über sie verhandelte, nach Ausweis des Tagebuchs, Goethe mit dem in Jena wohnhaften Franzosen Lavès. Man darf wohl annehmen, dass Goethes Correcturen auf Lavès Vorschlägen beruhen. Die Übersetzung liegt vor in einem Brouillon von Lavès Hand, in welches Goethe die Correcturen mit rother Tinte (*g*³), meist über Bleistiftzügen eingetragen hat (19 Quartblätter, das letzte unbeschrieben; auf der ersten Seite der Titel, auf der zweiten der Anfang des Textes) und in einer Reinschrift von unbekannter Hand, in welcher die obigen Correcturen in den Text aufgenommen sind (20 Quartblätter in blauem Umschlag; der Text beginnt auf der ersten Seite, die letzte ist leer). Einige wichtigere Beispiele der Correcturen werden in den folgenden Lesarten gegeben.

Lesarten.

201, 2 Vinci's] Vinci JC^1 10 desgleichen   14 neu zu belebenden] *qu'on vouloit rappeller a une nouvelle vie* g^3 U (statt *à laquelle on vouloit imprimer une nouvelle vie*)   205, 1 zu fehlt JC^1 211, 9 wir — bekleidet] *aussi le voyons nous en entier et son manteau, le plus riche en draperie, costume convenable a sa dignité et a son grand age* g^3 U (statt *aussi voyons nous tous son corps; comme le plus agé de tous il est couvert de rides*)   216, 3 den] denen J   11 spätern] spätere J   220, 23 mißbraucht] gemißbraucht J   224, 28 — 225, 1 zu — hatte] *une destination toute contraire a celle du premier artiste* g^3 U (statt *un tout autre but que celui au quel l'artiste les avoit destinées*)   225, 5 eigener] eigner JC^1 226, 9 Vinci's] Vinci J   12 ungefähr] ohngefähr J   231, 1 Wege] Weg J   236, 6 erschreckt] erschröckt J   237, 26—28 (das — stellen)] die Parenthese ist gestrichen und statt dessen am Schluss des Satzes hinzugefügt: *et nous profiterions alors de l'occasion pour faire mention de la troisième* g^3 U   244, 7 könnte J kounte CC^1

Observations on Leonardo da Vinci's celebrated picture ...... By Noehden. London 1821.

Drucke.

J: Kunst und Alterthum. Dritten Bandes drittes Heft. S 151—155.
C : Neununddreißigster Band. 8°. S 139—142.
C^1 : Desgleichen. 16°. S 137—140.

Triumphzug von Mantegna.

Drucke.

J: Kunſt und Alterthum. Vierten Bandes erſtes Heft.
S 111—113. Zweites Heft. S 51—76. Hiezu Druckbogen
mit Correcturen (Corr) erhalten.

C: Neununddreyßigſter Band. S 143—178.

C¹: Desgleichen. S 140—182.

Handschriften.

Vgl. Paralipomena (*HH¹*). *H²*: zwei Octavblätter *g*,
das erste enthält den Text ſenkrecht — fände 260, 20—26,
das zweite Erſt — tüchtigen 261, 19—23, Dergleichen — bringen
262, 3—7 (Zeile 4 fehlt fort). Beide Blätter wohl Umarbeitungen
der entsprechenden Abschnitte von *H⁴*.

H³: Acht Folioblätter grauen Conceptpapiers, von
Compters *H*and halbbrüchig beschrieben, das Geschriebene
mit Röthel durchstrichen, mit eigenhändigen Correcturen.
Enthält die Beschreibung der Bilder (1—9) und die in den
Paralipomena mitgetheilten Abschnitte. Am Schluss: Jena
den 31ſten October 1820.

H⁴: Fünf Folioblätter grauen Conceptpapiers von Johns
*H*and halbbrüchig beschrieben; mit eigenhändigen Correcturen und einigen Bleistiftcorrecturen von Riemers *H*and
(*R*); Blatt 1 und 2 mit Blei durchstrichen; enthält die Beschreibung der Bilder 1—5 (bis 262, 16 Rücken) und den in
den Paralipomena mitgetheilten Abschnitt. Blatt 5 am
Schluss: Geschrieben Jena den 31. October 1820. Erneuert
Jena den 1. October 1821. Abgeschloſſen Weimar den 21. May
1822.

H⁵: Historische Beschreibung des Triumphzugs, zweifellos zur Information von einem Mitarbeiter (Meyer, Riemer)
erbeten, von Johns *H*and ins Reine geschrieben.

H⁶: Folioblatt grauen Conceptpapiers, halbbrüchig von
Johns *H*and beschrieben, mit eigenhändigen Correcturen,
überschrieben: Zeugniß; enthält den im zweiten Aufsatz
mitgetheilten Abschnitt aus Vasari.

Lesarten.

260, 8 voraus fehlt H^3	8—261, 5 Soldaten folgen hierauf,
sie tragen weit aufgerollte [g aR neben auffallende] Bilder, an
zwey Stangen hüben und drüben angeheftete lange schmale Gemälde.
Hier sieht man nun, was vorhergehen mußte, damit dieser herr=
liche Triumphzug stattfinde. Feste stete Städte, von Kriegsheeren
umringt [von — umringt g aR] bestürmt durch Maschinen und
Kriegsheere, eingenommen, verbrannt zerstöhrt; weggeführte Ge=
fangene zwischen Niederlage und Todt. Völlig die ankündigende
Symphonie, die Introduction einer großen Oper H^3	260, 18
Den unmittelbar g aR statt Dem H^4	20 senkrecht fehlt H^4, an
der Stelle Einfügungszeichen	21 angeheftet aus angeheftete H^4
21. 22 Gemählde — erblickt] Gemälde (Schildereyen) lang u schmal
ausgespannt sieht R aR statt lange schmale Gemälde sieht H^4
22. 24 Diese — wird] Hier wird nun, als Exposition daneben
aR R in Felder abgetheilte darunter R Schildereyen in Felder
abgetheilt H^4 auf der Rückseite von H^4 theilweise über-
klebt noch eine Zwischenstufe der Ausarbeitung der ersten
Bildbeschreibung zwischen H^3 und H^4	261, 6. 7 des —
Sieges g aR H^3	7 welche g üdZ H^3	nach die folgt den H^3
9. 10 auf zweyspännigem aR g H^3	Cybele] Juno H^3 corrigirt
g in Cybele H^4	10. 11 auf einspannigem Wagen aR g statt be=
spannten Wäglein H^3	sodann g über tragbar H^3	tragbare g
üdZ H^3	12. 13 Der — hoch] Der Hintergrund überhäuft von
hoch g aus im Hintergrund hoch H^3	13 aufgethürmten Wagen=
gerüsten g aus aufgethürmte Wagengerüste (die übrigen Sub-
stantive sind in der Nominativform belassen). H^3	14 an=
gefüllt fehlt H^3 g aR H^4	16 aufgeschichtet g aus aufgethürmt H^3
18 ernstem C ernsten $H^3 H^4 JC^1$ und g üdZ H^3	19 und gehängt
zugefügt g H^4	19—23 Erst — Art] 3. Nun aber, getragen von
tüchtigen Jünglingen und Männern alle Arten $H^3 H^4$	24 angefüllt
mit fehlt $H^3 H^4$	aufgehäufte $H^3 H^4$	und — Traggestelle fehlt
$H^3 H^4$	25—262, 3 auf — Bedeutendes] die Menschen tragen die
Last [daneben aR g auf die Schultern lastet schon Schweer genug,
aber noch] nebenher trägt jeder [trägt jeder g über immer] noch ein
Gefäß oder sonst etwas [g über was] Bedeutendes. H^3 auf die Schul=
tern lasten sie [üdZ] schon schwer genug, aber noch nebenbey [bey über
her] trägt jeder noch ein Gefäß oder sonst etwas Bedeutendes. H^4
5—8 Die — spielen] Längere [aR g statt aber längere], Posaunen an

ihnen spielend H^3 ebenso H^4 aR R Motiv das ins folgende
Blatt übergreift H^4 10 Halbgott — Cäsar fehlt H^3 aR g^1 H^4
13 nach Elephanten folgt perspectivisch H^3 völlig sichtbar g
über ganz H^3 15 kranzartig] kränzeartig aus Kranzartig H^3
zurückverbessert in H^4 16 hohe fehlt H^3 16 Candelaber — 17
wohlriechendes] Candelaber, hoch aufreichend; Jünglinge, leicht
bewegt und [g üdZ] beschäftigt wohlriechendes H^3 18 Flammen]
Flamme g aus Flammen H^3 19 beschäftigt fehlt H^3 20 die]
diese H^3 21 folgt mannigfaltige g üdZ für kommt zum ersten,
das in seiner ganzen Hinterlichkeit herantritt, folgt eine schöne
glückliche H^3 23 andern g üdZ H^3 263, 3. 4 noch — Wichtig=
keit] eine noch beteubentere Beute H^3 4 nach der folgt beiden H^3
9 kaum heben g für nicht erschleppen H^3 nach ober folgt sie H^3
11 uns g über und H^3 14. 15 unterscheidet — Würde g aR statt
von Würde H^3 16 gehen g über schreiten H^3 Zunächst g über
auch H^3 17 nach Zuschauer folgt zunächst (aus Versehen un=
gestrichen) H^3 von — zehen g aR statt von 8—10 H^3 18 an
— Seite corrigirt g aus an der Seite der Mutter H^3 19 an=
ständigesten g aus anständigeren H^3 Treffliche g über Edle H^3
24 nach mit folgt einem H^3 grimmigen g aus grimmig H^3
beynahe g aR H^3 27 ganzer g aus ihrer ganzen H^3 264, 1
Jugendfülle — dargestellt] Fülle darnach mit Einfügungszeichen
g aR Jugend, im Vollgesicht dargestellt; H^3 3 steht g über
geht H^3 nach hinterwärts folgt und ist H^3 4 von dem lies
vor dem 5 Diese hat] Sie hat g üdZ H^3 6 nach Wickelkind
folgt hat sie H^3 8 aufgereckt] aufreckt H^3 weinend — er]
weinend zeigt er die Fußsole, ein Dorn stickt darin, er will g
aR für und H^3 nach sein folgt will H^3 Die Abschnitte
12—20 und 21—28 umgestellt in H^3 17 Rathsherren] Raths=
herrn H^3J 19 denn — gesagt g nach es denn auch H^3 21 fol=
genden g über vorigen H^3 22 stattliche] würdige H^3 26 ruhig
g über daran H^3 265, 1—15 Verdrießen könnte es uns nun,
daß hinter dergleichen Spottnarren unmittelbar der lyrische Dichter
folgt, ein behaglicher Jüngling, seine Leyer einigermaßen aufs
Knie [aR g neben auf] stützend, scheint begeistert das Triumph=
Loblied [g aus Triumph=lied und ein Lob] zu singen. Aber der
Maler hat bey dieser Gelegenheit keinen sonderlichen Respect für
Poesie und Musik bewiesen [bewiesen g üdZ] H^3 16 unmittelbar]
gleich H^3 17 nach hinterdrein folgt und scheint den lyrischen

Poeten nicht wenig zu beläftigen [*g* über incommodiren.] Hübſche *H*³
17. 18 ſcheinen — vermehren] verſöhnen uns keineswegs [*g* über
wieder] mit dieſem Mißlaut *H*³   19 aber fehlt *H*³   nach andere
folgt höhere *H*³   Andeutungen *g* aus Andeutende *H*³   werde *g*
aus würde *H*³   266, 4 Trefflicher jedoch *g* über Herrlicher *H*³
5. 6 und — iſt *g* aR *H*³   nicht güdZ *H*³   267, 12 Staat] Saat
(Druckfehler) *C*¹   268, 11 ſind fehlt *Corr*   27 Militär] Militair *J*
269, 12 Blattes] Blatts *J*   26 hierbei] hieben *J*   273, 20 früheſte]
frühſte *J*   280, 10 ſolle *g* aus werde *Corr*   281, 6 nach vor=
gegangen folgt unten *g* den 5 Apr 1823 *Corr*   7 Werke]
Werk *H*⁶   8 Mantua *g* über Mayland *H*⁶   9. 10 Ludwig —
Kunſtfertigkeit [aus Ludwig Gonzaga, der ein großer — Andreas
Kunſt war] *g* aR *H*⁶   13 herrlich *g* über ſchön *H*⁶   15 geweihte
aR daneben *g* dem Opfer *H*⁶   nach Gefangene folgt Beute *H*⁶
16 Beute *g* aR *H*⁶   17 abermals *g* über wieder *H*⁶   19 Spießen
und *g* üdZ *H*⁶   20 auch *g* aR *H*⁶   21 unendliche *g* über
gränzenloſe *H*⁶   22 das *g* üdZ *H*⁶   23 führt *g* aus führend *H*⁶
weinend *g* üdZ *H*⁶   24 der Mutter *g* üdZ *H*⁶   282, 1. 2 ſeiner
— Künſte *g* aR [ſchönen üdZ] ſtatt der ſchönen und guten aufmerk=
ſamen Geſchicklichkeit *H*⁶   2 denn *g* über daß er *H*⁶   er *g* aR *H*⁶
3 hatte *g* über war er *H*⁶   ſo ließ er *g* aR *H*⁶   4. 5 voll=
kommen — folgenden *g* über hält, die andern aber *H*⁶   deſ=
ſelben] deſſelbigen *H*⁶   6 gleichſam ſinkend vor *g* über weg=
fliehend darſtellt *H*⁶   7. 8 dem — gemäß *g* aus nach dem perſpec=
tiviſchen Geſetz *H*⁶   11 ebenfalls *g* üdZ   nach *g* neben aus *g* über
nach *H*⁶   12 denſelben *g* aus demſelben *H*⁶   Regeln *g* nach Ge=
ſetze Urſachen *H*⁶   12. 13 Wie — war *g* hinzugefügt *H*⁶   nach
darzuſtellen folgt vorzu   nach beſonders folgt verſt *H*⁶   284, 12
erkennen daneben aR erblicken, welche Correctur aber nicht
berückſichtigt wurde *Corr*   285, 6 ihn] ſie *J CC*¹ das Richtige, das gleichfalls im Druck nicht berückſichtigt wurde,
g aR *Corr*   288, 13 intentionirt] intentionirte *Corr*

La Cena, Pittura in muro di Giotto.
Handſchrift nicht erhalten.

Druck.
J : Kunſt und Alterthum. Fünften Bandes Erſtes Heft.
S 112—118.

In den erhaltenen Correcturbogen des Hefts ist S 113 (erste Seite des Bogens 8) unten signirt *g* ben 10 Apr. 1824.

Kupferstich nach Tizian.

*H*andschrift nicht erhalten.

Druck.

C : Neununddreißigster Band. S 179—184.
*C*¹ : Desgleichen. S 177—182.

Restaurirtes Gemählde.

Ungedruckt.

Handschrift.

H : Zwei Foliobogen; die drei ersten Seiten halbbrüchig von Johns *H*and beschrieben, mit eigenhändigen Correcturen. Beiliegend ein Blatt mit der zweiten im Text besprochenen Inschrift in lateinischen Majuskeln. Das Ganze in grauem Umschlag, auf dessen erster Seite mit Zierschrift: Gemälde der Paula Gonzaga; auf den drei anderen Seiten nicht zugehörige Notizen.

Lesarten.

302, 6 beyde g^1 aR *H*   7 nach Rafael folgt wo man es für einen Pelzkragen halten kann (g^1 gestr.) *H*   7.8 sodann — Pavia g^1 aR *H*   8—10 der — es eingefügt g^1 *H*   9 Ludwig — *Moro* [aus Ludwig dem Schwarzen *(il moro)*] g^1 aR *H*

Rembrandt der Denker.

Druck.

Erst in Nachgelassene Werke. Vierter Band. 8°. S 216—218 und
Desgleichen. 16°. S 224—226.

Handschrift.

H : Zwei Folioblätter grauen Conceptpapiers, die drei ersten Seiten von Johns *H*and beschrieben, mit Correcturen von Eckermann für den Druck in den Nachgelassenen Werken.

Lesarten.

303, 2. 3 Auf — man Eckermann aus Bartſch 90. Der gute Samariter. Man ſieht *H* 4 hält es] hälts *H* 13 auf von Eckermann zugefügt *H* 16. Dieſes nach Dieß erſt *H* eines] eins *H* 304, 7 der welcher *H* 16 Seite fehlt *H* 21 dieſem] ihm *H* 26 Augenblicke] Augenblick *H* 305, 6 des Eckermann aus von dem *H* 14 nach eine folgt ſolche *H*

Wilhelm Tiſchbeins Jdyllen.

Drucke.

J : Kunſt und Alterthum. Dritten Bandes drittes Heft. S 91—127.

C : Neunundbreißigſter Band. 8°. S 185—211.

*C*¹ : Desgleichen. 16°. S 183—209.

Handschrift.

Zwei Folioblätter grauen Conceptpapiers, halbbrüchig von Johns *H*and beschrieben, mit eigenhändigen Correcturen; enthält die Abschnitte XV, XVI und den Schluss.

Lesarten.

307, 25 ungeheurer] ungeheuerer *J* 322, 5 Übermenſchlichem] Übermenſchlichen J 328, 5 in *g* üdZ *H* 7 in's — hinein aus des Bildes heraus *H* 9 hangt] hängt *HJC*¹ 10 vorn *g* üdZ *H* 12 den — aufklärt *g* aus ihm wie in der Luft beſpiegelt *H* 15 Sylphiden *g* über Nebelnymphen *H* Streif *g* aus ſtreifende *H* 17 den] bem *H* 19 anthropomorphiſch aR *H* 24 Morgenduft *g* aR ſtatt Geruch *H* 329, 5 als *g* über die neben eine *H* 6 erſcheinen dürfte *g* nach werden könnte *H* 12 ernſtlich⸗ *g* aus ernſtliche *H* 15 der — gegeben *g* aR *H* 16 ge⸗

birgiſch *g* aus gebirgig *H* 18 den Gegenſtand *g* aℝ über die
Darſtellung neben den Anblick *H* 330, 13 deſſen Kabinett] ſeinem
Cabinette *H* 14 betreten nach betrachten *H*

Radirte Blätter nach Handzeichnungen (Skizzen) von Goethe.

Drucke.

J : Kunſt und Alterthum. Dritten Bandes drittes Heft.
S 142—150.

C : Neunundbreißigſter Band. 8°. S 213—220.

*C*¹ : Desgleichen. 16°. S 211—218.

Handschrift

ist nicht vorhanden; doch sei hier der Correcturen Erwähnung
gethan, die Goethe an Schwerdgeburt's „Kunstanzeige" des
beabsichtigten Unternehmens vorgenommen hat. Ein Manuscript dieser Anzeige, von Johns *H*and geschrieben, befindet
sich im Goethe-Schiller-Archiv (aus von Loepers Besitz angekauft); es trägt am Kopf den Vermerk (von John, Unterschrift *g*): Herrn Profeſſor Lavès mit dem Erſuchen einer
franzöſiſchen Überſetzung Goethe. Goethe hat darin zweimal
seine Bezeichnung als „Staatsminister" ausgemerzt und in
dem Satze „giebt ihnen einen entschiedenen grossen Kunst-
werth" das Wort „grossen" gestrichen.

Lesarten.

335, 23 wohlbedacht *J C*¹*C* der Sinn erfordert die Tren-
nung der Worte.   336, 9 Gehinderter] Gehindertes *J C*¹*C*
15 Sei's] Sey *J C*¹*C* das Pronomen ist als Subject nothwendig.

Über die Entstehung der zweiundzwanzig Blätter meiner Handzeichnungen.

Drucke.

E : Goethes Kunstsammlungen, beschrieben von Schuchardt. Erster Theil. Jena 1848. S XXII—XXIII; reicht
nur bis S 338, 17. Gedruckt naeh *H*¹.

E^1 : Schriften der Goethe-Gesellschaft. Dritter Band. Herausgegeben von Carl Ruland. 1888.

Handschrift.

H : Sieben Folioblätter grauen Conceptpapiers; auf dem ersten Blatt von Kräuters Hand über die Entstehung der 22 Blätter meiner Goethescher Handzeichnungen 1810 fg. Die übrigen Blätter halbbrüchig von Johns Hand beschrieben, mit eigenhändigen Correcturen.

H^1 : Zwei Bogen grünlichen Conceptpapiers, beschrieben (mit Ausnahme des letzten leeren Blattes) von Johns Hand, ohne jede Correctur von anderer Hand. Eigenthum des Goethe-Nationalmuseums. — Für den Druck von E^1 wie auch unseres Textes ist H massgebend gewesen. Die kleinen, stellenweise fehlerhaften Abweichungen von H^1 werden im Folgenden nicht verzeichnet.

Lesarten.

337, 4—11 und auf eingelegtem Bogen statt Als ich im Jahr 1810 Anfangs April nach Jena ging überfiel H 9 und lebendige g aus mit lebendiger H 11 widerwärtig g über einnehmend H nach erschien folgt da H 12 Verlangen überfiel g aR statt eine wunderliche Begierde H 13 dieß — nun g über und zwar hauptsächlich üdZ folgt g zuerst H 22 meiner Reise nach g über mein H und g aR H 23 nach g über auf H 338, 1 Und g üdZ H 2 denn g üdZ H 3 lies mit eben fo 21 nach Akazien folgt die Wucherey H 339, 8 aR den 2. May H 11 aR den 2. May H 26 nach ihn folgt auf dem Platze H 340, 7. 8 die — hatte g aR H 14. 15 nach Graben folgt selbst H 17 alttopographisches g über geologisches H lies Göttlingische   23 Lincks g üdZ H grade vor g üdZ H 24 Ulrichische g aR statt Paulsische H Eine g aR statt die H 26 von hinten g üdZ H 28 durchscheinend glänzen g hinzugefügt H 341, 3 nach Stadt folgt und und H 18 oberen g über höher stehenden H des Giebels g üdZ H 25 aR den 16. May H 342, 1 aR den 17. May H 10 aR 17. August H 14 nach man folgt sie als Stein H (sie irrthümlich gestrichen)   19 aR den 24. August H

Nauwerck, Bilder zu Fauſt.

Druck.

J : Kunſt und Alterthum. Sechsten Bandes zweites Heft.
S 428—429.

Handschrift.

H : Folioblatt grauen Conceptpapiers, eine Seite von
Johns Hand beschrieben; mit Correcturen von Riemers *H*and
(Tinte über Blei).

Lesarten.

344, 3 reden über ſprechen *H*   5 wollen über mögen *H*
8 denen — vierter aus da uns der vierte *H*   9 einem über dem
H   11 ſich zugeſellt aus begegnet *H*   12 nach und folgt wir *H*
13 Hefte üdZ *H*   15 worden üdZ *H*   17 So nach Und *H*
18 ſowie aR *H*   345, 1 wodurch über da *H*   5 und über
ſo daß *H* möchten aR *H*   6 nach mitzutheilen folgt möchten
H   Die ursprüngliche Wortstellung durch Zahlen ent-
sprechend verändert.   In dem erhaltenen Correcturbogen
fehlt der Aufsatz noch.

Nehrlichs Darſtellungen aus Fauſt.

Druck.

J : Wegweiser im Gebiete der Künste und Wissenschaften (Beilage zur Abendzeitung). Nr. 105, den 31. Dezember 1831. (Nach Angabe von A. G. Meyer und G. Witkowski in Goethes Werke 30. Theil. Kürschners National-
Litteratur, Stuttgart, S 611; dem *H*erausgeber nicht zugänglich.)

Handschrift.

H : Folioblatt grauen Conceptpapiers, halbbrüchig von
Johns *H*and beschrieben, mit eigenhändigen Correcturen
(*g* und *g*³).

*H*¹ : ebenso Reinschrift von derselben *H*and.

Lesarten.

346, 2 ſechszehn eingefügt *g*¹ *H*   3 vor uns *g*³ über der *H*
bedeutender *g*³ aR über jener (letzteres auch *g*³) *H*   5 nach

Ereigniſſe folgt vor uns und wir (*g*³ geſtr.) *H*   auch *g*³ üdZ *H*
6 wir *g*³ üdZ *H*   annehmen *g* über vorausſeßen *H*   nach manche
folgt vorkommende *H*   10 nach muß folgt daß *H*   habe *g* aR
H   11 nach verſenkt folgt habe *H*   befinde *g* üdZ *H*   nach
Hauſe folgt befinde *H*   14 Anzahl *g* über Menge *H*   15 wohl=
gerathener *g*³ aus wohlgerathene *H*   ausgeſtatteter *g*³ aus aus=
geſtattete *H*   18 Möge *g*³ aus Möchte *H*   auf nach von nun
an (*g*³ geſtr.) *H*   19 noch eifriger *g* üdZ *H*   21 untereinander
g üdZ *H*   347, 1 iſt *g*³ über ſind *H*   2 ſind *g*² üdZ *H*   8. 9 zu —
gewähren *g*³ aus höchſt liebenswürdig zu dem angenehmen Ein=
druck welchen die Blätter machen *H*   3—6 Auch — ſei fehlt *H*
aR *H*¹   Am Schluss: W. den 4. Nov. 31. *H* Weimar den
4. Nov. 1831. *H*¹

Skizzen zu Caſti's Fabelgedicht:
Die redenden Thiere.

Drucke.

J : Kunſt und Alterthum. Erſten Bandes drittes Heft.
S 70—80.

C : Neunundbreißigſter Band.   S 221—229.

C¹ : Desgleichen.   S 219—228.

Handschriften.

H : Sechs Folioblätter bläulichen Papiers, eingeheftet
in einen Fascikel gelblichen Papiers, der die Aufschrift von
Kräuters *H*and trägt: „Thierfabeln und Bildende Kunst
Juny 1817." Darunter von Eckermanns *H*and: „abgedruckt
im 39. Bande" (der Fascikel enthält die betreffende Zu-
schrift der Künstler). Die sechs Blätter halbbrüchig theils
von Färbers theils von Kräuters Hand beschrieben, mit
eigenhändigen Correcturen, enthalten die erste, vom Druck
ziemlich abweichende Niederschrift des Aufsatzes, mit Ausnahme von 353, 1—354, 6.

*H*¹ : Quartblatt von J. *H*. Meyer geschrieben, enthält
den in *H* fehlenden Passus. Diesen in unsrer Ausgabe aus-
zuscheiden erschien nicht angängig, da Goethe selbst ihn
auch in die Ausgabe letzter *H*and aufgenommen hat.

Lesarten.

348, 4—6 fehlt *H* Thierfabel der bilden Kunst davon *g*¹
kaum leserlich üdZ Gutachten *g*¹ aR *H* 7. 8 bietet — Stoff]
ist zur mahlerischen Darstellung weniger geeignet *H* 12—21 In
— wäre] Hier sind nun lauter innerliche Zustände und zwar die
revolutionairen unserer Zeit freylich sehr gemäßen Gesinnungen.
Da nun noch überdieß der Gegensatz einer Despotie ironisch dargestellt wird, so weiß man nicht, was man sieht, ob man gleich
recht gut weiß was zu benken wäre *H* 349, 1 I] *No.* 1 aR
H und so fort 1. 2 Berathschlagen — republikanisch fehlt *H*
5 Rede — Löwen fehlt *H* 6 nach sich folgt auch *H* nach
zusammen folgt auch brückt sich *H* 8 nach Geschöpfe folgt
brückt sich *H* 9. 10 des — Ochsen fehlt *H* macht — Bild]
baut sich als Bild gut zusammen *H* 11 Krönenden] Kronauf-
setzenden *H* keineswegs] nicht *H* 12. 13 neuen — Stelle] König *H*
14—21 wird — werden] wird nicht deutlich in dem beabsichtigten
Sinne *H* 24 gerichtet *g* üdZ *H* diesen *JC*¹*C* diesem *H*
25. 26 Kein — hat fehlt *H* 27 Diese — würden] Doch würden
diese vier Bilder *H* 28—350, 1 von — wohl] und unter Herr
Menkens (aus Mengdens) Hand, in dem bekanntern kleinern For-
mate dem Liebhaber gewiß *H* 2 nach sein folgt werden *H*
Das — hingegen] Nicht so die beyden letzten, *No.* 5 *H* 3 man
den Zweck] mans *H* 4. 5 wird — nicht] wenn man es versteht,
befriedigts nicht *H* (versteht — versteht *g* aR) Es folgt Der junge
Löwe scheint den Leoparden zu zerreißen, und von der Entrüstung
des Bären läßt sich das Motiv nicht absehen. Auch componirt
das Bild nicht gut weder als Form, noch als Hellbunkel. Dasselbe
gilt von dem letzten, *No.* 6., Und ich würde daher rathen, diesen
beiden, nochmaliges Durchdenken zu widmen. 5. 6 Von — Dar-
stellungen] Bei Bildern *H* 10. 11 Beifall — sich] Kunstfreund
befriedigen darf man gar *H* nach erwarten folgt *g* Jena den
15 Juni 1817 s. m. G 14. 15 die — Scherzes aR statt der Scherz *H*
nach hervorhebt folgt seine Bitterkeit verliert *H* 16 ein aus
zu einem *H* 17 Bei *g*¹ üdZ *H* hierin über die neben Herr *H*
19 nach Fuchs, folgt auch im höchsten Grade *H* 20 wei-
laub] sonst *H* 20. 21 wo — bestrafen fehlt *H* statt dessen
Wird Herr Menken (aR während der Arbeit) diese Vorgänger
studiren und im Auge behalten, so kann sein entschiedenes Talent

nur Erfreuliches Sachen hervorbringen darunter Jena d. 19. Juni
1817. *H* ₂₂ fehlt statt dessen Thier=Fabeln durch bildende
Kunst dargestellt *H* 351, ₃ und — wahrscheinlich] welches des=
halb [*g*¹ aR für alles] wahrscheinlich werden kann *H* weil üdZ
H ₁₂ nach wir folgt alle *H* ₁₆ aber fehlt *H* ₂₅ In] Nach
H 352, ₂ zu können *g* über konnte *H* ₁₅—₁₇ Sie — Nonnen
aR von Kräuters Hand auf denselben Worten *g*¹ *H* ₁₉ Platz]
Platze *H* ₂₆ die aus der *H* 353, ₁—354, ₆ Meyers Correcturen in seinem Manuscript *H*¹ gehören nicht hieher.
354, ₄ durchaus geforderten fehlt *H*¹ ₇ aR von Kräuters Hand
(Hierher wäre nun die Würdigung des Potters sonst Casler
Bildes zu wünschen) *H* ₉ dem *g* über so *H* ₁₀ nach Castig=
lione folgt welcher *H* ₁₈ nach sollen folgt Jena Ende Juny
1817. *g* G *H*

Tausend und Eine Nacht.

Druck.

J : Kunst und Alterthum. Sechsten Bandes Zweites Heft.
S 413—414. Handschrift fehlt.

Galerie zu Shakespeares dramatischen Werken von Moritz Retzsch.

Druck.

Nachgelassene Werke. Neunter Band. 8°. S 163—164.
Desgleichen. 16°. S 160—161. Handschrift fehlt.

Neues Gemählde in der Rochuskapelle zu Bingen.

Druck.

J : Kunst und Alterthum. Ersten Bandes Zweites Heft.
S 178—180. Handschrift fehlt.

Charon. Neugriechisch.

Druck.

J : Kunst und Alterthum. Vierten Bandes Zweites Heft
S 165—167. Fünften Bandes Drittes Heft. S 5—14. *Corr* :
Hierzu Correcturbogen (im Goethe-Nationalmuseum).

J[1] : Stuttgarter Kunstblatt 1826. Nr. 10. 11. S 38—41.

C : Nachgelassene Werke. Vierter Band. 8°. S 75—91.

C[1] : Desgleichen. 16°. S 78—94.

Handschriften.

H : Folioheft in blauem Umschlag mit dem Titel in
Zierschrift von Johns *Hand*. Charon. Neugriechisches Gedicht.
Bildenden Künstlern als Preisaufgabe vorgelegt. 1824. Enthält
die einschlägige Correspondenz, und auf fünfzehn Folioblättern (signirt 1—13, dazwischen zwei Blätter ohne
Signatur), halbbrüchig von Johns *Hand* beschrieben, mit
eigenhändigen Correcturen und solchen von Riemers *Hand*,
eine ältere Form von S 362, 26—376, 16 des Textes.

H[1] : Fascikel von acht Folioblättern, halbbrüchig von
Schuchardts Hand beschrieben, mit Correcturen Goethes und
Meyers; Vorarbeit Meyers zur Beurtheilung der Preiszeich-
nungen; nur Goethes Correcturen werden in den Lesarten
verzeichnet.

H[2] : Folioblatt, eine Seite von Johns *Hand* beschrieben,
mit eigenhändigen Correcturen, enthält S 376, 3—16 des
Textes. Auf der Rückseite Tagebuchaufzeichnungen *g*[1]. Correcturen von Riemers *Hand*.

H[3] : Folioblatt grauen Conceptpapiers, halbbrüchig auf
einer Seite von Schuchardts *Hand* beschrieben; mit eigenhändigen Correcturen (*g*[3]); enthält eine ältere Form von S 374,
13—26 des Textes.

H[4] : Drei Folioblätter; Reinschrift von Schuchardts
Hand des Abschnittes VI unseres Texts; doch mit der im
Eingang abweichenden Form, die sich in Kunst und Alter=
thum V findet. Voraus geht das Gedicht Charos. Auf angeklebtem Blatt folgt von Riemers *Hand* die philologische
Notiz über *Charon* und *Charos*, die Kunst und Alterthum V,
13—14 abgedruckt ist. Da in dieser Notiz die erstgenannte

Schreibweise als die richtigere erwiesen wird, so folgt auch unsere Ausgabe derselben.

H^5: Folioblatt Conceptpapier aus den Materialien zu Wilhelm Meisters Wanderjahren; enthält auf der Rückseite g^1 den Satz S 365, 3—9 unseres Textes, doch mit dem kürzeren Eingang Hiezu ist; vor an (Z 5) durch den; späterer — angehörigen (Z 6. 7) fehlt. Quer auf dem Blatt stehen noch die Worte g^1 Kinder Jünglinge Frau Halbmädchen J. Mann Bauern (?) die Frauen.

Unser Text gibt zuerst den Abschnitt aus Kunst und Alterthum Bd. IV unter Vorausschickung des Gedichts; dann Goethes Antheil an der Publication im Kunstblatt 1826; den letzten Abschnitt nach dem späteren Abdruck in Kunst und Alterthum Bd. V.

Lesarten.

362, 6 Waffer holende Frauen, welche von Riemers Hand aus die Waffer holen und Corr 8 schreckhaft ebenso statt ahnbungsvoll Corr 8. 9 in — sehen ebenso oben statt symbolisch angedeutet wissen Corr 10 beinah ebenso aR statt die sämmtlichen g^1 mehrere (nicht in den Druck von J aufgenommen) Corr 11 gern von Riemers Hand aR statt wollten Corr nach ausgeführt folgt wissen darüber g^1 sehen (nicht im Druck von J) Corr 12 nach gemahlt folgt gestrichenes sie Corr 13 gebracht aR g^1 statt zu sehen Corr 17—19 Nur — dürfen fehlt im Satz; unten von Riemers Hand über Bleistiftzügen Goethes, von denen leserlich nur die Schlussworte Landschaftsmaler ihre Rechte Corr 363, 1 Charon aR g^1 Charon NB immer mit deutschen Lettern H^1 13 unmittelbar aR H 17 erklärte über äußerte H 20 nach wird folgt er H 364, 6. 7 unser — bestimmen aR H 11 Zoll fehlt H 14 Gruppe bestehend g üdZ H^1 19 nach Darstellung folgt des H völlig über mehr H 22 der neugriechische aR H 23 nicht üdZ H 26. 27 hier erscheint aR H nach Reitende aus Reiter folgt erscheint H der Angegriffene aus angegriffen H 28 er üdZ H 365, 3 zu — Attribut g aR H 6. 7 späterer — angehörigen aR H 10 jedoch g üdZ H^1 14 geschieht aus geschiehet H 17 Dagegen haben aR H 18 nach Künstler folgt haben hingegen H 20. 21 auch — sind aR H nach Gründen folgt sind wir H 366, 12 Luft und g aR H 14 wahrnimmt üdZ H 16 in dem über

im Fach H   367, 12 ein üdZ H   15. 16 ettoas — follen g üdZ H[1]
26 vom aus von einem H   368, 16 gleichend aus gleich H
369, 6 von über vor H   10 wurf üdZ H   370, 1 und üdZ H
die — ringt aR statt ringt der Elende Hände und Arme H
6 Frauen über weibliche H   12 wahr nach an H   16—24
Neben diesen in Meyers Manuscript weniger anerkennenden
Passus hat Goethe die Worte mit Blei gesetzt Höchste Aus=
führung deßhalb Vollendung und hat das Wort zierlich ein=
gefügt, die Worte größter statt vieler, vollendet statt aus=
geführt gesetzt H[1]   370, 26—371, 3 könnte — Zeichnung aR
statt würde diese Zeichnung der nun noch anzuzeigenden No. VI
von Herrn C. Leupold den Vorzug und folglich auch den Preis
haben streitig machen können, wenn nicht dieser in seinem Werk H
370, 27 sich — 28 stellen über der nächst folgenden Nummer den
Preis streitig ·zu machen H   371, 1—3 N. VI—Zeichnung]
Charos [g[3] aus Charon] Zeichnung von Leybold. H[4]J   4 gelb=
lichem] gelblich HJ[1] gelb H[4]J   5 die Lichter üdZ H   aufgetragen]
aufgetragenen Lichtern den H   6 Leybold] Leupold, der Erfinder
HJ[1] in — Zeichnung fehlt HJ[1] den üdZ H   7 höchst glück=
lich] am glücklichsten J[1] ebenso aus glücklicher H   8 besser über
besserer H   nach Ganzen folgt nicht schönern zwar, doch im
Ganzen würdigern daraus die Form des Textes H   9 nach
gewußt folgt hätte H   meisterhaft und leicht] leicht und meister=
haft HH[4]   12—15 mit — vollbracht] daß der Künstler sich den
Michel Angelo zum Muster genommen J[1] mit — vollbracht g[3]
und g[1] aR [mit — Angelo g[1] über oder vielmehr daß er mit
diesem erhabenen Künstler (g[3] geschr., g[1] gestr.) eine — em=
pfunden g[3] und — vollbracht g[1]] für sich den Michel Angelo zum
Muster genommen. H   14 mehr gereinigtem] gereinigteren H
16. 17 an — Körper aR neben Körper und Brust H   Roffe über
Pferde H   18 reißenden aus reißendsten H   keichend üdZ H
19. 20 rückwärts getrieben über fliegen im Winde H   21 und —
Theil aus halb und läßt halb sehen H   22 rechten üdZ H
24 nach einen folgt hoch H   24—372, 1 bey — wird statt
welcher abgewendet ungern zu folgen scheint und einen ohn=
mächtigen Versuch macht, sich am Aste eines dürren Stammes
des landschaftlichen Grundes festzuhalten H   7 schon g über
doch H   8 umschlungen g aus umarmend H   9 zeigt g über
deutet H   9. 10 wie — anflehend g aR H   13 beyseit g über

bey Seite *H*　14 mit — andern *g* aus wie alle die *H*　16 ſproſſenden
g aus ausſproſſenden *H*　17 zur Rechten] zur recht *g* über hin
H　18 nach mit folgt der *H*　373, 1 Geliebte *g* üdZ *H*
nach mägdehafte folgt gleichgültige *HJ*[1]　5 alſo *g* aR *H*
6 ein beſonders *g*[1] aR ſtatt das meiſte *H*　7 durchdrungen *g*[1]
aR ſtatt am beſten gefaßt *H*　8 derſelben fehlt *J*[1] vollſtändig
[aus am vollſtändigſten] über am beſten *H* am vollſtändigſten
J[1]　12 nach Ausdruck folgt höchſt *H*　14 frappantem *g* über
verbanntem (Hörfehler) *H*　15 und *g* üdZ *H*　hat *g* über
thut *H*　nach wohlgefällige folgt wohlthätige *H*　20 dicht *g*
über eng *H*　26 doch) — Umſtand *g* und *g*[1] ſtatt aber auch hier
tritt wieder der Umſtand ein, welcher uns oben ſchon bey *No. II*
und *III* wiederholt Bedenken abnöthigte, nämlich daß *H* aber
doch begegnet uns auch hier der Umſtand (weiter wie *H*) *J*[1]
374, 1 nach ſtattfindet folgt *g*[1] und *H*　1. 2 deßhalb — möchte *g*[1]
eingefügt *H* fehlt *J*[1]　3 nach jedoch folgt dürfen wir dürfen
H　haben üdZ *H*　4. 5 zu — gab *g*[1] aR ſtatt ſich der Künſtler
annahm zu ihrer Rechtfertigung behauptete *H* ebenſo *J*[1]　7 ſo
g üdZ *H*　10 hervortreten laſſen nach darzuſtellen *H*　11. 12
und — darſtellen *g*[1] aR *H* fehlt *J*[1]　13 beigelegten] beyliegenden
H[3] daraus *g*[3] beygelegten *H*[4]　18 lebhaften *g*[3] aus lebhaft und *H*[3]
21 Herr Leybold *g*[3] über der Künſtler *H*[3]　23. 24 mit — platte
g[3] aR *H*[3] uns *g*[3] üdZ *H*[3]　24. 25 Raum findet *g*[3] für Nicht
leicht hat *H*[3] dergleichen *g*[3] üdZ *H*[3]　13—26 Mit — machen
fehlt *J*[1]　375, 1 dieſe aus dieſen *H*　3 nach Bildchen folgt
an *H*　9. 10 kauern einige *g* ſtatt ſitzen *H*　12 gefunden] gedacht *H* ein *g* über der *H*　13 den *g* üdZ *H* zuſammt *g* aR
neben mit *H* gleichſam *g* aus gleich *H*　15 dient *g* über ſcheint
H　17 nach *g* üdZ *H* dem Vorgang *g* über nach der Erſcheinung
H　27 Gruppen] Gruppe *H*　376, 1 zu halten *g* aus gehalten
worden *H* ſind *g*[1] zugefügt *H*　6 Behandlung] Behandlung
g über Auflöſung *H* Auflöſung *H*[2]　10 bis dahin über durch
mehrere Jahre *H*[2]　12 davon aus dadurch *H*[2]　13 gültiges
fehlt *H*[2] *g* aR *H*　14 ſtrebende] ſtrebende *g* über bemühte *H* bemühte *H*[2]　15. 16 dem — Augen über vor die Augen des Publi-
kums *H*[2].

Zum Schluss sei noch angeführt, dass Meyer in *H*[1] dem
Passus 373, 5—22 eine Form gegeben hatte, durch welche
das Bild Nr. 5 dem preisgekrönten in gewisser Hinsicht

gleichgestellt wurde. Goethe hat durch Einklammern beträchtlicher Partieen dies beseitigt und ausserdem mit Blei folgende Notizen hinzugefügt: von mannigfaltigſten Motiven — von denen keins wiederholt iſt — Größe thut auch gute Wirkung.

Blumen=Mahlerei.

Drucke.

J: Kunſt und Alterthum. Erſten Bandes Drittes Heft. S 81—91.

C: Neununddreißigſter Band. 8°. S 231—240.

C¹: Desgleichen. 16°. S 229—238. *Handschrift nicht erhalten.*

Landſchaften von Carus.

Druck.

J: Kunſt und Alterthum. Zweyten Bandes Drittes Heft. S 171. 172. *Handschrift nicht erhalten.*

Südöſtliche Ecke des Jupitertempels von Girgent.

Druck.

J: Kunſt und Alterthum. Sechſten Bandes zweytes Heft. S 408. 409.

Handschrift.

H: Folioblatt, eine Seite von Johns *Hand* beschrieben, mit Bleistiftcorrecturen Riemers, die John mit rother Tinte nachgezogen hat. Diese Correcturen sind in *J* schon berücksichtigt.

Lesarten.

387, 4 bayeriſchem *J* bayeriſchen *H*   5 Ein Gemählde *g* über Gemeldetes Bild iſt *H*   8 Landſchaft aus ein landſchaftliches Gemälde *H*   9 leichtem Gewölk aus leichten Wolken *H*

18—21 Der – Anmuth] auf angeklebtem Streifen von Schuchardts Hand H 388, 7 treffendſten] treffenſten H 8. 9 daß — er=innere [Arbeiten nach vorzügliche] corrigirt aus es erinnere den Beſchauer an die Arbeiten des Elzheimer.

---

*Collection des portraits historiques
de M. le baron Gérard.*

Drucke.

J: Kunſt und Alterthum. Fünften Bandes Drittes Heft. S 90—119. Hierzu Correcturbogen im Goethe-National-Museum.

C : Neununddreißigſter Band. 8°. S 240—262.

C¹ : Desgleichen. 16°. S 239—260.

C und C¹ bringen ein Titelblatt mit der Aufſchrift Gérards hiſtoriſche Portraits, welche in unſerer Ausgabe durch Verſehen ausgefallen iſt.

Handschrift.

H : Achtzehn Folioblätter grauen Conceptpapiers, halb-brüchig theils von Johns theils von Schuchardts Hand be-schrieben, mit Verbesserungsvorschlägen von Riemers Hand, die dann von John mit Tinte nachgezogen sind, und eigen-händigen Correcturen.

Lesarten.

389, 4. 5 *et II.* g³ üdZ H 5. 6 Urbain — *Nr.* 9 Riemer mit Blei aR H 7 auf dem Titel g üdZ H 8 hiſtoriſche g über verſprochene H nach Kupfern folgt zufälligerweiſe nicht ſo H 12 zu — Zeit g über und aR für in der Geſchichte H 15 vorgeſtellt g über abgebildet H 16 einzeln g aR H 20 Die gegenwärtige g aus Dieſe H 21 vielleicht — Dutzend g über einige zwanzig H 390, 1 Ganzes — Zuſammenhängendes g aR neben Höheres H 3 Herr] H. g³ üdZ H 4 anerkannt tüch=tigſter g aus anerkannter H 4 Davids g aus von David H 6 nach geſittete folgt Epoche der H 8 reine g aR H 10. 11 Künſtler nach trefflicher H 11 von Rang g³ üdZ H nach Epochen folgt durch H 12 hielt aus erhielten H 15 treuen g³ über freyen H 16 außerdem g üdZ H 19 vorzulegen aus vorlegen H 28 hätten g³ über haben H . 391, 8—11 reiche —

finden aR *H* 14 ſelbſt *g³* aus ſelbſten *H* 16 ausgedrückt] aus=
gedruckt *HJ* 18 nach und folgt ſeyn *H* 2) ausgedruckten
HJ 23 zuſammen aR *H* giebt nach geben *H* 24 Eben — be=
buſcht aus Eben den flammenartig bebuſchten Huth *H* 392, 2 be=
gleitet *g* aus bekleidet *H* 6. 7 nur — hin aR neben an den
Waden hin *H* 11 Vaſtität aR neben Nichtigkeit *H* 21 Ordens
üdZ *H* 22 läßt aR für iſt *H* 23 durchſehen aus durchzuſehen
H 23. 24 umhängt — Mantel für bedeckt ein Umhangsgewand
H den] dem *HJ* 25 reicht — Wolke aus eine Mantelwolke
reicht *H* 26 Boden *g³* aus Fußboden *H* hin *g³* üdZ *H* 27 der
Fürſt aR ſtatt er *H* 393, 2 auf über mit *H* nach Stufen
folgt darauf *H* 5 nach Bogengänge folgt und *H* 18 in
g üdZ *H* 21 in *g* üdZ *H* 23 auf *g* aR *H* haltend üdZ *H*
25 Mag aus und mag *H* nun üdZ *H* 26 es *g* üdZ *H* 394,
4 weiter — trachtete *g* für entwickeln konnten *H* 5 ſeine aus
ſeinen *H* 6 ſeine] ſein *HJ* 7 niederzuſchreiben aR ſtatt auf=
zuſetzen *H* 8 Vertrauen *g* über Mißtrauen *H* 9 hielt — jetzt
g hinzugefügt *H* Am Fuss des 7. Correcturbogens von J
der mit Ludwig Napoleon beginnt, *g³* den 14. Juli. 13 giebt
g über wie *H* 19 in *g* aR neben Eine *H* 23 uns] und *JC¹C*
Die Änderung erſcheint nothwendig. 24 das Haar über die
Haarlocken *H* 25 in — gerollt aR für gekräuſelt *H* 395, 1
Angelegenheit aus Angelegenheiten *H* 2 einer aus eines *H*
4 einfach würdig *g³* aR ſtatt glücklich *H* 5 anſtändigen *g³* über
würdigen *H* 12 muskelhaft *g³* neben fleiſchig *H* 14 längſt
g³ üdZ *H* an über als *H* 17 Poſament über Paſſement *H*
19 an — Dörnern [Goethe ſchrieb irrthümlich Körnern] *g* aR
H 20 herrliche] herrlich *HJ* 23 Taſche aus Patronentaſche *H*
396, 3 landſchaftlichen aR *H* 4 wartet *g* über hält *H* 14 be=
trachten *g³* aR neben anſehen *H* 21 einiger *g* über mäßiger
H 397, 1. 2 Lafetten — Boden *g* und *g³* aR *H* 1 und berſten
g³ über zuſammen *H* röhren *g³* über korper *H* 6. 7 der Rechten
g³ üdZ *H* 10 nach Anſpannung folgt und *H* und — Sicher=
heit *g³* aR *H* 12 ſey *g³* über iſt *H* 18 Perſönlichkeit aR
neben Gegenwart *H* 26 eins — andern aR ſtatt ſie mit
einander *H* vor und rückwärts *g³* aR *H* 398, 3 augenblicklich=
ſien *g³* aus augenblicklichen *H* 5. 6 alle — gelaſſen *g³* aR ſtatt
gleichſam *H* 7 Umgeben von *g³* über In *H* 8 finden *g³* über
ſehen *H* ſchicklichen *g³* über anſtändigen *H* 10 hinterwärts *g³*

aus hinter ihm *H*   11 der Geſchäftsmann *g³* über er *H* · 15.
16 erſcheint er aR *H*   vor vollkommen *g³* üdZ der Mann, mit
Blei wieder geſtrichen *H*   19 weht *g³* aus wehet *H*   21 Be=
greifen — ſich aR ſtatt Man begreift *H*   22 er — aushält *g³*
üdZ *H*   25 in — hinein *g³* über rückwärts *H*   399, 7 könnten
g aus können *H*   10 annähernder *g* über einiger *H*   11 wich=
tigen über großen *H*   13 nach über von *H*   jedoch *g* aR *H*
14 forſchender *g³* über ſorgfältiger *H*   24. 25 Gentlemanartig aR
für Gentilmansartig dieſes nach (Gentilman), *g³* geſtr. *H*
26 einfachen *g³* aR *H*   27 haus *g³* üdZ *H*   400, 2 ſich um=
ſehend *g* und *g³* aus um ſich um zu ſehend *H*   3 nach noch
folgt irgend *H*   22 Hinſitzen aR für Niederlaſſen *H* einer
ſolchen Stelle aus einem höhern Sitze *H*   27 wir — können *g³*
aR *H*   401, 1 zu *g³* aR *H*   3 nach das folgt zwiſchen *H*
in halbem Schlummer über Schlaf und Wachen *H*   4. 5 die
— einen aus und der freie Blick in den *H*   6 bilden über macht
H   7 offenen aR *H*   freyen und doch *g³* üdZ *H*   wohnlichen
g³ aus gewöhnlichen *H*   11. 12 Katharine — Würtemberg *g³* ein=
gefügt *H*   13 1813 ebenſo   16 der — hinneigt aus ans Präch=
tige grenzend *H*   17 architektoniſch üdZ *H*   20 offen üdZ *H*
eingreifenden aR *H*   21 nach Daumen folgt offen gehalten
H   21—24 der — geruht aus die Linke auf ein Polſter gelehnt
iſt in einer Stellung als wenn das nun aufgerichtete Haupt eben
[eben *g³* üdZ] darauf geruht hätte *H*   26 Ent *g³* über Be *H*
402, 4 feenhaften *g³* aR ſtatt architectoniſchen *H*   5 Sodann —
noch *g³* aus So entſteht danach doch *H*   ein *g³* über das *H*
6 Warum — ihre *g³* über das ſie die *H*   7 nach Storchs *g³*
Fragezeichen, darnach geſetzt hat [*g³* geſtr.] *H*   9 ſkizzenhaft
gebildet *g³* über gewebt *H*   10 jedoch aR *H*   12 Gemälde *g³*
über Bilde *H*   19 dem *g³* aus der *H*   20 Farbenwechſel *g³*
üdZ *H*   24 er über es *H*   27 nur *g³* aR *H*   für — an=
muthiges aus einem anmuthigen *H*   28 mütterliche aR *H*
403, 2 ſeltſam — Hündchen aR ſtatt von ſeltſamartiger (über
artiger *g³* ſchlanker) Geſtalt *H*   3 das — dem *g* aR nach unter
der herabgeſenkten *H*   Arm *g* über Hand *H*   4 fühlt aus
fühlendes folgt Kindchen daraus *g³* Hündchen *H*   5 nach archi=
tektoniſch folgt wohl *H*   11 Luftton *g³* über Färbeton *H*
13 wilde *C¹C* milbe *HJ*   14 erwecken über geben *H*   14—15 einer
ältern nachträglich eingefügt *H*   romantiſchen *g* üdZ *H*

15—18 aber — befinden aR über Riemers Bleistiftzügen neben deren artiſtiſche Jntention man übrigens an dieſer Stelle nicht gewahr wird und doch überwältigt eine uralt herkömmliche Vegetation den ganzen Raum, und wir geben gern zu, daß wir uns wirklich in der Gegend von Florenz befinden *H* 404, 11.12 was macht aR neben was iſt ...... was ...... ausmacht? *H* 18 anerkennen *g³* nach bekennen *H* 22 geſelliger *g³* über gefälliger *H* 23 mitzutheilen *g³* üdZ *H* 24 wie ſich über müßig (*Hörfehler*) *H* 405, 2 eines *g³* aR *H* 3 des *g³* über und *H* 6 Gutmüthigkeit *g³* aR in freigelaſſenen Raum ver- wieſen *H* 7 ihr *g³* über ſich *H* 8 - 10 durch Ausübung — ſie *g³* für ſie [darnach Lücke, in welche *g³* durch] — Guten eingeſetzt iſt] die Meinungen annähernd [*g³* geſtr.] *H* 13 möchten *g³* über könnten *H* 17 Wir — unterſuchen *g³* aR für Getrauen wir uns auch nicht zu ſagen *H* 17—19 ob — Hauptgeſchäfte *g³* aus ob mit 16 Jahren die Sorge für den Putz und andere Vorgeſchäfte *H* 27 unſerer] unſrer *H* 406, 1 aus — Fähigkeit *g³* aR *H* 9 des Unternehmen *g³* aus der Antheil an dem Unternehmen *H* 11.12 leidenſchaftliche Freundſchaft *g³* aR *H* 15 hohen *g³* in freigelaſſenem Raum, darnach und *H* 15.16 reizenden Schöpfungen *g³* aR *H* 25 um *g³* üdZ *H* 407, 1 nun über aber *H* 8 gewähren *g* über verdanken *H* 12 Strichlein *g* aus Strichen *H* 13 durch — gelinden *g* über wie leicht ein *H* 13.14 lichten wie *g* über hellen und *H* bis zu den *g* über die *H* 15 Schatten und *g* über die *H* minder *g* über weniger *H* 16 dunkle *g* aus dunklen *H* auszudrücken *g* über anzudeuten *H* 19 und ſo einen *g* aR *H* ſolche *g* über dieſe *H* 21 in die Überzeugung *g* über mit *H* 26 ſämmtliche *g³* üdZ *H* auf nach genug [*g³* geſtr.] *H*

Bildniſſe
ausgezeichneter Griechen und Philhellenen.

Druck.

J: Kunſt und Alterthum. Sechsten Bandes Zweites Heft. S 411. 412. Hierzu ſind Correcturbogen mit Berichtigung einiger Druckverſehen erhalten.

Handschrift.

H: Zwei Folioblätter grauen Conceptpapiers; erste, dritte, vierte Seite halbbrüchig von Schuchardts *H*and beschrieben, mit eigenhändigen Correcturen sowie Correcturvorschläge von Riemers *H*and mit Blei, die von John mit rother Tinte überzogen sind.

Lesarten.

408, 7 bedeutende aus einen bedeutenden *H* 11 nach man folgt aR fie *H* 17 nach darſtellen folgt Colocotroni, Don Baſi [*g*¹ aR Combaſi], Chardon und die Feſtung Palamides [darüber *g*¹ als Zugabe] werden uns diesmal vorgelegt; im Ganzen werden [darüber *g*¹ ſind] 18 Portraits und 6 Anſichten verſprochen. Weimar den 14. April 1828. Hiermit schloss dass Ms zunächst ab; später erst wurde das Weitere auf Blatt 2 hinzugefügt. 17 fangen nach werden uns dargeſtellt und *H* 18 um üdZ *H* 409, 3 Haſtings] Haſting *g* in freigelassenem Raum eingefügt *H* Haſting J Die nothwendige Correctur schon bei Meyer und Witkowski. 6 alle üdZ *H* nach achtzehn folgt Portraits *H* 12 nach Romania folgt an *H* vor aus von *H* Corr 13 eben *g* über ſo oft *H* 13. 14 auch im Bilde *g* über ſelbſt *H* nach lernen folgt Gegenwärtigem Unternehmen gönnen wir um ſomehr eine gute Aufnahme, da jeder Griechenfreund immer zuverſichtlicher ſich nach jenen Perſonen und Verhältniſſen umſchauen mag. *H*

Phyſiognomiſche Skizzen der Gebrüder Henſchel.

Druck.

Ebenda S 424. 425.

Handschrift.

Schluss eines Folioblatts, das zum grössten Theil halbbrüchig mit dem Aufsatz Elfenbeinarbeiten in Berlin (S. Bd. 49, 2. Abth. S 87. 88) beschrieben ist. Schucharts *H*and.

· Lesarten.

410, 3 über] über wenn wir *H* 9—12 zu — werden quer auf der linken Columne *H*

Siegesglück Napoleons in Oberitalien.

Druck.

J: Kunst und Alterthum. Sechsten Bandes Drittes Heft.
S 454—461; der Aufsatz reicht noch bis S 481 und schliesst
mit der Unterschrift: Meyer; eine Betheiligung Goethes an
dieser Fortsetzung ist aber nicht nachzuweisen.

Handschriften.

H: Zwei Folioblätter, die erste Seite von Schuchardts
Hand beschrieben, enthält S 411, 4—21 unseres Textes; in
J fehlt dieser Abschnitt.

H^1: Handschrift in J. H. Meyers Nachlass. Zwanzig
Folioblätter grauen Conceptpapiers, halbbrüchig von Johns
Hand beschrieben (Meyers eigenhändige Vorlage erhalten).
Nur die fünf ersten Bogen, welche den Text S 412—416
enthalten, zeigen Spuren Goethischer Mitarbeit. In den
folgenden Lesarten werden aus H^1 nur die handschriftlichen
Correcturen Goethes, sowie die Abweichungen von J an-
geführt; nicht aber die handschriftlichen Correcturen Meyers.

Lesarten.

411, 16 uns üdZ H   412, 4 Gallerie g aR statt Loge H^1
9 aufgetragen g nach gemalt H^1 11 feindseliger g aus unseliger H^1
15 Zwischenreichs g aR statt Taumels H^1 413, 28 Hierauf
[darnach erfolgt, mit Blei (g^1?) gestr.] — 414, 2 Ebne g aR
H^1 6 in — Gewalt g über wird besetzt H^1 17. 18 Mantua
— 13c.) g aR H^1 415, 11 wird g^1 über geschieht H^1 21 In
— nun g aus Nachdem in Italien alles verloren H^1 416, 9
und 13 Medaillons] Medaillen H^1

Weimarische Pinakothek.

Drucke.

J: Kunst und Alterthum. Dritten Bandes zweites Heft.
S 157—152.

E: Weimarische Pinacothek. Erstes Heft. 1821.
Handschrift fehlt.

Lesarten.

423, 21 Jahre] Jahr *J* 22 ſechzehnten] funfzehnten *JE* die nothwendige Correctur ſchon bei Meyer und Witkowski.

Steindruck.

Druck.

J: Kunſt und Alterthum. Fünften Baudes Drittes Heft. S 153—159. (Der Aufſatz mit der Überſchrift Steindruck beginnt ſchon auf S 148; doch iſt der erſte Abſchnitt München in dieſe Ausgabe nicht aufgenommen worden; vgl. dazu das kritiſche Nachwort dieſes Bandes.)

Handschrift.

H: Vier Folioblätter grauen Conceptpapiers, halbbrüchig von Johns Hand beſchrieben, mit eigenhändigen Correcturen.

Lesarten.

427, 3 Herren *g* über Brüder *H*   12 der — Lehrer aR *H* 428, 4 paſſendes *g* aus umfaſſendes *H*   5 Man *g* über Die Herausgeber *H* durfte *g* aus durften *H* dieſe *g* aus die *H* 24 zu — zu *g* aR *H*   24. 25 allen — Blättern *g* aus alle — Blätter *H*   25. 26 die — worden *g* aR ſtatt dieſen beiden Lieferungen gearbeitet worden *H* nach Maſſenplatten, gefertigt worden *H*   27 nach über von *H*   429, 4 wie aR ſtatt ſo *H*   6 geben *g* aus ergeben *H*   15 dieſer Angelegenheit *g* über derſelben *H* 18 ſchwieriges *g* über bedenkliches *H*   20—22 ſeit — lithographiſchen theilweiſe *g* aus daß die erſte Lieferung ausgegeben worden, betrachtet man was ſeitdem in Betracht der lithographiſchen *H*   27 mehr aR ſtatt haben *H*   430, 1 Wir finden *g* über Das Werk enthält *H*   24—27 *g* zugefügt *H* Die folgende Tabelle in *J* zwiſchen S 158 und 159 eingeheftet; *Handſchrift* fehlt.

Porträt Ihro Königlichen Hoheit der Frau Großherzogin.

Druck.

J : Kunst und Alterthum. Sechsten Bandes Zweites Heft. S 368. 369.

Handschriften.

H : Folioblatt grauen Conceptpapiers, halbbrüchig auf beiden Seiten von Johns Hand beschrieben, mit eigenhändigen und Riemerschen Correcturen. Älterer Entwurf.

H¹ : Folioblatt, eine Seite von Schuchardts Hand beschrieben, mit Riemerschen Bleistiftänderungen, die von John mit rother Tinte überzogen sind. Umarbeitung.

Lesarten.

431, 4 g^1 zugefügt H 5 längst aus lange H 9 Haltung über Stellung H 10 geschmackvoll angemessene aus angemessene geschmackvolle H 11. 12 erregt — sehen] sich um eine allgemeinere Verbreitung dieses Gemäldes [b. G. aR] wünschenswerth zu machen H 432, 2 Stellung g^1 aus Stellen H 4. 5 ist — vergönnt g^1 über dürfen wir wohl [darnach so am] H 6. 7 auf — Darstellung] auf ein zu hoffendes glückliches Gelingen H dasselbe corrigirt in die Form des Textes H¹ 7 zu g^1 üdZ H

Zu mahlende Gegenstände.

Drucke.

Erst in den Nachgelassenen Werken.
C : Vierter Band. 8°. S 253. 254.
C¹ : Desgleichen. 16°. S 262. 263.

Handschrift.

H : Foliobogen grauen Conceptpapiers, die erste Seite von Schuchardts Hand beschrieben, mit eigenhändigen Correcturen.

Lesarten.

433, 1 Überschrift von Eckermanns *Hand* über (Thisbe
und) Christus über das Meer wandelnd von derselben *Hand*
H   3 noch *g* aR *H*   8. 9 auf — hinzubeuten *g* aus einiges an-
zubeuten *H* folgt Ein Niederländer z. B. (z. B. *g* üdZ) würde
(*g* aus wird) aus vorstehendem Gedicht ein gar anmuthiges
Bild zu entwickeln wissen *H*   darnach *g* üdZ Im Gegensatz
gäbe *H*   9 Eine — zarte *g* aus Ein höchst zartes *H*   9. 10 jene
[*g* statt die] — Jungfrau *g* üdZ *H*   12. 13 und — befangenen *g*
über eines schönen *H*   16 nach aber folgt da der Platz mangelt
darüber *g* eiligst *H*   21 nie darüber von Eckermann in feinem
anderen Falle *H*   den Sinnen *g* aR *H*   und *g* üdZ *H*   22 nicht
beffer *g* üdZ *H*   434, 2 übernatürlich= *g* üdZ *H*   3 und darüber *g* eingefügt in dieser einzigen Manifestation alles Vorher-
gehende erklärt alles künftige voraus=verspricht *H*   5 hervorruft
g üdZ *H* ist nach Es *H*   6 und — Vortheil darüber von
Eckermann so wie es zugleich *H*   7 Künstler darüber von
Eckermann von großem Vortheil *H*   7. 8 unternommen *g* aR
statt gemalt *H*   8. 9 Denn — zum Schluss *g* zugefügt nach
hat, der freylich feinen Nachkommen auf ewige Zeiten alles
vorweg nahm *H*

Lesarten
zur zweiten Abtheilung des Bandes.

Myrons Kuh.

Drucke.

J : Kunſt und Alterthum. Zweyten Bandes erſtes Heft.
S 9—26. Der Nachtrag ebenda Sechſten Bandes zweytes Heft.
S 401. 402.

C : Neununddreißigſter Band. 8°. S 283—293. Ohne den
Nachtrag.

C¹ : Desgleichen. 16°. S 281—291. Ohne den Nachtrag.

Handschriften.

H : Ein Folioblatt, halbbrüchig von Karl Johns *H*and
beschrieben; der einzige erhaltene Rest der *H*andschrift des
eigentlichen Aufsatzes.

H¹ : Folioblatt, eine Seite von Schuchardts *H*and beschrieben, mit Änderungen von Riemer, die von John mit
rother Tinte übertragen sind, enthält die erste *H*älfte des
Nachtrags.

H² : Folioblatt, halbbrüchig von demselben geschrieben,
enthält die zweite *H*älfte des Nachtrags.

H³ : Folioblatt, die erste Seite von demselben beschrieben, enthält den Text von *H²* in Reinschrift.

Siehe auch Paralipomena S 256.

Lesarten.

3, 17 verlornen] verlorenen *J*   4, 6 höhern] höheren *J*   6, 9
eigene] eigne *J*   16 Euter] Eiter *J*   7, 27 kniende] knieende *J*

8, 26 Euter] Eyter *J*   9, 5 Ergötzung] Ergetzen *J*   7 Wief']
Wieß *J C¹*   26 verfpritzten] verfprühten *J*   11, 22 Contact]
Contract *J*   23 nach wohl folgt von *H*   26 nach den folgt
plötzlichen Gedanken eines *H*   Künftler aus Künftlers *H*   26 nach
Gedanken folgt zuerft *H*   12, 1 erfcheint *g* über ift ⟨das⟩ hiernächft
H   1. 2 mit — verglichen *g* aR   1. 2 eine — *Puerpera* fehlt;
ftatt deffen ein Gegenftand, mit dem fich die neuere Kunft fo
gern befchäftigt! Eine Frau mit einem Säugling, wenn auch
nicht fäugend, ift ein unanftändiges Motiv für die höhere Kunft.
Nur die neuere Zeit, die fo gern da unferer Sinnlichkeit fchmeichelt
und fie herniederzieht ftatt fie zu erheben, konnte, bey einem gänz=
lichen Verfall des Kunftfinns, einem folchen Gegenftand hohen
Adel verleihen: denn was heißt es weiter als die Freuden der
Begattung und die Schmerzen der Geburt zur Schau tragen.
Wem es Behagen macht der ergetze fich daran. Aber wenn denn
doch der Riß zwifchen Altem und Neuem immer unheilbarer
werden foll, fo verfäume man keine Gelegenheit entfchieden aus=
zufprechen, worin denn eigentlich der Character der alten Kunft
beftehe. *H*   12, 7 Ferner — das *g* aR ftatt Nicht das *H*
8 nach Menfchen folgt foll *H*   9 werde *g* üdZ *H*   höherm]
höherem *H*   14, 10 der über diefer *H¹*   11 1 und 31 fehlt,
dafür unten *g¹* (die fehlenden Zahlen werden bey der Revifion nach=
gebracht.) *H¹*   13 nunmehr üdZ *H¹*   gedachten eingefügt *H¹*
19 wäre] wär *H²*   22 ftill — mannichfaltigen] ftill eng — heiterem
mannichfaltigen *H²*   engen aus engem *H³*   mannigfaltigen Thal
aus mannigfaltigem Thale *H³*   23—25 einen — Theilnahme] einen
[*g¹* über fein] gleichfalls blendend weißen [*g¹* aus weißes] Ab=
kömmling [*g¹* über Junges] liebkofend zu gleicher Zeit *H²*
26. 27 Auf — Cyclus] Und fo bildet fich auch um mich [*g¹* aR
ftatt Ich wünfchte wohl einen folchen] ein heitrer [e. h. *g* üdZ]
Cyclus *H²*   15, 1. 2 urfprünglichfter — Neigung] natürlicher
Verwandtfchaft und Neigung daraus *g¹* natürlich nothwendiger
Verwandtfchaft und urfprünglicher Neigung *H²* folgt wie fie an
obgemeldeter Stelle eingeleitet ift durch vorzügliche Künftler
wenn auch nur in Umriffen ausgeführt zu fehen. *H²*   4 göttlich
Belebende] Göttliche und Höhere darüber *g¹* Belebende *H²*   im]
in dem *H²*   5 mit — Belebten fehlt, dafür mit dem Thierifchen
[*g*] dem Belebten [*g¹*] aR *H²*   6 verbunden *g* aus zu verbinden
H²   gewahr — werden *g* zugefügt *H²*

Relief von Phigalia.

Druck.

Fehlt bisher in den Ausgaben; vgl. G.-J. 1898 S 3—13.

Handschrift.

H: Zwei Foliobogen grauen Conceptpapiers; sieben Seiten halbbrüchig von Färbers *H*and beschrieben, ohne Spuren Goethischer Correctur. Ursprünglich für einen Brief an Luise Seidler bestimmt, dann zurückbehalten, wohl behufs weiterer Ausarbeitung, die jedoch unterblieb. Vgl. die Tagebuchaufzeichnung vom 11. Febr. 1818: Nach Tische Färber über das Basrelief dictirt.

Lesarten.

16,3 Reliefs] Relief *H*   4 Schönem] schönen *H*   9 Kopf=längen] Kopflänge *H*   19 ein] einem *H*   22 fein fehlt *H* 17,15 Eurhythmie] Ehritmi *H*   24 nach doch folgt haben *H* 28 Phigalia] Italia *H*   14 nach Kunst folgt und *H*   ob fehlt *H*   23 wüßte] wußte *H*   19,7 oder — Gleichniß aR *H* 8 Musik nach Kunst *H*   22 nun] nur *H*   Der Sinn erfordert die Correctur, der Ton des Satzes ist auf gilt zu legen.   23 diesen — nährten] dieser Sinn nährte *H*   28 wiederbringen] wieder=bringt *H*   20,14 nach daß folgt sie *H*   Orthographische und grammatikalische Fehler der *H*andschrift wurden still-schweigend beseitigt.

Elgin Marbles.

Fehlt bisher in den Ausgaben; vgl. G.-J. a.a.O.

Handschrift.

H: Folioblatt, Beilage zu den Goethischen Briefconcep-ten des Jahres 1817 S 134; wahrscheinlich in Beziehung stehend zu einem einschlägigen Bericht an den Grossherzog vom 23. Mai.   Geschrieben von Färbers *H*and, mit eigen-händigen Correcturen.

Lesart.

21,4 und *g* üdZ *H*

Elginische Marmore.

Fehlt bisher in den Ausgaben; vgl. G.-J. a.a.O.

Handschrift.

H : Folioblatt in demselben Faszikel wie die vorige, S 93; von Kräuters *H*and; wahrscheinlich in Beziehung stehend zu einem Brief an Canzleirath Vogel über in England zu machende Ankäufe, vom 23. Juni 1817.

Lesarten.

23, 5 fodann — Pferdekopf aR *H* 10 zunächst g^1 über in der Folge *H* 14 noch vorhandne g^1 aR *H* 17 nach Frage, folgt erstlich ob man von drei bis vier *H* 24, 2 nach Zeichnungen folgt davon *H*

Homers Apotheose.

Drucke.

C : Nachgelassene Werke. Vierter Band. 8⁰. S 196—199.
*C*¹ : Desgleichen. 16⁰. S 203—207.

Handschriften.

H : Vgl. Paralipomena.
*H*¹ : Foliobogen, halbbrüchig von Schuchardts *H*and beschrieben, mit eigenhändigen Correcturen.

Lesarten.

26, 6 nach stellt folgt uns *H*¹ 18 für — Nachbildungen g aR statt hinzu *H*¹ 21. 22 nicht — *figurate* g unten und aR, darüber Bleistiftnotiz Meyers *H*¹ 26, 1 einem g über jedem *H*¹ 10 bestimmt g aR statt erklärt *H*¹ 27, 5 nicht weniger g über wohl ebenfalls *H*¹ 22 da g über worin *H*¹ 23 in — Sänger= kleide g aR *H*¹ 28, 9. 10 vierzipfligem] vierzipfligen g aR statt anständigem *H*¹ angethanen g aR statt anständig bekleideten *H*¹

13 zeigt fich *g* über ift *H*¹   17. 18 in — gewidmeten *g* aR statt in denen über diefen Gegenftand verhandelten *H*¹   32 vorftellen *g*¹ unter abbilden *H*¹

Zwei antike weibliche Figuren.

Druck.

C: Nachgelaffene Werke. Vierter Band. 8°. S 203—205.
*C*¹: Desgleichen. 16°. S 211—213.

Handschriften.

H: Foliobogen grauen Conceptpapiers, von Johns *Hand* beschrieben, mit eigenhändigen Correcturen.
*H*¹: Diese im Besitz von Professor A. Michaelis in Strassburg befindliche *Handschrift* ist von G. von Loeper collationirt werden. Die *Collation* befindet sich im Goethe-Archiv. *H* ist wahrscheinlich Concept zu dem Brief *H*¹. Von Schreiberhand; Unterschrift und Datum eigenhändig.

Lesarten.

29, 1—8 fehlt *H*¹   3 Palm aus Palmen *H*   30, 5 nach founte folgt um *H*   6 hindeuten] hindeuteten *H*¹   10 unver= mögenderen] unvermögendern *H*¹   19 vorgeftellt *g*¹ aus vor= ftellt *H*   31, 13 Kenner *g*¹ aus Altertthumskenner *H*   15 Handlung *g*¹ üdZ *H*   Am Schluss Weimar den 5. Auguft 1831. Hoch= achtungsvoll J W v Goethe *H*¹

Reizmittel in der bildenden Kunft.

Druck.

C: Nachgelaffene Werke. Vierter Band. 8°. S 206—208.
*C*¹: Desgleichen. 16°. S 214—216.

Handschrift.

H: Foliobogen grauen Conceptpapiers, von Schuchardts *H*and halbbrüchig beschrieben, mit eigenhändigen *Correc*turen und solchen von Riemer und Eckermann für den Druck in den Nachgelassenen Werken.

Lesarten.

33, 3 nach baß folgt biejenigen *H* vorzüglich Riemer aR *H*　5 Statuen über figuren *H*　10 Lichas] Lychas aus Lycas *H*　11 nach um folgt zu ber Betrachtung *H*　18 eine Riemer üdZ *H*　19 meinem g^3 über unferm *H*　25 alsbann g^3 üdZ *H*　26 kunftgemäßer g über künftlicher *H*　34, 3—7 ursprünglich der fünfte Absatz *H*　5 herum Riemer aus um *H*　5 jeboch — 7 hinzuzufügen Eckermann aus Über ein allgemein Bekanntes wäre wohl nichts weiter zu fagen. *H*

Das Igeler Monument.

Druck.

E: Das Römische Denkmal in Igel und feine Bildwerke, mit Rücksicht auf bas von H. Zumpft nach dem Originale ausgeführte 19 Zoll hohe Modell, beschrieben und durch Zeichnungen erläutert von Karl Ofterwald. Mit einem Vorwort von Goethe. Koblenz 1829. Für die Anführungen aus der Campagne in Frankreich ist der Text in Band 33 dieser Ausgabe massgebend. Die Drucke im vierten Band der Nachgelassenen Werke kommen neben *E* nicht in Betracht. Die neuere Schreibart Igel ist überall für die in EC^1C angewandte Ygel eingesetzt worden. Die eigenthümliche Form Attife (für Attica) ist wo sie sich in *E* findet, beibehalten worden, da sie für Goethes Neigung, Fremdworten deutsche Färbung zu geben, charakteristisch ist.

Handschriften.

S. die allgemeinen Angaben bei den Paralipomena S 260. Für die folgenden Lesarten kommt nur H^1 in Betracht: Drei Foliobogen signirt mit den Majuskeln

D—H, halbbrüchig beschrieben, die beiden ersten von Schuchardts *H*and, der dritte von Johns *H*and, mit eigenhändigen und Riemerschen (*R*) Correcturen.

Lesarten.

35, 7 1792] 1791 *E* Die angezogenen Stellen siehe in dieser Ausgabe Bd. 33 S 8 f. 48 f. 10 23 fehlt *E* 36, 9 Kriegs= läufte nach Bd. 33; Kriegsläufe *E* 40, 3 mehrere — ver= handelnb] Verhandlende *H*[1] 7 im Stehen fehlt *H*[1] kann *R* über können *H*[1] 7. 8 Rentkammer — dergleichen] als Rechnungs= abnahme dazwischen *g*[1] aR eingefügt Rentkammer Comptoir des Rechners und Controleurs *H*[1] 13 eingefügt — ist] eingefügt gedacht wird *g*[1] aR für stehen mag *H*[1] 14 unten hervor] man unten durch *H*[1] 14—17 Auf — davontragend fehlt *H*[1] 18 Bas= relief] Gesims *H*[1] mag fehlt *H*[1] 19. 20 vorstellen — sonst] vor= stellend *H*[1] 22—24 und — bleibt] daher wohl als Hauptgeschäft behandelt *H*[1] 26 nach dem Überbliebenen] aus den Überbleibseln *H*[1] 41, 1. 2 hier — gedacht fehlt *H*[1] 3 die — werden] doch werden die Schiffe *H*[1] 4 nach auf folgt den *H*[1] einzig fehlt *H*[1] 5 schwer fehlt *H*[1] 6 bespannt fehlt *H*[1] 7 Stadtthor] Stadtthore *H*[1] nach — hinlenkend] ins Grüne fahrend *H*[1] 9 der — sitzt fehlt *H*[1] 10 beide — Bild fehlt *H*[1] 12. 13 und — blieb fehlt *H*[1] 16 Hügel] Berg *H*[1] unserer] der *H*[1] 17 beladenes Maulthier] beladener Esel *H*[1] die Höhe] den Berg *H*[1] 26 kleinern] kleineren *H*[1] welche des aus welcher der *H*[1] 42, 6 Schmales — langes] Schmales über Langes *H*[1] 7 Angesehener *R* unter Vorgesetzter *H*[1] heraus *R* über hervor *H*[1] 9 an= bern Männer] einige *H*[1] 10 gegenwärtig] gegenwätig *E* 11. 12 alles — deutend fehlt *H*[1] hinterster *R* über letzter *H*[1] 14 an — eines *g* über ein langer *H*[1] 16 oder vielleicht fehlt *H*[1] unterhaltende *g* aR über gesellige [*g* geschr. und gestr.] *H*[1] beschäftigt fehlt *H*[1] 19 nach scheint folgt der Herrschaft *H*[1] auftragen zu wollen] aufzutragen *H*[1] 20 in — Abtheilung fehlt *H*[1] 22 Getränk] Getränke *H*[1] 24 Sie sind fehlt *H*[1] 25 dieses auch] es gleich *H*[1] 26 durch] aus *H*[1] 28 seine *R* über die 43, 1. 2 hinreichend *R* über hinreicht corrigirt aus hinreichend *H* 2. 3 in — Quadrats *R* aR für wodurch er eine sehr anständige Form eines Medaillons erhält *H*[1] 3. 4 Voll= gesichter fehlt, dafür *g* aR von vorne gesehn *H*[1] 4. 5 von —

vorstellend] die vier Winde vorstellend, von verschiedenem Alter
g aR H¹   5. 6 Man — sich fehlt H¹ .   6. 7 Könnte — wohl g
aR statt Es ist nicht denkbar H¹ glücklichen fehlt H¹   9 Jahr]
Jahres H¹   10 im Giebel fehlt H¹   11 zu bezeichnen] anzu=
deuten H¹   12 Nur — 14 Daneben eingefügt g H¹   14 gleich=
falls — Giebelfelde: fehlt H¹   Helios g über Die Sonne H¹
15 als Beherrscher [g aus Beherrscherin] H¹   nach Tages folgt
dessen Haupt Antlitz [g über Helios] gleichfalls im Giebelfelde H¹
mit — Antlitz fehlt H¹   19 Greise aus Greifen H¹   20 Re=
lais] Relai E   44, 2 herantretend R aus herantreten H¹
3 ihren Zusammenhang R aus ihrem Zusammenhange H¹   5 der
R aus zu den H¹   Zu H¹ Zur E   6 sehr beschädigten g aR
H¹   15 nach der folgt hier H¹   16 nach seien folgt wie
mögen H¹   17 decorirenden] decorirende H¹E   sich R üdZ H¹
18 gehalten R über besessen H¹   21 späterhin R über später
H¹   22 Sinn H¹ Sinne E   nach mehr folgt in H¹ auf
dem 3. Foliobogen die Einschiebung:

Einzelnes.

Um den Vortrag im Ganzen nicht zu stören, haben wir von
den Vorzügen der einzelnen Darstellungen bisher geschwiegen,
fühlen uns aber gedrungen dergleichen umständlicher hier nachzu=
bringen.

In Bezug auf No. 5.

Der eigentliche Sockel erhebt sich auf vier Stufen, die Flächen
der drey oberen sind noch so erhalten daß man den großen Ge=
schmack, womit die Vorstellungen übereinander gereiht sind, gar
wohl beurtheilen kann; die unterste Reihe ist gleichsam gefüllt
mit massiven derben Meerwundern, im Streite mit Tritonen und
Nixen [letzteres von Riemer gestr. und durch Meerfrauen aR
ersetzt]. In der Reihe darüber lasten daher die beladenen Schiffe
keineswegs im Auge, die mannigfaltige Bildung der untern Ge=
stalten trägt ganz bequem die einfachen Tonnen und Kähne, durch
die ziehenden auf Stäbe gestützten Figuren werden auch diese
Reihen mäßig belebt.

27 Läßlichkeit R aR statt Thätigkeit H¹   45, 4 realsten R
über idealsten H¹   5 auf nach ohne H¹   7 worin R über
wo H¹   so R aus solchen H¹   9 betrachtenden R aR   11 ge=
forderten] zu fordernden H¹   13 überdem R aR statt überdies

[*R* über ohnehin] *H*[1] 15 nicht *R* für nur *H*[1] nach min=
besten folgt Bedeutung hab *H*[1] 19. 20 Hiernach (so) beurtheile
man die versuchte *R* eingefügt *H*[1] unter *g* über nach *H*[1]
22—25 fehlt *H*[1]

Die Externsteine.

Drucke.

J : Kunst und Alterthum. Fünften Bandes Erstes Heft.
S 130—139. Hiezu Correcturbogen erhalten.

C : Neunundbreißigster Band. 8°. S 306—312.

C[1]: Desgleichen. 16°. S 304—310.

Handschrift fehlt.

Lesarten.

46, 1 Extersteine *CC*[1] Externsteine *J* ist aus etymologischen
Gründen vorzuziehen.   48, 1 eindringenden *g*[1] aR statt wan=
dernden *Corr*   20 einbrücken] einbrucken *J*   49, 26 nach —
wanderte] in Persien verweilte *Corr*   50, 28 Volterra] Volterre
H   51, 20 Tafel] Tafeln *Corr*

Anforderung an einen modernen Bildhauer.

Drucke.

J : Kunst und Alterthum. Ersten Bandes Drittes Heft.
S 96—103.

C : Neunundbreißigster Band. 8°. S 294—298.

C[1]: Desgleichen. 16°. S 292—296.

Handschrift fehlt.

Lesarten.

53, 2 einen] den *JC*[1]   55, 24. 25 Jahrhunderts] Jahrhundert *J*
25 Mohamedaner] Mahometaner *J*   26 gläubigen] gläubige *J*
56, 1 neuesten] neusten *J*   23 Engländer] Engelländer *J*
57, 5 eigenem] eignem *J*

Verein der deutschen Bildhauer.

Druck.

C: Nachgelassene Werke. 8°. Vierter (44.) Band. S 33—38.
C¹: Desgleichen. 16°. S 34—39.

Handschrift.

H: Drei Foliobogen, mit Ausnahme der letzten Seite, halbbrüchig von Kräuters *Hand* beschrieben; darunter: Jena den 27. July 1817.

Der Aufsatz ist unter dem frischen Eindruck der griechischen Denkmälerfunde geschrieben; vgl. oben die Aufsätze Phigalisches Relief, Elginische Marmore und *Elgin Marbles*. Leider blieben Goethes tiefgegründete und zugleich praktisch wohlausführbare Vorschläge unveröffentlicht. Unser Abdruck ist auf Grund der *Hand*schrift erfolgt.

Lesarten.

58, 11 erhobene aus in erhabner *H*   59, 3 im] in *H* die Correctur schon in *C* und *C¹*   4 Gottesgebilde aus Gottesgebildet *H*   12 im — Jugendlichen corrigirt aus in Gesundem und Jugendlichem *H*   60, 5 Phidias] Phhdias *H*   23 nach der folgt geringste *H*   27 in höherem aus im höhern *H*   62, 24 für] wie *H* die Änderung durch den Sinn gefordert.   25 wo] wie *H* die Änderung schon in *C* und *C¹*   63, 5—7 daneben *g* Bey *Hackert. H*

Plastische Anatomie.

Drucke.

C: Nachgelassene Werke. Vierter Band. 8°. S 58—69.
C₁: Desgleichen. 16°. S 60—71.

Handschriften.

Fascikel in graues Conceptpapier eingeschlagen, mit der Aufschrift von Johns *Hand* Plastische Anatomie 1832. Das Mundum an Herrn Beuth in Berlin abgesendet den 4. Febr. 1832 (4. mit Blei eingefügt); enthält ausser Correspondenzen

H : Zwölf Folioblätter signirt 2—13, theils ganzseitig theils halbbrüchig von Johns *Hand* (dazwischen ein leergelässenes, nicht signirtes Blatt mit einzelnen Änderungsvorschlägen von Riemers *Hand*, die John mit Tinte nachgezogen hat.

H[1] : Reinschrift auf 8 Folioblättern von Johns *Hand*. Der von Goethe angezogene Abschnitt von *C*[1] 23 gehört zu Wilhelm Meisters Wanderjahren und findet sich in dieser Ausgabe Bd. 24; der junge Docent, dessen Goethe S 74. 75 erwähnt, war F. H. Martens, dessen Andenken R. v. Bardeleben in der „Deutschen Medicinischen Wochenschrift" 1896 N. 47 erneuert hat und von dessen Wachspräparaten noch sechs auf der Jenaischen Anatomie aufzufinden gelungen ist.

Lesarten.

64, 1 Plastische Anatomie fehlt *H*[1] in *H* nachträglich mit Blei von Eckermanns *Hand* dieselbe Überschrift wie auf der Aussenseite des Fascikels 2 An — Berlin fehlt *HH*[1] im Text zur Orientirung des Lesers hinzugefügt. Den angezogenen Abschnitt aus den Wanderjahren siehe Bd. 25 dieser Ausgabe. Abtheil. 1, S 87 — 100. 3 Geneigtest — gedenken fehlt *H* 16 23. aus 29. *HH*[1] 19 erklären über aussprechen *H* auf Rasur *H*[1] 65, 3. 4 sehe — Gesuch über fühle es endlich *H* 3 als nach auszusprechen *H*[1] 13 nach wichtiges folgt und *H* 19 un aus ohn *H* 67, 13 noch mehr *R* über immer *HH*[1] 14 Anstalt — gewünschte aus obengewünschte Anstalt *HH*[1] 15 willkommen über gesegnet *H* 17 Willkür nach menschlichen *H* 26 anatomisch aR *H* üdZ *H*[1] 68, 11 art über weise *HH*[1] 16 man wird aus wird man *HH*[1] 69, 15 als nach verkaufen wollten *H* 16 verkaufen wollten üdZ *H* 71, 15 diente aus gedient hatte *H* 72, 11 diesen über den *H* Ferrari nach Carlo *H* 73, 14 vorgekommen Eckermann aR statt bekannt geworden *H* vielleicht üdZ *H* 22 bereits über bisher schon *H* danach folgt schon *H*[1] dem empfohlnen aR statt diesen *H* 26 ihrer aR statt der mannigfaltigsten *H* 74, 6 er üdZ *H* 7. 8 verfertigt man über werden *H* 11 nach gekommen folgt gefertigt *H* 16. 17 vollkommen rechtfertigen später eingefügt *H* 75, 3—7 fehlt *H* g zugefügt *H*[1]

Blüchers Denkmal.

Drucke.

J : Kunst und Alterthum. Ersten Bandes Drittes Heft.
S 103—107.

C : Neunundbreißigster Band. 8°. S 299—305.

*C*¹ : Desgleichen. 16°. S 297—303.

Handschrift fehlt.

Lesarten.

77, 6 neuesten] neusten *J*　　79, 7 Plinthe] Plinte *C*¹ und
so fort.

Vorzüglichste Werke von Rauch.

Drucke.

J : Kunst und Alterthum. Sechsten Bandes Zweites Heft.
S 415—418. Hiezu Correcturbogen erhalten.

Sehr verändert ist der Druck in den Nachgelassenen Werken
unter dem Titel Rauchs Basrelief am Piedestal von Blüchers
Statue Bd. IV, S 48—51. Den dort aufgenommenen, von
Goethe stammenden, aber in *J* nicht abgedruckten Zusatz
siehe Paralipomena S 262. 263.

Handschriften.

H : Foliobogen grauen Conceptpapiers, von Johns Hand
beschrieben; mit eigenhändigen Correcturen, öfters mit
Tinte über Bleistiftzügen, letztere von Riemers Hand (*R*).

*H*¹ : Handschrift, die den Nachgelassenen Werken zu Grunde
liegt; drei Folioblätter grauen Conceptpapiers, von Johns
Hand beschrieben, bis 85, 2 reichend; 85, 3—18 fehlt in *H*¹;
es schliesst sich unmittelbar der in den Paralipomena S 262 f.
gedruckte Zusatz an. *H*¹ ist von Riemer mit Blei durchcorri-
girt; über die Correcturen auf den letzten Seiten vgl. S 262.

Beiliegend die Abschrift einer eigenen Mittheilung
Rauchs über die Reliefs an der Blücherstatue.

Lesarten.

83, 1. 2 *R* nachträglich hinzugefügt *H*[1]　4 daß *g* üdZ
H zu der aus zur *H*[1]　7 zu beurkunden aR statt auszusprechen *H*[1]　10 Plastik aR statt Bildhauerkunst *H*[1]　11 vorgemeldeten aR *H*[1]　nach Abbildungen folgt vorzüglichster Werke
von Rauch, Text von Waagen zwei Lieferungen, Berlin 1827. *H*[1]
13 Wieder üdZ *H*[1]　14 gelangt aR statt wieder zurückgekehrt
H[1]　16 der Zeit aR *H*[1]　18 vorerst aR *H*[1]　19 in Berlin
fehlt *H* *g*[1] aR *Corr* der Generale gestrichen, statt dessen
aR *g*[1] von was in *J* unberücksichtigt blieb *Corr*　20
Die — 84, 6 wobey wir, unsern nächsten Zweck in den Augen, bemerken wollen, daß in den diesen Statuen beygefügten Bazreliefen
im antiken Sinne ideelle allegorische Gestalten dem neueren Leben
angeeignet worden *H*[1]　11 befindlich, uns] sich befindet [über
gesehen] und welches *H*[1] daraus *g* die Form des Textes *H*
12 nach Künstlers folgt uns *H*[1] uns *H*　14 Wir wollen nicht
läugnen aus Wenn wir nicht leiden wollen *H*[1]　14 nach daß
folgt uns *H* uns *H*[1] in üdZ *H*[1]　15 uns fehlt *H*[1] üdZ *H*
sind über ist *H*[1]　18—20 Da — wir aR statt nachdem wir
aber *H* nachdem wir aber *H*[1]　22 so *R* üdZ *H*　23 ebenfalls]
auch *H*[1]*H* *Corr*　26 sehen aus seh *H*[1]　27 sich üdZ *H*[1]
85, 1 das aus was *H*　2 findet aus finden *H*[1]　3 ergiebt sich
uns *g* über finden wir *H*　3. 4 so oft *g* über wenn *H*　4. 5
das erstemal *g* über zum erstenmal *H*　7 erblicken nach sehen
H　12 Kunstwerks *g* über Bildes *H*　13 aber *g* über und
H　15 den Augen *g* üdZ *H*　16 darzubieten nach aufzustellen *H*

Heroische Statuen von Tieck.

Druck.

J: Kunst und Alterthum. Sechsten Bandes zweites Heft.
S 418.

Handschrift.

H: Folioblatt grauen Conceptpapiers, von Schuchardts
Hand auf einer Seite beschrieben.

Lesarten.

86, 4 halbe] halb *H*　12 daß nach wohl *H*

Elfenbeinarbeiten in Berlin.

Druck.

J : Kunst und Alterthum. Sechsten Bandes zweites Heft.
S 423. 424.

Handschrift.

H : Folioblatt grauen Conceptpapiers, von Schuchardts
*H*and halbbrüchig auf beiden Seiten beschrieben, mit Blei-
stift-Correcturen von Riemer (*R*), die theils von Goethe
theils von Riemer mit Tinte überzogen sind.

Lesarten.

87, 7 sie nachher *g* auf *R* für daß sich alsdann *H* 8 sich
g auf *R* für üdZ *H* 21 gefällige *R* über angenehme *H* 88,1
verehrter, geliebter aus der verehrten geliebten *H* 3 zunächst *R*
aR *H* 7 haben *R* nach sehen *H*

Christus
nebst zwölf alt= und neutestamentlichen Figuren den Bildhauern vorgeschlagen.

Druck.

C : Nachgelassene Werke Bd. 4 (44). 8°. S 23—32.
*C*¹ : Desgleichen. 16°. S 23—33.

Handschrift.

H : Zwölf Blätter grauen Conceptpapiers, von Johns
*H*and halbbrüchig beschrieben, mit eigenhändigen Bleistift-
Correcturen, die zum Theil von Eckermann mit Tinte über-
zogen worden sind (was im Folgenden nicht angegeben
wird); in blauem Umschlag, worauf von Johns *H*and die
Überschrift mit der Jahreszahl 1830.

Lesarten.

89, 6 wenden g^1 neben finden *H* 13 malerisch g^1 üdZ *H*
11 anständig g^1 aR *H* 19 nach übrig folgt wenn er an=

ständige Gestalten aufstellen will H 20 Ellen auf g^1 aR statt
mehrere H 90, 3 mir g^1 über uns H 12 bekleidet g^1 aus be=
gleitet H 13 decken g^3 über bekleiden H zu g^1 über in H
15 auffordern g^1 über erkennen H 22 Kindes g üdZ H 91, 4
Rebestock g^1 aus Rebenstock H in der rechten g^1 aR H 8 daß
g^1 aus das er H 12 solle — habe g^1 zugefügt nach wirken soll H
92, 2 einer Person g^1 aus ein H 2. 3 derselben hervorgehoben
g^1 aR H 4 glücken g^1 nach drücken H 5 Jesaias Eckermann mit Blei über Jeremias H 8 durch g^1 üdZ neben
in H Costüme] Kostum H 13 längliches g^1 üdZ H 22 ge=
langen g^1 über treten H 93, 4. 5 und als Leichnam g^1 aR H
12 ein — Gesicht g^1 aR H 14 das g^1 aus die H 15 =streben
g^1 aR hinzugefügt H Liebe g^1 üdZ H 19 wir — sind
nachträglich g zugefügt H 23 wie ihm ja g^1 aus der ihn H
94, 2 Fernen g^1 über Hintergrunde H Hirten darüber g^1 verehrt H 9 betrachten g^1 über sehen H 10 nach Moses folgt
an H 11 Geistes hier g^1 über Sinnes H 19. 20 mochte — sein
g^1 aus kommen mußte H Auf dem nächsten Blatt des Manu-
scripts folgen nun durchstrichen die Schlussworte von VIII,
die dort erst später hinzugefügt sind, woraus sich ergibt,
dass das Blatt, welches Abschnitt IX enthält, erst nachträglich eingeheftet ist.   20 X nach gestrichenem VIIII
und IX H 23 einer g^1 üdZ H 95, 10 nach ich folgt gleich=
falls H 18 anmuthigeres aus anmuthiges H zu denken sey
nachträglich g hinzugefügt H 22 wie — Marterinstrumente
g^1 aR H 23 beweglichen] bewegten H Diese Änderung wurde
leider im Text verabsäumt.   26 Jesaias g aus Jeremias H
96, 7 oben üdZ H 8 nach haben folgt die H 10 den Einzelnen,
Unvergleichbaren g^1 aus die Einzelne unvergleichbare H 12 nach
an folgt nach ⟨g^1 über doch⟩ gebührender Verehrung in der Mitte
(darüber g^1 ferner) H und g^1 üdZ   nach betrachteten folgt
wir H 19 einem] einen (sic) aus an einem H 97, 5 sobann
g^1 üdZ eingefügt H 17 Bezug g^1 aR statt Zug H 21. 22
ober — anzuerkennen g^1 eingefügt H 25 werden über sind H
28 nur nach immer H nach 98, 10 folgt Und sollte, wenn
es in einer so ernsten zarten Sache zu scherzen erlaubt ist, auch
nur der Anfang durch die Conditor am Weynachts Abende (am
— Abende g^1 üdZ) gemacht werden H

Hemsterhuis-Galizinische Gemmen-Sammlung.

Drucke.

J: Kunst und Alterthum. Vierten Bandes erstes Heft.
S 152—158. *Hierzu Correcturbogen erhalten.*
C: Neununddreißigster Band. 8°. S 315—319.
C¹: Desgleichen. 16°. S 313—317.

Handschrift nicht vorhanden.

Lesarten.

101, 4 Theil] Band *Corr* Der angeführte Theil von Aus
meinem Leben bildet Bd. 33 dieser Ausgabe.   105, 2 denselbigen *C* demselbigen *JC¹*

Notice sur le Cabinet des Médailles etc.

Drucke.

J: Kunst und Alterthum. Vierten Bandes drittes Heft.
S 112—122.
C: Neununddreißigster Band. 8°. S 320—326.
C¹: Desgleichen. 16°. S 318—325.

Handschrift nicht vorhanden.

Lesart.

109, 18 seltene] seltne *J*

Verzeichniß der geschnittenen Steine
in dem königlichen Museum der Alterthümer
zu Berlin 1827.

Drucke.

J: Kunst und Alterthum. Sechsten Bandes zweites Heft.
S 419—420. *Reicht bis darbieten werde S 114, 12 unseres
Textes.*

C : Nachgelassene Werke. Vierter Band. 8⁰. S 70—74.
C¹ : Desgleichen. 16⁰. S 72—76. Hier findet sich
S 113, 1—14 und S 114, 13—117, 20 unseres Textes.

Handschrift.

Ein Convolut mit der Aufschrift Stoſchiſche Gemmen=
ſammlung. Enthält Correspondenzen über den Gegenstand;
ferner Vorarbeiten (s. Paralipomena); endlich

H : Grundlage für den Druck in den Nachgelaſſenen
Werken; zwei Foliobogen grauen Conceptpapiers, halbbrüchig von Schuchardts Hand beschrieben, mit Correcturen
Eckermanns und dem von seiner Hand geschriebenen Schema
einer Fortsetzung (abgedruckt Nachgelaſſene Werke 4, S 74
resp. 76).

Handschrift für J fehlt. Den von Eckermann aus-
gelassenen Passus haben wir aus J in unseren Text wieder
übernommen.

Lesarten.

113, 4 Unter — iſt] Vorſtehenden Titel führt J   8 erſchienen
fehlt J aR H   12 worden fehlt J   114, 20 wurden ſie üdZ H
21 zur — der aR H   22 nach ſind folgt damit H   23 ver=
wendet aR statt geſchmückt H   27. 28 der Nutzen aR H
115, 8. 9 ſtrebte — immer aR statt war man immer beſtrebt H
20 iſt — betrachten aR H   22 man — aufgefordert unten zugefügt H   daran zuerst gestrichen, dann üdZ H   23 nach
mitzuwirken folgt üdZ getrachtet H   27 Philipp aR H   116, 2
vielen — Fällen aus vielem andern H   13 nach zuzueignen
folgt hatte H   22 man aR H   117, 3 Phil. üdZ H   19 nach
eilen folgt hievon das Nächſte und Nöthigſte H   zur üdZ H

———

Voigts Münzkabinett.

Ungedruckt.

Handschrift.

H : Zwei Foliobogen, von Johns Hand halbseitig beschrieben, mit eigenhändigen Correcturen und einigen Bleistiftcorrecturen Riemers (R), in grauem Umschlag mit der

Aufschrift Das vom Herrn Staatsminister v. Voigt hinterlassene Griechisch-Römische Münz-Cabinet betreffend.

Lesarten.

118,4 im g aus in dem H   7. 8 zu — Merckwürdigkeiten g¹ für der daran gefügten Kunst- und Alterthumskammern H 9 hat gestrichen, darüber g¹ erregt H, was aber nicht in die Construction passt.   gedachten — Voigts g¹ aR statt diese H 10 alterthümlichen — uns g¹ aus Alterthumsgehalt H   11 nach sie folgt uns H   11. 12 in — Staaten g¹ aus für die weimarischen Verhältnisse H   13 Ministers g¹ über Verhältnisse H   musterhaftester g¹ aus der musterhaftesten H   16—20 und — saub g¹ durchstrichen H   18 monetarischen g¹ aR H   21— 119,14 auf Bogen 2, durch Einfügungszeichen an die Stelle gewiesen, die es oben im Text einnimmt.   119,6 und R üdZ H   Individuen g¹ über Bildung H   als gegenwärtig R aus in Gegenwart H   8 die Haupt g¹ über seine H   15. 16 Landesherren für öffentliche g¹ aus fürstliche dem Öffentlichen H 20 worden R über dieselben H   21 wissenschaftlich vereinten g¹ aus wissenschaftlichen H   24 sich reicher R über gereicht H 120,1 mit R aR für durch H   2 Chiffren und Handschriften g¹ aus Chiffre und Handschrift H   4—11 auf dem zweiten Bogen; durch Einfügung der Anfangsworte g¹ an die obige Stelle gewiesen H   5 Jahrzehnten R aR für Jahren H   8 nach fernerhin folgt gefördert H   unterhalten R aR für erweitert H 9 weitergeführt R unter befördert H   eine hierüber R üdZ H 10 gegebene R über hierüber eine H   13 aus g üdZ H   17—20 auf dem zweiten Bogen, ohne Angabe des Orts, an welchem es einzuschieben; daher im Text an den Schluss gesetzt.

Münzkunde der deutschen Mittelzeit.

Drucke.

J: Kunst und Alterthum. Ersten Bandes Drittes Heft. S 92—95.

C: Neununddreißigster Band. 8⁰. S 327—329.

C¹: Desgleichen. 16⁰. S 326—328.

Handschrift fehlt.

Lesarten.

121, 12 Silberfügelchen] Silberfüchelchen *JC*[1]   15 Kügelchen]
Küchelchen *J* (*C*[1] richtig)   20 ahnen] ahnden *J*   122, 3 Kügel-
chen] Küchelchen *JC*[1]

Toscanische Münze.

Ungedruckt.

Handschrift.

H : Erste Seite eines Foliobogens grauen Conceptpapiers, von Johns Hand halbbrüchig beschrieben; das G
am Schluss und die Correcturen eigenhändig. Eingelegt in
einen Fascikel, betitelt *Numismatic*, der einige einschlägige
Büchertitel enthält.

Lesarten.

·124, 8 Haaren *g* üdZ *H*   10 Kopfe *g* üdZ *H*   13 aufgeblühten aus aufblühten *H*

Vorbilder für Fabricanten
und Handwerker u. s. w. Berlin 1821.

Drucke.

J : Kunst und Alterthum. Dritten Bandes drittes Heft.
S 176--181. Vierten Bandes zweites Heft. S 176—178.
C : Neununddreißigster Band. 8°. S 333 338.
C[1] : Desgleichen. S 331—336.
*H*andschrift fehlt; über zwei erhaltene Fragmente vgl.
Paralipomena S 270.

Lesarten.

131, 5 bereits] in des dritten Theils drittem Stück. S 176 *J*

Programm zur Prüfung der Zöglinge der Gewerbschule u. s. w.

Druck.

J : Kunst und Alterthum. Sechsten Bandes zweites Heft. S 425. 426.

Handschrift.

H : Ein Folioblatt grauen Conceptpapiers, halbbrüchig von Schuchardts *H*and beschrieben; mit eigenhändigen Correcturen.

Lesarten.

133, 4 bewundern und üdZ *H*   5 die — herausgegebenen *g* aR *H*   8. 9 Kupfertafeln über Vorlegeblätter *H*   12 jener Staat *g* über man dort *H*   15 eines solchen *g* über jenes *H* 21 nur *g* üdZ *H*   22 Indem nach denn *H*   134, 12 am Schluss Weimar den 19. May 1828. *H*

Karl Lehmanns Buchbinderarbeiten.

Druck. ·

J : Kunst und Alterthum. Sechsten Bandes zweites Heft. S 426. 427.

Handschrift.

H : Ein Folioblatt grauen Conceptpapiers, halbbrüchig von Schuchardts *H*and beschrieben; mit Bleistiftcorrecturen Riemers, die Goethe mit Tinte überzogen hat (nur letzteres wird verzeichnet).

Lesarten.

135, 7 nach Buchbinder folgt , der *H*   10 anmeldend *g* über ausspricht *H*   zeigt sich *g* über finden wir *H*   11 der Name *g* aus den Namen *H*   15 arbeitenden *J* arbeitendem *H*   zur Hand über in Händen *H*   19 er habe *g* aus daß er *H*   20 nach ge= leistet folgt habe *H*   nach sondern folgt daß man *H*   21 dürfe man *g* udZ *H*   gönnen *g* nach können *H*

Über Glas=, Emaille= und Porzellanmahlerei.

Ungedruckt.

Handschrift.

H: Zwei Folioblätter, halbbrüchig von Kräuters *H*and beschrieben. Beilage zu einem Brief (1818) an die Grossherzogin Louise, in dem es heisst: Über das dankbarlichst zurückkommende Bild sagt ein beiliegendes Blatt das Nähere. Wie hoch man diese Art von Malerey getrieben, giebt diese Tafel einen vollständigen Beweis.

Lesarten.

136, 14. 15 glasartigen — überzieht aus glasartigem Grunde überzieht, welcher eigentlich porzellanartig ist *H* 19. 20 Geschick= lichkeit aus Geschicklichkeiten *H* 137, 10 nach aber folgt von der Gegenseite *H* 11 wovon — giebt aR *H* 16 wovou sich aus welcher Meinung denn auch *H* 17 gleichfalls — hat aus dem ich es vorgezeigt, beitritt *H*

Dr. Jacob Roux über die Farben u. ſ. w.

Druck.

J: Kunſt und Alterthum. Sechsten Bandes zweites Heft. S 402. 403.

Handschrift.

H: Folioblatt grauen Conceptpapiers, halbbrüchig von Schuchardts *H*and beschrieben, mit Bleistiftcorrecturen von Riemer, von John mit rother Tinte überzogen.

· Lesarten.

139, 8 Erwägen wir nun aR neben Wenn wir nun denken *H* 11 finden über wir *H* 12. 13 ablösend — auch aus loslösend, finden und wenn wir *H* 14 nach Anlage folgt treffen *H* 15 dann über so *H* 140, 2 sehen — dadurch aus werden wir *H* 9 Allgemeinen aus allgemeinsten *H*

Reinigen und Restauriren schadhafter Gemählde.
Ungedruckt.

Handschrift.

H : In einem Fascikel, der die Aufschrift trägt *Acta* die von Dresden aus geschehene Anfrage: die beste Art zu restauriren betreffend. *Anno* 1816. Derselbe enthält den Aufsatz des Dresdner Professors *Hartmann*, die bezügliche Anfrage des Freiherrn von Friesen und das *Concept* des Goethischen Gutachtens, letztgenanntes auf vier Folioblättern bläulichen Conceptpapiers; die drei ersten Seiten von Stadelmanns, die folgenden von Kräuters *Hand* halbbrüchig beschrieben. Es folgt das *Concept* von Goethes Antwort an den Freiherrn.

Lesarten.

141, 6 nach deutet folgt auf *H*   13 nach der folgt ganzen *H*   142, 1 nach geworden folgt wahren *H*   2 auch allenfalls *g* neben aber *H*   4 diesen — aber *g* zugefügt *H*   5 gute — Gemählde *g* aus guter alter Gemählde *H*   6 wollte — billigen *g* aR neben meinte er es sey nicht nöthig *H*   durch angreifendes *g* aus mit angreifendem *H*   25. 26 gefährlichen Übertragens *g* aus gefährliche Übertragen *H*   143, 2 Klebewachses *g* aus Klebewassers *H*   zum Lobe des *g* über von dem *H*   25. 26 Selber — gewesen mit Blei durchstrichen *H*   27 nach nun folgt der langlebige *H*   28 es *g* üdZ *H*   144, 1 und *g* über zu *H*   3 zu gedencken *g* aR *H*   7 Derselbe *g* über Dieser *H*   12 Wer — im *g* aR statt und diejenigen die sich in dem *H*   13 für *g* üdZ *H*   erklärt *g* über beytreten *H*   14 thut *g* aus thuu *H*   weil *g* über daß *H*   15 soll aus solle *H*   17. bekennen — Gesinnung *g* über und in diesem Falle folgt üdZ *g* und, was aber in den Satzbau nicht passt *H*

Architecture antique de la Sicile u. s. w.
Architecture moderne de la Sicile u. s. w.

Druck.

J : Kunst und Alterthum. Sechsten Bandes zweites Heft. S 404—407 in umgekehrter Reihenfolge.

Handschriften.

H : Zwei Folioblätter, von Schuchardts *H*and halbbrüchig beschrieben, mit eigenhändigen Correcturen, enthaltend den zweiten Aufsatz in älterer Fassung von 148, 12 an.

H¹ : Drei Folioblätter, enthaltend beide Aufsätze, von
Johns *H*and geschrieben, mit eigenhändigen Correcturen.

Lesarten.

147, 3 31 Tafeln *g* aR neben fünf Lieferungen, darüber
Bl *H¹* 11 letzteren aus letztern *H¹* 12 historisch aus historischen *H¹* 19 Osterwalds *g* aR *H¹* 20 nach und folgt wo vor
uns *H¹* 21. 22 die — Eindrücke *g* aus den — Eindruck *H¹* 148, 13
49 Tafeln] vier [*g* üdZ] Hefte *H* 49 Tafeln [*g* für Blätter] *g* über
vier Hefte *H¹* Vorgänger *g* über Vorausgehender *H* 20 ist
g üdZ *H* 21 hinreichend] vollkommen *H g* über vollkommen *H¹*
daher *g* üdZ *H* 22 sie *g* üdZ *H* 149, 6 und fehlt *H g*
üdZ *H¹* 7 dießmal — Messinischen [Messinesischen] *g* aR *H*
8 sieht] findet *H* sieht *g* über findet *H¹* 9 Wohnungen *g* üdZ *H*
16 sind *g* üdZ *H* 24 nach Art folgt Basreliefe *H* Basreliefe *H¹*
150, 3. 4 außerordentlicher Sorgfalt aus außerordentlich sorgfältigen
Zierlichkeit *H* 5—7 und — bewundern *g* aus Ihre architectonische Großheit sowohl als die Fülle ihres Reichthums zu
bewundern *H* 13 wie — ist *g* aR *H* 7—15 Zu diesem Abschnitt findet sich ein schwer leserliches Concept *g¹* auf
der Rückseite der *H*andschrift zu Myrons Kuh *H²* Sobald
aber mit der Zeit die Kunst verschwindet, und das Handwerk mit
der Einbildungskraft allein bleibt, so schlagen sie den Weg ein,
der zu Pallagonischem Unsinn führt. Wie viele Anmerkungen (?)
dieser Art veranlaßen nicht diese Hefte (?); doch wir gehen eilig
zum zweyten Werke über. — Die Einbildungskraft scheint zwar
keine Gesetze zu haben, vielleicht wie ein wacher Traum unbedingt hin und herzuschwanken. Aber zum Besitz wird sie auf
die mannigfaltigste Weise geregelt, durchs Gefühl, durch sittliche
Forderungen, durch Bedürfnisse des Handelns (?), am glücklichsten
aber durch den Geschmack, wodurch die Vernunft sich jedes Stoffes,
sich aller Elemente bemächtigt. Der Abschnitt Die Einbildungskraft — bemächtigt gehört dem Sinne nach vor den voraus
gehenden.

Ausgrabungen.

Druck.

J : Kunst und Alterthum. Zweiten Bandes erstes Heft.
S 182—192.

Der Abschnitt über Belleja steht .dort vor denen über
Wiesbaden und Weimar; wir setzten ihn an die letzte Stelle,
weil Goethes Autorschaft angezweifelt ist.

Handschrift fehlt.

Lesarten.

153, 6 zwischengeschichteten] zwischen geschichteten *J* der Sinn
erfordert die Änderung.   18 Skelette] Scelete *J*   156, 7 den]
dem *J*

Beschreibung
römischer und deutscher Alterthümer
in dem Gebiet der Provinz Rheinhessen u. s. w.

Ungedruckt.

Handschrift.

H : Foliobogen grauen Conceptpiers, von Johns Hand
beschrieben, ohne Correcturen.

Lesarten.

nach 158, 23 folgt Es geschehe so! *H*

Von deutscher Baukunst 1823.

Drucke.

J : Kunst und Alterthum. Vierten Bandes zweytes Heft.
S 139—151.
C : Neunundbreißigster Band. 8°. S 355—363.
C¹ : Desgleichen. 16°. S 352—360.

Handschrift fehlt.

Lesarten.

167, 7 erwünschtes] erwünschtestes *J*

Herſtellung des Straßburger Münſters. Cöln.

Drucke.

J: Kunſt und Alterthum. Erſten Bandes zweytes Heft.
S 184—200.

C : Neununddreißigſter Band. 8⁰. S 364—374.

C¹: Desgleichen. 16⁰. S 361—371.

Handschrift fehlt.

Der Haupttheil des Aufsatzes, bis Seite 175, 12 auffſtellen laſſen ist von Sulpiz Boisserée verfasst.

Lesarten.

168, 1. 2 Herſtellung — Münſters] Alt=Deutſche Baukunſt J
169, 2 andere] andre J   170, 15 konnten] founte J   17 Jahre]
Jahr J   173, 10 nußloſem] nußloſen JC¹

Cölner Domriß von Moller.

Druck.

J : Kunſt und Alterthum. Zweyten Bandes zweytes Heft.
S 78—80.

Handschrift fehlt.

Anſichten, Riſſe und einzelne Theile des Domes zu Cöln u. s. w.

Von Sulpiz Boiſſerée.

Druck.

J : Kunſt und Alterthum Vierten Bandes erſtes Heft.
S 169—171. Fünften Bandes erſtes Heft. S 191—199.

Handschrift

zum ersten Abschnitt fehlt; zum zweiten bis S 186, 5
H : Folioblatt von Meyer halbbrüchig beschrieben; Goethe
hat g^1 aR den Absatz S 185, 22—28 hinzugefügt. Meyers

Correcturen werden im Folgenden nicht angeführt; Goethes Zusatz weicht von J in Folgendem ab:

Lesarten.

185, 23 unſchulbig — glücklichen] unſchulbigen *H* 24 nach den folgt üdZ letzten *H* 24. 25 zuletzt fehlt *H* 27. 28 wie — gekommen] von dem eigentlichen Alter *H*

Der Oppenheimer Dom.

Druck.

J : Kunſt und Alterthum. Sechsten Bandes zweytes Heft. S 409. Hiezu Correcturbogen erhalten.

Handschrift.

H : Folioblatt grauen Conceptpapiers von Schuchardts *H*and halbbrüchig beschrieben; mit Bleistiftcorrecturen von Riemer, die John mit rother Tinte nachgezogen hat.

Lesarten.

190, 3 directors director] *J* 4 auch aus aus *H* 5 alt über mittel *H* 6. 7 Das Arbeiten in Zink aR für die Zinkarbeiten *H* 9 mit über in *H* 10 alleräußerſten aR *H* 11 thuu] thuen *J* geändert in *Corr* 13 das Werk üdZ *H* 14 nach Boiſſerée'ſche folgt Werk *H* 17 düſter= über düſtere *H* 19 und dem aus uns den *H* 20 der ungeeignetſten] der ungeſchickteſten aR für einer trüben *H* der ungeſchickteſten *Corr*

Pentazonium Vimariense.

Druck.

J : Kunſt und Alterthum. Sechsten Bandes zweytes Heft. S 356—362. Hiezu Correcturbogen erhalten.

Handschriften.

H : Drei Folioblätter grauen Conceptpapiers, von Schuchardts *H*and halbbrüchig beschrieben, mit reichlichen

Bleistiftcorrecturen Goethes. Der ursprüngliche Text ist
nach unzweifelhaften stilistischen Merkmalen von J. *H.* Meyer
verfasst.

*H*¹: Zwei Foliobogen bläulich-gelblichen Papiers; mit
Ausnahme der letzten Seite halbbrüchig von Johns *H*and
beschrieben; mit eigenhändigen Correcturen. Spätere Stufe
des Textes.

Lesarten.

191, 1 *Vimariense]* *Vinariense* *HH*¹ so auch noch in *Corr*
2—5 dem — Schwerdgeburth fehlt ursprünglich aR *g*¹ gezeichnet
von Oberbaudirector Coudray gestochen vom HofKSt Schwerdtgeb.
H 2 dem—gewidmet *g* nachträglich eingefügt *H*¹ 3 gezeichnet
g vom Anfang der Zeile an den Schluss gesetzt *H*¹ 9. 10 zu—
ihnen] hatten besonders auch die Künste zu verherrlichen [*g* über
feyern] allen Anlaß; auch *H* 11 nach die folgt höhere *H* nach
Baukunst folgt besonders *H* 12 gefaßt fehlt *H* 14. 15 Zu —
Künstler] Der geistreiche Künstler nahm *H* 15 antiken fehlt *H*
Pracht *g*¹ aR *H* 17 der Area] des Gebäudes *H* nach Stufen=
art fehlt aR *g*¹ stufenweise *H* 17. 18 einer—Form] der Pyra=
midenform auf eine mannigfache Weise *H* 20. 21 von — Name
fehlt *H* *g* über *g*¹ hinzugefügt *H*¹ 21 wir] uns *H* *g* über
uns *H*¹ 22 wissen] bekannt geworden *H* *g* über nachrichtlich übrig
geblieben *H*¹ 192, 1 kann — verdienen] verdient keine Nach=
ahmung *H* nach es folgt wie es [*g*¹ über mir] scheint *H*
2. 3 und—könnte fehlt *H* 3 geforderten *g* über vorhandenen *H*¹
In Folgendem wird die Abweichung des ursprünglichen
Meyer'schen Textes so gross, dass es zu weit führen würde,
sie ganz in die Lesarten aufzunehmen; es werden daher
im Folgenden aus *H* nur die eigenhändigen Correcturen
Goethes nebst den Worten Meyers, auf die sie sich beziehen,
angeführt. 5 festen Rustica= *g*¹ aR hinzugefügt *H* 6 dori=
scher Ordnung ebenso *H* 7 ein — Massiv *g*¹ aR darunter sich
erhebt *H* nach einer folgt zweyten *H*¹ 10 korinthischen *g*¹
aR *H* 14. 15 geistigen — Vorbereitungen *g*¹ aR zugefügt *H*
17 bewahren *g* üdZ *H*¹ 27 denkende *g*¹ aR statt gründliche *H*
193, 2 weßhalb er denn] deßhalb er denn *g*¹ aR statt hat *H* deß=
halb er denn *H*¹ 5—8 woneben — worden fehlt *H* Dieses] Ein
solcher Blick *g*¹ aR *H* 5 nach woneben folgt denn *H*¹ 13 schlanke=

ften gelungen *g*[1] aR neben leichteften *H* 　21 zu nennende *g*[1] aR ſtatt genannte *H* 　22. 23 nebſt — faßlich *g*[1] aR *H* 　23—25 in= dem — konnten] Was uns aber betrifft, ſo beabſichtigen wir nur eine Anzeige, keineswegs ein partheiiſches Lobpreiſen *g*[1] aR ſtatt wie denn gegenwärtiges nur eine Anzeige und kein vorgreifendes Urtheil enthalten ſolle *H* 　28—194, 1 zu — getröſten *g*[1] aR (mit den Abweichungen dachte ſtatt durfte, darf ſtatt kann und freundlichen ſtatt geneigten) neben ſo iſt dem Kupferſtecher nicht minderes Lob zu ertheilen *H* 　5—10 in — Arbeit aR hin= zugefügt *H*[1] fehlt *H* 　10. 11 mitleiſtenden *g* üdZ *H*[1] 　14 die] der *H*[1] unſrige — wie *g* über wackre Künſtler *H*[1] 　16. 17 daß — geführt *g*[1] aus der Radirnadel oder des Grabſtichels *H* 　25 nach kommen folgt Weimar den 5. Febr. 1828. *H* 　26—195, 15 fehlt *H* 194, 26 nach noch folgt hiebey *H*[1] 　27 auch *g* über noch *H*[1] 195, 1 dem *g* aus den *H*[1] 　1—6 die — worden aR über unleſer- lichen Bleiſtiftzügen von Riemer neben honorirt und zum Andenken jener ſo bedeutenden Epoche den Verehrern ſeines Landesherrn die ſorgfältigen Abdrucke verehrt hat, welches mit allgemein anerkennendem Danke aufgenommen worden. darunter *g*[1] Sie ſind *H*[1] 　11 nach die folgt indem ſie *H*[1] 　allzuſehr be= ſchäftigt Riemer über genug zu thun hat *H*[1]

Faſſaden zu Stadt= und Landhäuſern
von C. A. Menzel.

Druck.
J: Kunſt und Alterthum. Sechsten Bandes zweytes Heft. S 418. 419. Hiezu Correcturbogen erhalten.

Handſchrift.
H : Folioblatt grauen Conceptpapiers, von Schuchardts und Johns Hand halbbrüchig beſchrieben.

Lesarten.
196, 1 Faſſaden] Façaden *HJ* 　4. 5 in — ſind aR über Goethiſchen Bleiſtiftzügen ſtatt worin auch die Kirchen nicht vergeſſen ſind *H* 　7 Jüngern] Jüngeren *H Corr* 　10 wünſchens= werth über möglich *H* 　13. 14 Ausſtattung über Verzierung *H* 14 Häuſer jene über Gebäude die *H*

Granitarbeiten in Berlin.

Druck.

J : Ebenda S 420—422.

Handschrift.

H : Folioblatt grauen Conceptpapiers, ohne Bruch von Johns *H*and beschrieben.

Lesart.

198, 16 zur] zu *HCorr*

Der Markgrafenstein.

Druck.

J : Ebenda S 422. 423.

Handschriften.

H : Folioblatt, ohne Bruch von Johns *H*and beschrieben, enthält den Text in ursprünglicher sehr abweichender Form; *g* durchstrichen.

H¹ : Folioblatt grauen Conceptpapiers, von Schuchardts *H*and ohne Bruch beschrieben, enthält die spätere Form des Textes.

Lesarten.

199, 5 Tempelten] Tempelben *HH¹J*; die Correctur schon in der Hempelschen und Kürschnerschen Ausgabe. 6—9 Es — benußte] Wir haben den Künstlern Dank zu sagen, daß sie uns diesen bedeutenden Granitfels, welcher seit der Entstehung der Urgebirge wohl schwerlich seine Stelle verlassen haben mochte, in seiner ganzen colossalen Lage vor Augen erhalten, eh er wie jetzt geschieht zu [wie — zu *g* über nach und nach zu] obgedachten Arbeiten benußt wird [*g* über verkleinert und zerstückelt wird]. *H* 8—10 Er — und] Er liegt Fürstenwalde gegenüber dem linken Spree U auf einem Plateau *g* über Gedachten [aus Gedachter] Felsen wird ein ruhig gesinnter Geolog immer im Auge behalten *H* 10 sechs Meilen Lücke in *H¹* eingefügt *g¹* in *Corr* 12 ben 400 *g* über 398 parifer *H* 13 und — 200, 3 Granitblöcken fehlt; statt dessen da die Jenaische Sternwarte nur 3|2 dergleichen Fuße mißt *H* 199, 15 ein aus einen *H¹* 18 450] viertehalb hundert *H¹* in die Form des Texts geändert *g¹ Corr* 20 Boden *g* auf *g¹* über Terrain *H¹* 200, 4 Diese—ist] Zugleich ist jene Gegend *H* 4. 5 so bedeutende] gewisse relative *H* hier vorwaltet] daselbst in dem Boden waltet *H* 6 dadurch abgelenkt scheint] ableitet *H* nach scheint folgt Eben jene Rauhischen Berge, deren Gipfel über fünfthalbhundert Fuß [deren — Fuß *g* üdZ] deuten [*g* unter sind] daher auf eine [*g* unter als] Wasserscheide [folgt anzusehen], wodurch der Fluß [b. f. *g* über jener erstgenannte Fluß] nach Westen geleitet [*g* über gedrängt, neben gelockt] wird *H* 11. 12 wie—möchten fehlt *H* 12 möchten aus mögen *H¹* 13 Granit hier] ein Granit *H* 14 wir fehlt *H* 16 geführt sähen] brächte *H* am Schluss W. den 22. May 1828. *H*

Nachtrag zu Maximen und Reflexionen.

Ungedruckt.

Handschriften.

H: Zu Zeile 4—10 Foliobogen, die dritte Seite von Johns Hand beschrieben (auf der ersten und zweiten Ein Grab bei Cumä Bd. 49, 1. S 193).

H¹: Zu Zeile 11. 12 Folioblatt. eigenhändig beschrieben. Der Text auf der rechten Columne, auf der linken Ansehen des Vorurtheils des Wirklichen.

Lesart.

201, 6 Befördernde aus Fördernde *H*

Kritisches Nachwort.

Über die Schwierigkeit, Goethes und Meyers Autorschaft in den Aufsätzen über Kunst zu scheiden, und die
hiebei zu befolgenden Grundsätze hat das Kritische Nachwort zum 48. Bande sich ausgesprochen. Was dort gesagt
ist, gilt auch für den vorliegenden neunundvierzigsten. Auch
hier ist die Aufnahme bisher in den Ausgaben fehlender
Aufsätze und die Ausschliessung anderer, die in einzelne
Ausgaben aufgenommen sind, zu rechtfertigen; für die
letztgenannte Pflicht kommen vor allem die kritischen Ausgaben von Strehlke (bei *H*empel) und von A. G. Meyer
und Witkowski (bei Kürschner) in Betracht; daneben fordert
auch Weizsäckers Ausgabe der Kleinen Schriften J. *H*. Meyers
Beachtung.

An Aufsätzen, die bisher in den Ausgaben fehlten, enthält die erste Abtheilung des 49. Bandes: Ein Grab bei
Cumä, wozu die *H*andschrift erhalten ist; *La Cena, Pittura
di Giotto* (aufgenommen schon in die Kürschner'sche Ausgabe), wozu ein eigenhändig signirter Correcturbogen vorhanden ist; Restaurirtes Gemählde, nach der *H*andschrift;
Über die Entstehung der zweiundzwanzig Blätter meiner Hand=
zeichnungen, desgleichen; Tausend und Eine Nacht (schon in
der Hempel'schen Ausgabe) wegen des unzweifelhaft Goethischen Inhalts und Stils; Landschaften von Carus (schon bei
Kürschner), wegen der mehr Gegenstand und Stimmung als
Technik der Bilder betrachtenden Kritik; Südöstliche Ecke
des Jupitertempels von Girgent (schon bei Kürschner), auf
Grund der erhaltenen *H*andschrift; Bildnisse ausgezeichneter
Griechen und Philhellenen (schon bei Kürschner), desgleichen;
die Abschnitte von Siegesglück Napoleons in Oberitalien des-

gleichen. Der Aufsatz Steindruck rührt nach Goethes Angabe
im Brief an Meyer vom 13. Februar 1827 (Den besten Dank für
die so wohlgerathene Anzeige der Boisserée'schen Steindrücke) von
letzterem her; doch zeigt die zweite Hälfte im Manuscript
Goethes Betheiligung so deutlich, dass es geboten schien,
diesen Abschnitt aufzunehmen. Die zweite Abtheilung des
49. Bandes bringt die drei Aufsätze Relief von Phigalia,
Elgin Marbles und Elginische Marmore auf Grund der Handschriften; ebenso die Aufsätze Voigts Münzkabinett, Toscanische
Münze, Karl Lehmanns Buchbinderarbeiten (schon bei Kürschner),
Glas-, Emaille- und Porzellanmahlerei, Reinigen und Restauriren
schadhafter Gemählde, *Architecture antique de la Sicile, A.
moderne d. l. S.* Der Aufsatz Ausgrabungen (theilweise bei
Kürschner) ist aufgenommen, weil der behandelte Gegenstand und besonders die Neigung zu naturwissenschaft-
licher Behandlung desselben in das Arbeitsgebiet und den
Interessenkreis Goethes, nicht Meyers gehören. Der kurze,
bisher ungedruckte Aufsatz über Alterthümer in der Provinz
Rheinhessen ist aufgenommen, weil sich die Handschrift,
wenn auch ohne eigenhändige Correcturen, im Nachlass
gefunden hat und nichts gegen die Autorschaft Goethes
spricht. Die zweite Hälfte der Besprechung Cölner Domriß
von Moller (schon bei Kürschner) ist aufgenommen auf
Grund der brieflichen Äusserung gegen Meyer, 26. October
1819: Den Punkt wegen des ausgemalten Domrisses habe ehren-
halber etwas erweitert, glaube aber nicht, daß ich aus dem Ver-
antwortlichen herausgegangen bin; (vgl. hiezu L. Geiger im
G.-J. Bd. V, S 299). Die Besprechung der Ansichten, Risse u. s. w.
von S. Boisserée (schon bei Kürschner) ist in ihrem ersten
Theil von Goethe selbst als eigene Arbeit bezeichnet worden
(Kunst und Alterthum 4, 1, 171: Gerade zu vorstehenden Einzelnheiten bin ich durch gefällige Mittheilungen veranlaßt worden);
der zweite Theil von S 186, 6 ist nach der Handschrift von
Goethe, der vorausgehende Abschnitt von Meyer; es schien
jedoch des Zusammenhangs wegen geboten, auch diesen
Abschnitt aufzunehmen.

Folgende Aufsätze, welche bisher in manche Ausgaben
(besonders die von Hempel oder Kürschner) aufgenommen
waren, sind von dieser Ausgabe ausgeschlossen worden:

1. Danae (Nachgelaſſene Werke. Bd. 4. S 212. 213), weil
   es integrirender Theil des Briefs an Zelter vom
   8. Juli 1831 ist, und nicht unter die „Werke" gehört.
2. Blumengemälde von Immanuel Steiner (Kunſt und Alter=
   thum 1, 2, 181. 182), weil es nach Betrachtungsweise
   und Stil unzweifelhaft von Meyer herrührt.
3. Carus Gemälde (Kunſt und Alterthum 4, 1, 48—51), weil
   die Art der Kritik in diesem Aufsatz auf Meyer hin-
   weist. Will man den Unterschied zwischen Goethes
   und Meyers Art deutlich erkennen, so vergleiche man
   diese Besprechung mit der in der 1. Abtheilung dieses
   Bandes S 385. 386 abgedruckten Anzeige Landſchaften
   von Carus.
4. Die kurze Anzeige von Goethes Bildniss (Kunſt und
   Alterthum 3, 1; auf dem Umschlag) weil Goethe in
   dem Brief an Meyer vom 5. Mai 1821, den man als
   Grund für seine Autorschaft angeführt hat, ausdrücklich sagt: Ich habe Platz gelaſſen, wenn Sie einige mäßige
   Worte zur Empfehlung einſchreiben wollten.
5. Glasmalerei. (Nachgelaſſene Werke 49, 161. 162), auf Grund
   der *Handschrift J. H. Meyers*. Es ist nicht recht
   begreiflich, wie diese Notizen, an denen weder Inhalt noch Form bemerkenswerth ist, für Goethisches
   Erzeugniss gehalten werden konnten.
6. Vergleichung zweier antiker Pferdeköpfe (bei *Hempel* und
   Kürschner). Obgleich vieles für Goethes Autorschaft
   angeführt worden ist, so gehört dieser Aufsatz doch
   auf Grund der einschlägigen Correspondenz zweifellos
   Meyer an. Am 9. October 1819 sendet Meyer einige
   Beiträge zu Kunſt und Alterthum mit den Begleit-
   worten: „Noch bin ich also schuldig: die Anzeige
   der . . . . und den kleinen Aufsatz, die Pferdeköpfe betreffend." Am 16. schreibt er wiederum:
   „Es schob sich bei mir soviel zwischen die Thätigkeit, dass ich noch mit der Abhandlung über die
   Pferdeköpfe nicht fertig bin . . . . doch soll sie in
   den nächsten Tagen gewiss folgen." Und am 18.
   erwidert darauf Goethe: Die Redaction und Anordnung
   Ihrer Aufsätze macht mir täglich mehr Vergnügen; ich

wäge sie hin und her, laffe sie schreiben und abschreiben;
es wird ein liebenswürdiges Ganze .... Die Pferdeköpfe
machen den Schluß; es sind gerade 24 Nummern. Hiemit
stimmt auch die Zählung in Kunst und Alterthum, wo
der in Rede stehende Aufsatz die Nr. 24 trägt.

Einige kurze Besprechungen, welche die Hempel'sche
Ausgabe als möglicherweise Goethisch aufgenommen hat,
bei denen aber weder äussere Zeugnisse noch innere Merk-
male für Goethischen Ursprung sprechen, werden hier nicht
im Einzelnen angeführt.

Berichtigungen.

Zur ersten Abtheilung.

S 264 Z 4 statt von dem Zuschauer lies vor dem Zuschauer
S 338 Z 3 statt so lies ebenso
S 340 Z 20 statt Göttlingsche lies Göttlingische

Zur zweiten Abtheilung.

S 95 Z 23 statt beweglichen ist die handschriftliche Lesart
bewegten vorzuziehen.